21 世纪财务管理系列教材

财务管理案例研究

杨忠智　戴娟萍　等著

厦门大学出版社
XIAMEN UNIVERSITY PRESS
国家一级出版社
全国百佳图书出版单位

前　言

　　财务管理学是一门以企业资金及其流转为研究对象的经济管理学科,具有很强的实践性。理论通常来源于实践推动,财务管理学更是如此。《财务管理案例研究》是一本基于财务管理学基本原理,对中国本土公司经典财务案例进行实务解读与理论探索的书籍。全书共分财务目标与政策、筹资与收益分配、资产重组与投资、财务控制与业绩评价四篇,由20个案例组成。

　　本土化、典型性、原创性和理论性是我们选择和著写案例要实现的目标。随着市场经济,尤其是资本市场的发展,在中国本土涌现了浩繁的成功或失败的公司理财案例。我们选择了20个具有实务借鉴意义或理论研究意义的案例,运用财务管理学的基本原理进行解读与分析,着手财务管理学本土化案例研究。这些案例是直接基于上市公司披露的相关信息资料或实地调研素材著写而成,解读与分析的内容或为近年发生的相关事件,或为财务运作行为的连续追踪。每个案例包括案例资料、分析与评述、思考与讨论和阅读文献四部分内容,不仅全面回顾了相关事件过程脉络或清晰地描述了财务运作轨迹,还归纳和总结了其对于公司实务运作具有借鉴意义的经验与教训,并进行隐含理财原理的挖掘和理论上的提炼。

　　作为一本研究中国本土公司财务案例的著作,本书不仅可用于高等院校本科生、研究生和MPAcc等层次的理论教学和学术研究指导,作为“公司财务案例”、“财务管理研究”、“高级财务管理”和“财务管理"等课程教学用书或参考书籍,以增加学生的感性知识,提升理论联系实践的能力。同时,也是一本可供企业财务会计工作者和相关管理人员阅读的书籍,为其实务运作提供借鉴的思路或经验教训,以提高财务管理的水平。

本书由浙江财经学院会计学院杨忠智和戴娟萍制定写作大纲并组织著写。具体分工如下:案例1、案例5和案例14由戴娟萍执笔,案例2、案例11和案例13由李志学执笔,案例3、案例4和案例16由骆铭民执笔,案例6由赵惠芳执笔,案例7、案例8和案例20由余景选执笔,案例9和案例12由吕岩执笔,案例10和案例15由项代有执笔,案例17由史习民执笔,案例18由杨忠智执笔,案例19由李连华执笔。最后,由杨忠智、戴娟萍等著完成对全书的修改和定稿。

在本书的著写过程中,参阅了大量国内外相关文献资料。在此,向这些文献资料的作者致以衷心的感谢!书中存在的一些不妥之处乃至错误,敬请读者批评指正。

著者

2011 年 12 月

目　录

第一篇　财务目标与政策

第二篇　筹资与收益分配

第三篇　资产重组与投资

第四篇　财务控制与业绩评价

第一篇

财务目标与政策

案例一

百大集团股份有限
公司理财目标案例研究

摘　要

　　财务目标作为财务理论的逻辑起点,既是理论研究的出发点,也是公司财务活动的最终目标。从理论上说,上市公司应以股东财富最大化为理财目标。但在实务运作中,往往会因内外部各种因素的影响发生变异,变为规模最大化,或利润最大化,或实际控制人利益最大化,或经营者效用最大化等。本案例以公开披露信息与数据为主要依据,对百大集团股份有限公司的财务运作进行追踪分析,透视和解读公司的理财目标,并就该案例的启示意义展开讨论与分析。案例研究的主要目的是探索将财务目标理论知识用于观察企业实务运作的路径与方法,并加深对我国上市公司实际理财目标及其对应的理财行为的理解。

关键词

　　利润最大化;经营者效用最大化;控制权转移;股东财富最大化

案例资料

一、百大集团基本情况

　　百大集团股份有限公司的前身为大型零售企业杭州百货大楼。1992 年以定向募集方式改制为股份有限公司,1993 年组建集团公司,1994 年公司股票在上海证券交易所挂牌上市,证券交易代码为 600865。2006 年,公司国有股份转让给西子联合控股有限公司,2008年完成股权分置改革。公司旗下拥有浙江百大置业有限公司、杭州百大置业有限公司、杭州百货大楼、杭州大酒店和商居大厦物业管理分公司等多家分子(孙)公司。杭州百货大楼位于浙江省杭州市最繁华的商业区武林广场东南侧,总营业面积24 000平方米,为中国零售百强企业。杭州大酒店坐落于市中心武林广场,是一家集客房、餐饮、娱乐、商务服务于一体的涉外四星级酒店,总高度112米,共32层,为杭城最高建筑之一。浙江百大置业有限公司是百大集团进入商业地产、推进公司战略转型的旗舰企业,经营定位是以国际视野整合全球优质资源,实现强强联合,在城市核心地段打造集购物休闲、酒店、办公和住宅于一体的城市综合体。

目前,公司正由百货业为主导向房地产、商业贸易、酒店业和金融投资等现代服务业务转型。公司未来的发展战略是"以商业地产板块为核心业务,以商贸运营和酒店连锁板块为周边业务,以金融投资板块为支持业务",即航母战略。公司转型后,将秉承"创业、诚信、专业、共赢"的核心价值观,以"为全社会创造和谐商业空间,为合作者创造共赢利益空间,为公众创造人性化生活空间"为企业使命,致力于发展成为"驰骋中国商业地产,造就最具成长性的现代服务业集团"(愿景)。

公司现阶段的利润主要来源于百货零售、酒店服务和商居物业。2010年公司全年实现营业收入117 895.86万元,净利润7 764.56万元。其中杭州百货大楼的营业收入为111 539.03万元,利润总额10 442.01万元;杭州大酒店的营业收入为3 912.91万元,利润总额为1 398.69万元;商居物业分公司的营业收入为1 807.02万元,利润总额为713.77万元。[①]

(一)主要股东和实际控制人

截至2011年6月30日,公司股份总额为376 240 316股,全部为无限售条件的流通股。公司主要股东的持股情况见表1-1。

表1-1 百大集团主要股东持股情况表[②]

名次	股东名称	持有数量(股)	持有比例(%)
1	西子联合控股有限公司	134 276 582	35.69
2	浙江银泰百货有限公司	18 043 750	4.80
3	东海证券—建行—东风3号集合资产管理计划	9 918 031	2.46
4	长江证券股份有限公司	5 977 417	1.59
5	杭州股权管理中心	4 650 295	1.24
6	杭州企业产权交易所	3 813 752	1.01

① 公司营业收入和净利润数据摘自2010年合并利润表,子(分)公司的营业收入和利润总额数据取自2010年年度报告中董事会报告。

② 资料来源:百大集团股份有限公司2011年半年报.上海证券交易所(www.sse.com.cn).

公司控股股东为西子联合控股有限公司,实际控制人为王水福先生。公司与实际控制人的产权和控制关系如图 1-1 所示①：

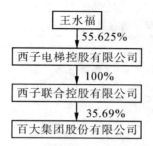

图 1-1　百大集团与实际控制人之间的产权及控制关系方框图

(二)董事、监事和高管团队

公司董事会 9 人(包括 3 名独立董事)、监事会 3 人、高级管理人员 5 人,见表 1-2。董事长陈顺华兼任总经理,副董事长何美云兼任董事会秘书,董监事和高级管理人员合计 15 人,其中在上市公司领取报酬的 10 人,在股东单位领取报酬的 5 人。

表 1-2　百大集团董监事和高级管理人员一览表②

项目	姓名	职务	任职单位	持股数	是否在股东或其他关联单位领取报酬
董事会	陈顺华	董事长	百大集团总经理	0	否
	何美云	副董事长	百大集团董事会秘书	4 325	否
	李喜刚	董事		0	否
	成谦	董事	杭州锅炉集团股份有限公司监事长	0	是
	刘吉瑞	董事	浙江方向投资有限公司董事长	0	是
	陈夏鑫	董事	西子联合总裁	0	是
	王天飞	独立董事	新华信托股份有限公司副总裁	0	否
	孙文秋	独立董事	上海东方明珠股份有限公司副总裁	0	否
	陈劲	独立董事	浙江大学本科生院常务副院长	0	否

①　资料来源:百大集团关于西子电梯受让而增加在西子联合股权比例的公告(2011 年 8 月 2 日).上海证券交易所(www.sse.com.cn)。

②　资料来源:百大集团股份有限公司 2011 年半年报告:上海证券交易所(www.sse.com.cn.)。

续表

项目	姓名	职务	任职单位	持股数	是否在股东或其他关联单位领取报酬
监事会	沈慧芬	监事长	西子联合财务总监	0	是
	沈云	职工监事		7 000	否
	吴华	监事	西子联合党委书记、副总裁	0	是
高管人员	陈顺华	总经理		0	否
	应政	副总经理		0	否
	蒋建华	副总经理		7 000	否
	杨成成	财务总监		34 500	否
	何美云	董事会秘书		0	否

（三）主要财务指标

公司主要财务指标及行业平均数据见表 1-3。

表 1-3　百大集团主要财务指标与行业平均值数据表[①]

项目	2010 年			2009 年		
	公司	沪深 300	行业	公司	沪深 300	行业
销售毛利率（%）	23.03	30.88	17.44	23.74	30.08	17.69
销售净利率（%）	6.64	15.74	−18.26	9.34	14.89	2.01
流动比率	1.96	2.17	1.38	1.95	1.69	1.17
速动比率	0.19	1.63	1.01	1.92	1.24	0.79
权益乘数	3.32	3.45	2.78	1.68	3.6	2.36
资产收益率（%）	2.15	6.18	3.7	6.93	6.18	3.79
净资产收益率（%）	8.35	15.12	6.09	12.07	14.84	11.04
应收账款周转率（次）	45.15	98.03	933.25	43.13	61.37	425.48
存货周转率（次）	0.65	12.09	15.75	71.23	9.57	16.55
总资产周转率（次）	0.46	0.75	1.48	0.89	0.76	1.48

---

① 资料来源：金融界（http://stock.jrj.com.cn/share,600865.shtml）。

二、百大集团公司理财目标

　　理财目标是公司财务运作的目标导向和决策依据。不同的公司,实际理财目标各不相同,或为规模最大化,或为利润最大化,或为资本利润,或为每股收益最大化,或为股东财富最大化,或为企业价值最大化,或为相关利益人利益最大化,甚至可能异化为实际控制人利益最大化或经营者效用最大化。西方财务理论认为,公司应以股东财富最大化为财务目标。上市公司应以股东财富最大化为理财目标,得到了我国大多数财务学者和实务界人士认同。那么,百大集团的财务运作,是否一直行走在股东财富最大化的轨道上?

　　虽然可以通过公司公告或高管对理财目标的表述,去了解一家公司的理财目标,但财务基本原理告诉我们,行动可以传递信号,并且比公司的声明更有说服力。因此,本案例研究主要借助于公司公开披露的信息与数据,解剖百大集团的财务运作轨迹,透视其财务目标及其变迁。需要说明的是:百大集团的创业者,白手起家,苦心经营,创立了一家在全国百货行业具有一定地位的上市公司,在实现国有资产保值增值的基础上,也给予了广大投资者一定的回报。案例研究无意否认创业者曾经的付出与成功,只是基于历史轨迹和特定的时代背景进行学术探索。案例研究结论只是一家之见,限于知识功底和信息资料限制,如与实务运作存在偏差或存在不当之处,欢迎批评指正。

　　公司的理财目标通常会因控股大股东变更和控制权转移变更。本案例重点研究以董卫平为主导的高管团队控制下的公司实际理财目标,也对控制权转移后公司的理财目标变迁进行追索与思考。

　　(一)公司上市至 2001 年的理财目标:利润最大化

　　公司上市后,做大利润是其财务运作的主要目标。1998 年在解释为什么要压缩大酒店二期工程将部分募集资金转投杭州灵隐旅游发展有限公司时,公司也明确表述了利润最大化财务目标思维。[①]

　　这一阶段,百大集团主要通过三条路径去谋求公司利润的增长:一是通过对外投资:开发建设了杭州半道红商居大厦,收购了杭州旅游贸易公司,组建了灵隐旅游发展有限公司等,不断追寻新的利润增长点;二是完成杭州大酒店和百货大楼辅楼的建设,以拓展主业的经营规模;三是由购销逐渐走向联销和场地出租,实现了百货零售业商业模式的转变,不断提升存量资产获利能力。资产规模伴随着投资与扩张而不断增长(见图 1-2)。

---

　　① 百大集团股份有限公司.百大集团 1997 年年度报告. www. sse. com. cn.

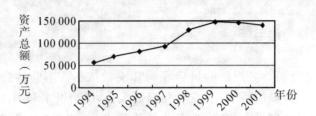

图 1-2　百大集团 1994—2001 年资产规模变化图

　　投入大量资金并承载追寻新的利润增长点期望的灵隐旅游发展有限公司,自 1999 年动工以来一直处于建设之中。其他一些投资项目,或规模不大,或投入产出比不高。因此,这一阶段的利润仍主要来源于百货零售业。20 世纪 90 年代中期,浙江的百货零售业步入成熟期,之后杭州百货零售业竞争惨烈,多数公司淘汰出局。在这样的行业背景下,百大集团的收入和利润仍在上升或在高位震荡波动(见图 1-3 和图 1-4),在很大程度上是得益于基于做大利润目标下的投资扩张和经营创新。

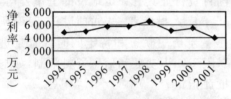

图 1-3　百大集团 1994—2001 年
净利润变化图

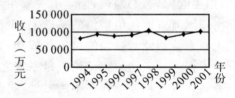

图 1-4　百大集团 1994—2001 年
收入变化图

　　公司投资所需的资金,主要来源于 IPO(首次公开发行股份)及配股筹集的权益资金和从银行获取的贷款资金。1994 年公司 IPO 和 1995 年、1997 年两次配股共募集资金 36 105 万元,加之每年的利润留存,股东权益逐步增长(见图 1-5)。这也可以解释为什么公司利润居于上升通道中,而净资产收益率和每股收益则呈现下降趋势(见图 1-6 和图 1-7)。同时,公司银行贷款规模的不断攀升,

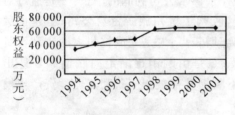

图 1-5　百大集团 1994—2001 年
股东权益变动图

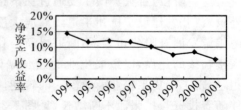

图 1-6　百大集团 1994—2001 年
净资产收益率变化图

也使公司的净财务杠杆呈现上升趋势(见图1-8)。

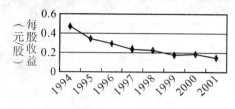

图 1-7 百大集团 1994—2001 年
每股收益变化图

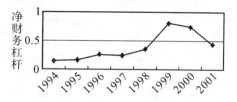

图 1-8 百大集团 1994—2001 年
净财务杠杆变化

由此可见,单纯以利润最大化作为理财目标,不考虑投入资本数量和财务杠杆变化,极有可能面临净资产收益率或每股收益下降、财务风险上升的局面,这对于股东价值的提升是不利的。

(二)2002 年至控制权转移前的理财目标:经营者效用最大化

从理论上说,公司财务目标是为股东创造财富。在一定意义上,做大规模,做大利润,或提升净资产收益率,都是创造价值的重要路径。但在实务运作中,往往会因公司治理机制、实际控制人利益、行业发展周期等诸多内外部因素的影响而异化。

1.财务活动及其运作轨迹

2002 年 7 月 11 日,公司将持有的杭州灵隐旅游发展有限公司 95% 的股权以 9 500 万元(每股 1 元)转让给杭州市园林文物局灵隐管理处。截至 2002 年 6 月 30 日,灵隐景区扩建工程已累计投入 48 954.85 万元。灵隐旅游公司转让后,百大集团的资产总额由 131 626.12 万元跌落至 86 770.75 万元,缩水 34.08%。此后,公司的固定资产和无形资产账面价值呈逐年下降趋势,这意味着资本支出规模很小,甚至还补偿不了折旧与摊销。公司每年计提的折旧与摊销扣除资本支出后的剩余和留存的利润都以货币资金形式存放在银行(见表 1-4)。

表 1-4 百大集团 2001—2006 年资产数据表

单位:万元

项目	2001	2002	2003	2004	2005	2006
流动资产	35 200.55	39 322.13	41 855.37	49 225.82	54 065.09	61 250.66
其中:货币资金	18 866.18	12 971.41	27 108.95	30 274.44	43 450.22	52 693.98
短期投资	5 914.10	12 600.00	5 000.00	7 056.21	2 205.35	235.13
存货	1 542.22	1 475.16	1 067.39	1 558.17	1 366.88	2 080.00

续表

项目	2001	2002	2003	2004	2005	2006
长期投资	4 591.95	2 187.11	5 346.07	1 991.10	2 135.56	2 140.39
固定资产	82 254.15	37 763.73	36 599.89	36 166.65	34 891.63	33 623.06
无形资产及其他资产	9 531.51	7 497.77	6 322.19	5 790.03	5 243.63	4 845.40
资产	131 578.17	86 770.75	90 123.52	93 173.59	96 335.91	101 859.51

这一阶段,百大集团既没有进行对内长期资产投资,以谋求主业规模扩张;也没有进行一定规模的对外项目投资,以寻求新的利润增长点。资本支出主要用于百货大楼和杭州大酒店的装修或改造,以维持现有主业的经营规模。到2006年年底,百大集团只有杭州百大广告公司、杭州旅游市场有限公司和杭州大酒店旅行社三家规模不大(合计注册资本580万元,总资产671万元)的全资子公司被纳入合并范围。除此之外,还有5家参股公司与一家参股银行,长期股权投资总额只有2 140.39万元。

2002年,由于灵隐旅游发展有限公司不再纳入合并报表,公司合并报表上债务总额大幅减少,加之转让股权所获资金偿还了公司其他金融负债。2002年至2006年期间,公司没有金融负债,权益资金和经营性负债成为资金来源(见表1-5)。

表 1-5　百大集团 2001—2006 年负债和权益数据表

单位:万元

项目	2001	2002	2003	2004	2005	2006
流动负债	61 172.38	20 256.87	21 822.59	23 735.18	26 159.80	30 866.01
其中:短期借款	24 000.00	0.00	0.00	0.00	0.00	0.00
长期负债	4 005.94	0.00	0.00	120.00	160.00	188.00
其中:长期借款	4 105.94	0.00	0.00	0.00	0.00	0.00
少数股东权益	891.16	342.00	0	0	0	0
股东权益	65 508.68	66 171.88	68 300.93	69 318.42	70 016.10	70 805.50
其中:股本	26 970.63	26 970.63	26 970.63	26 970.63	26 970.63	26 970.63

投入经营活动的资本全部来自股东。这样的资金运作方式虽然可以降低财务风险,却使公司失去了债务利息的抵税利益和获得财务杠杆利益的可能,并使公司的资本成本居于高位(见表1-6)。

表 1-6 百大集团 2001—2006 年资本成本数据表

项目	2001	2002	2003	2004	2005	2006
β 系数[①]	1.11	1.15	1.10	1.13	0.99	0.72
净负债比率(%)	30.01	0.00	0.00	0.00	0.00	0.00
资本成本(%)[②]	7.85	10.87	10.62	10.75	9.92	8.33

由于没有良好的投资机会与需求,公司有大量的资金剩余。因此,盈利的大部分都通过现金股利的形式发放给股东,现金股利支付率一直在高位波动(见表 1-7)。

表 1-7 百大集团 2001—2006 年股利分配数据表

年份	2001	2002	2003	2004	2005	2006
现金股利(元/股)	0.09	0.13	0.06	0.08	0.1	0.11
每股收益(元/股)	0.15	0.15	0.08	0.1	0.11	0.13
股利支付率(%)	60.00	86.67	75.00	80.00	90.91	84.62

2. 理财目标不是股东财富最大化

股东财富最大化理财目标,并不是实现权益市场价值最大化(权益市场价值增加也可能是股东资金投入),而是权益市场增加值最大化,即经济增加值最大化。经济增加值计算公式为:

$$经济增加值(EVA)=税后经营利润-全部资本成本$$
$$=(投资资本回报率-资本成本)\times投资资本$$

EVA 计算公式揭示了公司价值创造路径。但这一阶段的百大集团,既没有积极进行净现值为正的项目投资以寻找新的利润增长点,也没有采取一些方法(如回购股票等)以降低资本成本,任其大量资金处于闲置状态,使投资资本回报率[③]低于资本成本(见表 1-8),造成股东财富的毁损。

---

① 百大集团股票 6 个月收益率相对于上证综指 6 个月收益率的敏感系数。考虑到公司风险特征可能的变化,与多数证券服务机构一样,选择 5 年数据计算;因股改停牌,2008 年有 2 个月没有收益率数据,因此选择 6 个月收益率。

② 为了简化计算,无风险利率和市场平均收益率统一取值,分别为 4% 和 10%。

③ 这里关注的是企业是否为股东创造价值,而不是经营活动回报率,因此,在计算资本成本时,将闲置资金计作为投入资本。

表 1-8　百大集团 2001—2006 年 EVA 数据计算表

项目	2001	2002	2003	2004	2005	2006
税后经营利润率(%)	4.60	6.78	3.33	3.98	4.18	4.92
资本成本(%)	7.85	10.87	10.62	10.75	9.92	8.33
EVA(万元)	−3 015.38	−2 690.78	−4 980.94	−4 695.85	−4 025.05	−2 414.19

因此,我们有理由认为:这一阶段百大集团实际理财目标不是股东财富最大化。资本市场股票投资收益就是一个例证。公司股票和上证综指 K 线见图 1-10。

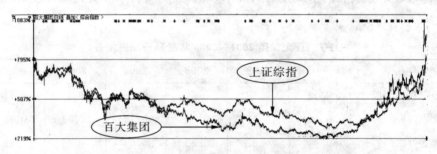

图 1-10　百大集团与上证综指 K 线比较图(2001—2006 年)

这一期间,公司股票投资收益率低于上证综指收益率(见表 1-9)。如果投资者于 2001 年 12 月 31 日以收盘价 8.08 元购入百大集团公司 100 股股票,在前 3 年亏损率均大于上证综指。持有至 2005 年底的亏损率之所以会小于上证综指,在很大程度上是因为银泰投资从二级市场搜集筹码以争夺百大集团控股权所致。如果投资者持有到 2006 年 12 月 29 日,其整个持有期收益率仅为 30.94%,同期上证指数的收益率达 62.64%。如果没有银泰投资的股份增持,或许收益率差异更大。

表 1-9　百大集团股票与上证综指 2001—2006 年收益率比较表

项目	01-12-31	02-12-31	03-12-31	04-12-31	05-12-30	06-12-29
		1 年收益率	2 年收益率	3 年收益率	4 年收益率	5 年收益率
公司股票价格(元/股)	8.08	6.12	4.78	4.23	5.66	10.30
百大集团收益率(%)		−39.73	−38.12	−44.18	−26.49	30.94
上证综指	1 645.06	1 356.27	1 495.93	1 266.62	1 161.65	2 675.47
上证综指收益率(%)		−17.55	−9.07	−23.00	−29.39	62.64

3.经营者效用最大化成为公司实际理财目标

百大集团的实际理财目标也不是规模最大化，或利润最大化，或资本利润率最大化。这一时期，公司发展极其缓慢，甚至可以说根本没有成长。公司收入、资产、利润、股东权益和每股收益的增长率很低，甚至是减少（见表1-10）。

表 1-10　百大集团 2001—2006 年主要项目增长率数据表

项目	2001	2002	2003	2004	2005	2006	平均增长率
收入增长率（%）	9.30	11.54	−1.27	6.92	9.67	3.36	6.59
资产增长率（%）	−4.46	−34.08	3.86	3.38	3.39	5.73	−3.69
股东权益增长率（%）	0.39	1.80	3.75	1.49	1.01	1.13	1.59
净利润增长率（%）	−26.46	2.58	−48.10	23.80	8.33	24.88	−2.49
每股收益增长率（%）	−25.00	0.00	−46.67	25.00	10.00	18.18	−3.08

2006 年年底公司的总资产和 2006 年度归属于母公司股东的净利润均低于 2002 年。受益于百货零售业经营方式创新，公司的资产运营效率有了较大提升，从而使营业收入得以缓慢增长。股东权益的增长是因为利润留存。净资产收益率波动介于 3%～6%，远低于 20 世纪 90 年代的 7%～14%（见表1-11）。

表 1-11　百大集团 2001—2006 年收入与盈利数据表

项目	2001	2002	2003	2004	2005	2006
营业收入（万元）	101 484.18	113 197.37	111 758.11	119 487.95	131 037.07	135 441.71
净利润（万元）①	5 437.79	4 101.90	2 129.05	2 635.73	2 855.34	3 565.81
每股收益（元/股）	0.15	0.15	0.08	0.10	0.11	0.13
净资产收益率（%）	6.18	6.23	3.12	3.80	4.08	5.04

公司高现金股利支付率同样也不是控股大股东利益最大化的表现。百大集团以财政资金 50 万元创业，原控股大股东为杭州市国有资产管理局。1998 年 2 月份，杭州市国有资产管理局将其持有的 8 073 万股（占总股本 29.93%）国有股全部划归杭州市投资控股有限公司②。杭投控股成立于 1997 年 8 月 28 日，是杭

____

① 净利润数据为归属于母公司股东的净利润。
② 为什么百大集团会划归杭州市投资控股有限公司，而不是杭州市商业资产经营有限公司，或许是基于后者已经有一家百货零售业上市公司（杭州解百，600814）。这样既避免了同业竞争，又可以使杭投控股拥有一个资本市场融资平台。

州市政府直属国有独资公司,注册资本 7 亿元,为一家综合性的国资营运机构,旗下有控股和参股公司 20 余家,分布于金融业、制造业、建筑业、信息业和城市基础设施等领域。长期以来,杭投控股对这个在竞争性领域经营的"养子"没有特别的兴趣或期望。百大集团高现金股利支付缘于自身没有良好的投资机会,而不是控股大股东的资金渴求。按每股 0.1 元现金股利测算,持股 8 073 万股的大股东也仅能分得 807.3 万元的股利收入,这对杭投控股来说没有特别的吸引力。

在这一阶段,百大集团为什么没有努力地去追寻新的利润增长点和谋求主业的规模扩张?究竟是资金?是市场?是人才?还是其他方面的原因?从 2002 年开始,百大集团的货币资金持续上升,至 2006 年年末达 5.27 亿元,占其资产总额的 50%以上,其中大部分是闲置的。公司没有金融负债,又拥有市场价值达 20 多亿元房地产资产,债务融资能力不弱。作为上市公司,还可以通过增发或配股筹集权益资金。因此,对于百大集团来说,资金绝对不是发展的障碍。同样,也不是市场机会问题,即使不考虑多元化发展,百货零售业和酒店服务业也有较大的成长空间。浙江银泰百货公司于 1998 年 11 月在杭州开出第一家百货零售商场(银泰百货武林店),之后迅速成长,发展成为浙江百货零售业"大佬",就是一个例证。之于人才,如果说 20 世纪向旅游业和房地产进军遇阻或失败,或许与人才缺失有一定的关联,但其不缺百货零售业的经营人才,况且人才还可以通过招聘引进。

我们认为:造成这种局面的主要原因是没有压力或动力去驱使管理层做大做强企业以创造价值。公司控股大股东杭投控股,既没向百大集团委派董事长或副董事长,也没有委派总经理或财务总监,只有其董事长郑向炜在董事会担任董事。有理由相信:公司的实际控制人不是大股东,而是以董伟平为主导的高管团队。另外,大股东杭投控股在激励约束机制构建上的不作为也是一大原因。公司董监事和高级管理人员的持股数量又很少(见表 1-12),为公司服务的报酬主要来自薪金。

表 1-12　百大集团高管和内部监事及其持股情况一览表(2006 年前)

单位:股

姓名	职务	持股数量	姓名	职务	持股数量
董伟平	董事长兼总经理	38 510	刘文俊	监事会主席	29 644
周德新	副董事长兼党委书记	35 464	何伟	监事	24 935
李锦荣	董事兼常务副总经理	33 246	田鸣	监事	27 377
毛耀武	董事兼副总经理	35 464	顾灵华	副总经理	33 246
王问梅	董事兼总会计师	33 246	汪正国	副总经理	27 705
郑建勤	董事兼工会主席	33 246	何美云	董事会秘书	0

20 世纪 90 年代,百大集团高级管理人员的工资年薪不高。1999 年 13 位在公司领取报酬的董事、监事及高管的报酬总额仅为 63.93 万元。2000 年以后,高级管理人员的年薪攀升较快。2000 年董事、监事及高管人员的报酬总额达 130.88 万元,2001 年为 208.93 万元。2002 年 4 月,公司董事会通过了《关于修改公司高级管理人员年薪方案的议案》。该方案规定,公司高级管理人员的年薪由基本年薪、效益年薪、工作目标考核收入、特殊贡献奖(利润指标超过计划 2%,增加 1 万元奖励)四部分组成,其中基本年薪=公司职工人均应发工资×6;效益年薪=基本年薪×净资产收益率×30;工作目标考核收入=基本年薪×30%。

大股东的监督约束力不强,没有偿付到期债务的压力,在自己非常熟悉的百货零售业和酒店服务业守业经营,还能得到较高的年薪收入,为什么要去为创造价值费心费力,承担风险呢?成功的好处归于股东,而一旦失败,不仅影响薪酬收入,而且还可能面临指责或"身价"下跌的风险。因此,我们认为:这一阶段百大集团实际理财目标是经营者效用最大化。

分析与评述

百大集团实际理财目标的异化,不能简单地归因于经营者的责任心或事业心。更多的是大股东杭投控股的"不作为"、资本市场监督机制不健全、公司治理机制缺陷和高管薪酬方案的目标导向等方面的原因。

一、为股东创造财富是企业经营之根本

股东创办或投资企业的主要目的是增加财富。一个企业不能为股东创造价值,股东就不会为企业提供再融资资金,甚至可能作出出售或清算的决策。在经营者效用最大化导向下,无论是公司的投资政策,还是筹资策略,均呈现出极度保守的风格,这样的运作是很难满足股东财富创造愿望的。对于杭投控股来说,出售股权获得价款的收益,会高于公司每年为其创造的 1 000 万元左右净利润(按 29.93%持股比例计算)。2006 年 3 月和 8 月,杭投控股先后将其持有的 8 073万股国有股股权以 36 117.40 万元价款转让给西子联合。这笔股权转让收入即使按 5%的年收益率计算,每年也有 1 800 万元收益。

百大集团管理层长期守业经营,也让大股东看不到未来财富增值的空间。

而长期低于6％的净资产收益率,是不可能通过增发实施再融资的。① 如果百大集团能不断地为大股东创造财富,或给其一个良好的未来愿景,或能成为其融资平台,杭投控股是否还会基于国有资本从竞争性领域退出的理念将股权转让,就很难说了。

二、勤勉为股东创造价值是经营者主要的受托责任

股东将公司委托给经营者,为股东创造财富是经营者的主要受托责任。创造价值的基本路径包括持续寻找净现值为正的投资项目、不断提升投资资本回报率和降低资本成本。而这需要经营者付出巨大的努力,积极进取,不断开拓创新,勤勉工作。当经营层以自身效用最大化为经营目标,而不是秉持为股东创造财富理念经营企业,股东不是选择更换管理层,就是出售公司。实际上,无论何种结局,经营者都有可能失去现有职位。

百大集团的国有股转让经国务院国有资产监督委员会国资产权〔2006〕956号文和1524号文批准,并经中国证券监督委员会审核无异议后,于2006年12月完成过户。2007年5月,西子联合委派西子奥的斯电梯有限公司合同管理部部长杨成成出任百大集团的财务总监。2008年董事会改选后,原百大集团董事长董卫平、总经理李锦荣、副总经理杨祖德、监事长刘文俊皆因任届期满,不再担任董事、监事或高管。截至2011年6月,原经营层除何美云外,均不再担任公司董事、监事或高管。

三、激励约束机制建立需要大股东的"作为"

资本市场中的人是自利的,在决策时会按照自己的财务利益行事,在其他条件相同的情况下会选择对自己经济利益最大的行动。股东与经营者都是自利的,需要通过监督和激励"契约"来协调两者之间的目标不一致。由于中小股东大多会"搭便车",激励约束机制的建立需要大股东的"作为"。通常,大股东基于自身利益考虑,不会放任经营者。但对于一家由经营者主导的公司,这往往会成为一个问题。

---

① 当时的制度规定,公司要增发股票,三年平均净资产收益率必须在10％以上。2006年《上市公司发行证券管理办法》颁布后,上市公司向特定对象定向增发股票的再融资方式得以开拓,公开发行股票的业绩要求——三年平均净资产收益率也由先前的10％以上降为6％以上。

百大集团的原大股东杭投控股在公司的"话语权"不多,在业绩考核上也没有给予经营者更多的压力,或建立股权激励机制赋予经营者创造财富的动力,更缺乏对高管薪酬方案创造价值导向的把握,从而导致经营者没有动力,也没有压力来为股东谋取财富的增长。

四、高管薪酬制度的设计应以创造价值为导向

经营者通过为股东经营企业,创造财富,以此获取薪酬收入。因此,薪酬制度的设计应以价值创造为导向,要体现经营者为之付出的努力,尤其在激励约束机制缺失或不完善情况下,更是如此。

百大集团高管年薪收入主要取决于职工平均工资收入,这是否合适,值得商榷。作为一家国有控股公司,需要考虑职工收入与高管薪酬的差距,但也要考虑为股东(人民)创造财富,更何况百大集团还是一家上市公司。企业不能只为股东创造财富,也要关注其他相关利益人利益,但股东的权益是剩余权益。我们认为:相关利益人利益最大化或企业价值最大化并不是公司理财目标的最优选择。多元目标在实务操作中很难指导决策的选择,易使企业陷于无所适从的困境。

净资产收益率是影响百大高管年薪收入的另一个重要因素。直接将净资产收益率作为计算年薪的因子,极有可能导致经营者为保持净资产收益率而放弃净现值为正的项目。因为项目大多会有建设周期,盈利实现时间常常滞后于投资,极易导致净资产收益率的短期下降。即使是好项目,通常也是如此。

从另一视角观察,薪酬方案的设计缺陷与其公司治理机制的不完善密切相关。百大高管年薪方案是由董事会决定(通过),但其董事会的"话语权"基本上掌控在经营者手中,实为薪酬"自定"。西子联合获取控制权后,马上重拟了高级管理人员薪酬方案,不再使用原方案。

五、公司并购是资本市场对经营者的一种自然约束

在资本市场中,并购重组经常发生。若公司的投资资本回报率低于资本成本,就意味着股东财富的毁损;此时如增长率低于可持续增长率,还会产生现金剩余。这样的公司通常会成为其他公司理想的并购目标。因为其不仅有现金剩余,而且还会为收购方提供获取控制权溢价的巨大空间。公司并购成为资本市场对经营者的一种自然约束。

百大集团的投资资本回报率长期低于资本成本,发展缓慢,增长率很低。因此,当杭投控股向浙江的一些民营企业发出国有股转让征询函,拟为百大集团引入新的控股股东,即迎来了西子联合和银泰投资的激烈争抢。即使在杭投控股已将所持有的百大集团国有股全部转让给了西子联合,银泰投资仍不言弃。获取控制权溢价是银泰投资争夺百大控制权的主要诉求之一。在百货零售业惨烈竞争的21世纪,要提升公司资产净利率或许有一定的难度,但改变财务政策(增加有息负债,降低股利支付率)不存在障碍或困难。

思考与讨论

2006年,杭投控股将持有的百大集团股份转让给西子联合,后者成为公司的第一大股东。与此同时,银泰投资则通过二级市场的"举牌"和法人股的协议转让不断地增持股份,直逼公司的控股权。西子联合和银泰投资在百大集团的控制权及随后的股权分置改革中发生了激烈的"冲撞"。最终,西子联合以百大集团百货资产20年经营租赁权①,换取了银泰投资的股改同意票。

百大集团原是一家百货零售业公司。百货资产租赁给银泰投资后,要走一体化成长或密集型成长之路已很难,转型已成必然。在经历了2年贷出资金收取利息的获利模式后,2009年注册成立全资子公司浙江百大置业有限公司。2009年10月,浙江百大置业有限公司与绿城房地产集团以26.5亿元联合竞拍获得庆春广场西侧27 908平方米的商业地块,并共同设立项目公司杭州百大置业有限公司(浙江百大置业有限公司占70%的股份,绿城房地产集团有限公司占30%的股份)进行后续投资开发。之后,公司资产规模急剧膨胀,2009年公司的资产总额为14.95亿元,较上年增长了49%;2010年公司资产总额攀升到36.39亿元,较上年增长了143.41%(见表1-13)。

①　2008年1月28日百大集团股份有限公司与浙江银泰百货有限公司签订的《委托管理协议》,将杭州百货大楼、杭州百货大楼家电商场、计算机分公司、(杭州)百货大楼维修公司及杭州百大广告公司(不含该公司对外投资的企业)委托给银泰百货管理,管理期限自2008年3月1日至2028年2月28日,共20个管理年度。前4个管理年度委托管理利润基数为8 150万元,后16个管理年度的委托管理利润基数为8 965万元。

表 1-13　百大集团 2007—2010 年资产数据表

单位:万元

项目	2010	2009	2008	2007
流动资产	308 505	101 308	64 027	70 437
长期投资	14 303	21 448	1 302	2 422
固定资产	21 261	22 011	23 470	24 890
其他资产	19 812	4 779	11 562	12 480
资产合计	363 881	149 546	100 361	110 229

　　转型商业地产,公司面临很大的资金压力。仅庆春广场商业地产项目的土地出让金就达 18.55 亿元(按 70％权益比例计算),而项目开发还需大量后续资金,预计项目总投资 54 亿元。为此,公司一改以往稳健的风格,大量举借银行借款,放大财务杠杆,理财策略渐趋激进(见表 1-14)。有息债务急剧上升,截至 2010 年年末已达 22.8 亿元,占公司总资金的 62.66％,成为资金的主要来源。从期限结构看,一年内到期的短期借款高达 13.2 亿元。

表 1-14　百大集团 2007—2010 年负债和股东权益数据表

单位:万元

项目	2010	2009	2008	2007
流动负债	157 761	52 064	21 602	33 270
其中:短期借款	132 000	30 000	0	0
长期负债	96 527	8 000	188	476
其中:长期借款	96 000	8 000	0	0
股本	37 624	37 624	37 624	26 971
股东权益	109 594	85 929	78 570	76 483

　　为预留发展所需的资金,2007 年公司降低了现金股利支付率。在公司确定向商业地产转型后,不再向股东发放现金股利(见表 1-15)。

表 1-15　百大集团 2007—2010 年股利分配数据表

年份	2010	2009	2008	2007
现金股利(元/股)	0	0	0.08	0.13
每股收益(元/股)	0.21	0.28	0.23	0.28
股利支付率(%)	0	0	34.78	46.43

　　2011 年上半年,根据公司股东大会决议,委托华鑫国际信托有限公司募集资金 50 320 万元,其中 19 800 万元用于增加杭州百大置业注册资本,30 520 万元计入杭州百大资本公积。增资后杭州百大注册资本由人民币 53 000 万元增至 72 800 万元,其中华鑫信托持有杭州百大 27.2％的股权、浙江百大置业持有杭州百大 72.8％的股权(含受绿城房地产集团委托持有的杭州百大股权)。该股权信托投资期限为 1 年。到期后浙江百大以收购华鑫信托进行增资所对应持有的杭州百大全部股权的方式,实现华鑫信托的退出。华鑫信托获得的股权信托投资年收益为其实际支付的增资款金额的 12.5％。

　　股东是企业的所有者,对企业的经营决策和财务决策拥有最终的决策权或投票权,同时也具有对公司董事和其他高级管理人员的任免权。因此,经营者要为股东创造价值是天经地义的。受制于诸多因素的影响,百大集团的实际理财目标曾异化为经营者效用最大化。公司控制权转移,通常都会伴随理财目标的变迁。控制权转移后公司的财务运作表明:公司的理财目标不再是经营者效用最大化,但是否会向着股东财富最大化财务目标理性回归,这需要持续跟踪研究。不过,2011 年修订的公司章程中,经营宗旨被定为"公司将以专业的管理、创新的精神、合作的理念,把企业建设为现代的大型企业集团,实现股东利益和社会利益最大化。"这让我们看到了希望。

阅读文献

　　[1]戴娟萍.央企财务目标之重新定位:股东价值最大化.财会月刊,2010 (9).

　　[2]戴娟萍.公司财务政策与防并购策略研究——以百大集团为例.财会通讯,2009(1).

　　[3]戴娟萍.百大集团控制权争夺案及其启示.国际商务财会,2007(12).

　　[4]戴娟萍.百大集团的战略转型与融资策略研究.财会通讯,2012(2).

　　[5]裴益政,竺素娥.财务管理案例:五粮液公司的关联交易与实际理财目标.大连:东北财经大学出版社,2011.

　　[6]林敏,干胜道.企业财务目标的实现路径"做饼"还是"分饼"——以五粮液为例.财经科学,2006(4).

案例二　北京天坛生物制品股份有限公司财务政策案例研究

　　不断提升企业价值,增加股东财富,是现代企业财务运作的主要目标。企业价值的高低受到诸多因素的影响。从公司可控制的因素看,主要取决于投资报酬率和风险。而投资报酬率和风险,又是由企业的投资项目、资本结构和股利政策决定的。财务管理正是通过投资决策、筹资决策和股利决策来提高报酬率、降低风险,实现其目标的。本案例拟以公开的年度报告为主要依据,剖析北京天坛生物制品股份有限公司投资、筹资和股利分配政策,得出对该公司财务运作的评价。

　　投资政策;筹资政策;股利分配政策

案例资料

　　不断提升企业价值,增加股东财富,是现代企业财务运作的主要目标。企业财务管理是按照国家法律法规和企业经营要求,遵循资本营运规律,对企业财务活动进行组织、预测、决策、计划、控制、分析和监督等一系列管理工作的总称,是利用企业价值形式对企业财务活动及其体现的财务关系进行综合性管理工作。其基本内容包括筹资管理、投资管理、营运资金管理等。

　　北京天坛生物制品股份有限公司(简称"天坛生物",股票代码 600161)是一家从事疫苗、血液制剂、诊断用品等生物制品的研究、生产和经营的企业,于1998年由北京生物制品研究所(其前身为1919年成立的北洋政府中央防疫处,是中国生物制品的摇篮)在上交所发起上市。随着公司的发展目前已经拥有长春祈健生物制品有限公司、数家单采血浆公司等控股子公司。

天坛生物100%的收入和利润来源于生物制药,公司在国内市场占有40%以上的市场份额,主要包括乙型肝炎疫苗、脊髓灰质炎疫苗等110多种产品,是国家免疫规划疫苗的重要生产基地。

天坛生物的控股股东是中国生物技术集团公司。该公司目前占有天坛生物56.72%的股份。天坛生物的国有控股虽由1998年的75%下降到现在的56.72%,但国有控股仍占较大比重。

天坛生物的经营理念是品质、责任、创新、发展。企业的经营发展目标是国内一流、国际上有一定影响的生物技术企业。目前,天坛生物的工作中心在于:一是疫苗生产基地的建设及再融资工作,为公司的长远发展奠定基础和资金保障;二是积极做好重大资产重组工作的实施;三是做好新产品的研发工作。

分析与评述

一、天坛生物资金筹集与资本结构

资本是企业存在的前提和基础,没有资本就没有企业,没有资本企业就失去了存在的意义和实在的内容。同时,企业是资本的存在形式和载体,没有了企业,就没有了资本赖以存在、运动和增值的依托。可以说,企业因资本得以建立和存在,而资本以企业作为其增值的手段和途径,企业是资本增值的机器。所以,企业资产规模的增长实际上是企业资本运动的结果。

天坛生物上市十余年,总资产从3 725万元增长到216 102万元,增长超过50倍,净资产也有所增长(见图2-1)。

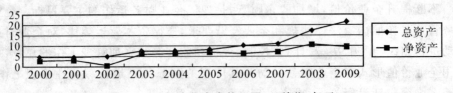

图2-1 天坛生物资产状况图 (单位:亿元)

（一）天坛生物债务资金筹集方式与特征

由图 2-2 可知,债务筹资在天坛生物的筹资来源中发挥着越来越重要的作用。

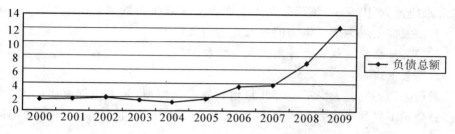

图 2-2　天坛生物负债趋势变动图

该公司负债总额从 1998 年的 1.12 亿元增长至 2009 年的 12.11 亿元,增长近 11 倍,其中流动负债由 1998 年的 1.06 亿元增长至 2009 年的 10.53 亿元,增长近 10 倍。

由表 2-1 可知,公司的债务筹资主要包括三个部分:一是向银行贷款;二是预收货款;三是国家拨款。向银行的贷款主要是以短期借款为主,目的是补充公司流动资金的使用。短期贷款主要以信用贷款为主;另外,担保贷款主要是以母公司为其担保为主。由于天坛生物的行业特殊性,其预收货款和购货保证金在其流动负债中占有相当比重,这也成为天坛生物筹资的独特优势。对于非流动

表 2-1　天坛生物债务筹资状况表

单位:万元

年份	2004	2005	2006	2007	2008	2009
流动负债	8 390	9 307	24 746	23 180	47 343	105 287
其中:						
短期借款	1 500	0	13 000	14 000	29 500	42 000
预收账款	2 792	4 519	4 676	3 597	7 311	10 355
其他应付款	1 723	2 042	2 716	2 687	4 288	38 816
非流动负债	4 180	8 660	10 873	13 753	22 193	15 902
其中:						
长期借款	0	0	0	0	12 500	3 000
其他非流动负债	4 180	8 060	9 490	12 120	9 693	12 902
专项应付款	0	600	1 383	1 633	0	0

负债,天坛生物不是依靠银行的长期借款,而主要依靠的是国家拨付的特种储备基金和科研费用,其中,特种储备基金在资产负债表的"其他非流动负债"中反映,是专门用于生产储备特种疫苗产品的专项资金;科研项目拨款在资产负债表的"专项应付款"中反映,该部分费用主要作为天坛生物的项目研发费用。预收货款和国家拨款成为天坛生物债务筹资的两大特点。

(二)天坛生物股权资金筹集方式与特征

1.募股上市

天坛生物的发起人为卫生部北京生物制品研究所,是卫生部直属中国生物制品总公司下属的全国六大研究所之一,是集科研开发、生产销售于一体的国家二级企业。

1997 年 5 月,经卫生部卫计发[1997]210 号文、214 号文和 222 号文的批准,北京生物制品研究所利用卫生部 1996 年新股额度进行股份制改造并公开发行股票,1998 年 1 月 19 日国家经济体制改革委员会以体改生[1998]7 号文批准设立北京天坛生物制品股份有限公司。北京生物制品研究所以其所属部分生产经营性资产投入,评估确认后的资产净值 1 045.19 万元,按 86.12%的折股比率,折为发起人股 9 000 万股,由北京生物制品研究所持有;向社会公众发行 3 000 万股,每股发行价为 4.07 元,至 1998 年 6 月 1 日筹资总额 12 210 万元,扣除发行费用 720 万元,发行人募集资金净额为 11 490 万元。

2.增发上市

(1)2003 年 A 股增发

天坛生物 2003 年 8 月 15 日的增发 A 股发行报告的基本说明如下:

发行股票的种类:人民币普通股(A 股),每股面值 1.00 元人民币。

发行数量:本次发行数量不超过 2 500 万股,募集资金总额不超过 2.89 亿元。最终发行量将根据网上和网下申购的情况由发行人和主承销商按照一定的超额认购倍数协商确定,并在申购结束后的《发行结果公告》中公告。

定价方法与发行价格:本次发行定价采用在询价区间内(含上下限)累计投标询价方式,最终发行价格将根据网下、网上累计投标询价的结果,按照一定的超额认购倍数由发行人和主承销商协商后确定。

发行对象:本次网上发行对象为原社会公众股股东、其他社会公众投资者。

在天坛生物 2003 年第三季度报告中披露,本次成功增发新股 2 500 万股,募集资金 28 000 万元人民币,扣除发行费用后,实际收到募集资金 27 182.0476 万元。

(2)2010 年定向募集

天坛生物在 2010 年的《重大资产购买及发行股份购买资产实施情况报告书

暨股份变动公告》中说明本次发行股票的基本情况如下：

发行对象：本次发行对象为成都生物制品研究所和北京生物制品研究所。

发行数量：本次天坛生物向成都所发行 21 851 485 股股票收购成都蓉生 51％的股权，向北京所发行 5 365 383 股股票收购北京所标的土地。

发行价格：本次非公开发行股票的价格为定价基准日（公司第四届董事会第四次会议决议公告之日）前 20 个交易日公司股票交易均价，即 14.34 元/股。

发行股票的种类和面值：本次发行的股票种类为境内上市人民币普通股（A 股），每股面值为人民币 1 元。

本次交易标的为：成都所持有的成都蓉生 90％的股权；北京所拥有的京朝国用（2002 出）第 0008 号《国有土地使用证》项下位于北京市朝阳区三间房南里 4 号（东区）的 68 512.52 平方米工业出让用地。

购买资产价款的支付方式：天坛生物向成都所发行 21 851 485 股股票收购成都蓉生 51％的股权，另以现金 239 620 818.79 元向成都所收购成都蓉生 39％的股权；天坛生物向北京所发行 5 365 383 股股票收购北京所标的土地。

在天坛生物 2010 年第三季度季报中披露，截至 2010 年 9 月 27 日，公司已经取得重大资产重组项目所涉及的标的资产的所有权，同时完成了本次非公开发行新增股份的登记。

（三）天坛生物留存收益资金筹集方式与特征

表 2-2　天坛生物 1998—2009 年部分财务数据表

单位：万元

年份	主营业务收入	主营业务利润	净利润	经营活动现金流量净额
1999	13 750	7 774	4 316	4 258
2000	13 758	8 771	3 603	4 790
2001	15 500	8 806	3 435	4 649
2002	19 966	10 520	3 630	8 438
2003	24 491	12 088	4 329	6 293
2004	29 005	14 376	4 753	11 011
2005	34 336	18 910	6 900	13 169
2006	41 676	12 827	10 590	15 436
2007	53 050	18 310	14 932	15 355
2008	96 775	30 281	26 182	36 708
2009	110 025	35 432	28 018	44 823

天坛生物凭借在疫苗和血液制品开发上的雄厚实力,秉承"品质、责任、创新、发展"的经营理念,主要专注于新产品的研发和生产。表 2-2 列出了天坛生物十年间的部分财务数据,在经营方针的指导下,公司的主营业务持续稳定增长,进而带来了公司净利润的攀升,并且经营活动产生的现金流量净额从 1999年开始也稳中有升,显示出公司主营业务不可动摇的地位和充足的发展后劲。

(四)天坛生物资本结构及其变化特征

企业的资本结构,简言之就是企业各种资本的构成及其比例关系。不同的资本结构,其资本成本和财务风险各不相同。一般而言,权益资本融资的财务风险较低,但融资的资本成本较高;债务融资的资本成本较低,但财务风险较高。尤其在企业经营不景气时,会给企业带来更大的财务困难,甚至导致破产。

好的资本结构能够最大化企业价值。实践中企业存在着三种融资政策的选择:一是保守型融资政策。该政策是指在融资结构中主要采取权益资本融资,且债务资本融资结构中又以长期负债融资为主。在这种融资结构下,企业对流动负债的依赖性较低,从而减轻了短期偿债的压力,因此财务风险较低。二是中庸型融资政策。该政策是一种中等财务风险和中等资本成本的融资结构。在这种结构下,权益资本与债务资本的比重主要根据资金的用途来确定,即用于长期资产的资金由权益资本融资和长期负债提供,而用于流动资产的资金主要是由流动负债融资提供,同时,还应使权益资本与债务资本融资的比重保持在较为合理的水平上。三是风险型融资政策。该政策是指在资本结构中主要(甚至全部)采用负债融资,并且流动负债被大量长期资产所占用。显然,这是一种高财务风险、低资本成本的融资结构。在经济形势及企业经营状况良好时,运用该策略会给企业带来较高的杠杆效益,但在企业衰退或企业产品销售市场份额滑坡时,运用该策略会使企业遭受更大的损失。

现实生活中,企业应依据影响财务政策选择的具体因素,在资本成本和财务风险之间进行合理取舍,从而选择适合自身生存和发展的融资政策。将天坛生物公司的资产负债水平与全国上市公司、企业的资产负债水平相比较,发现天坛生物公司的资产负债率明显低于全国平均水平(图 2-3 显示)。虽然近几年天坛

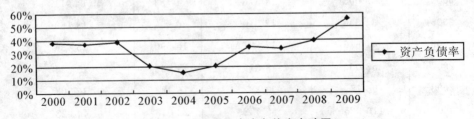

图 2-3　天坛生物资产负债率变动图

生物的负债占资产的比重呈上升趋势,但大体处于 30％到 50％的水平,仍低于全国平均水平。

1. 企业权益资金为其资金主要来源

权益资金,也叫权益资本或自有资金,是指企业通过接受投资、发行股票、内部收益留存等方式筹集的资金。作为一个股份有限公司,普通股筹资、优先股筹资和盈余筹资是权益资本重要的筹资方式。股东对这部分投资与先前投资一样要求一定报酬,因此使用这部分资金,同样需要对投资者支付红利,从而增加资本成本。然而适当的债务资本可以增加财务杠杆效应,因此企业应当权衡利弊,充分协调权益资本与债务资本的比例以达到最优资本结构。

2. 该公司留存收益为其权益资金的重要来源

留存收益是指企业历年来的利润中提取或留存于企业内部积累,它源于企业的生产经营活动所实现的净利润,包括企业的盈余公积和未分配利润两个部分,其中盈余公积是有特定用途的累计盈余,未分配利润是没有指定用途的累计盈余。由表 2-3 中数据可知,该公司的权益资金中留存收益占有相当比重,说明该公司的经营处于较稳定状态,结合其他相关资料发现该公司的权益资金在企业的日常投资经营中占有较大比重,因而大大降低了企业的筹资成本。

表 2-3　天坛生物资本结构数据表(2000—2009 年)

金额单位:百万元

年　份	2000年	2001年	2002年	2003年	2004年	2005年	2006年	2007年	2008年	2009年
流动负债	167	174	197	159	84	93	247	232	473	1 053
其中:短期借款	84	114	134	80	15	0	130	140	295	420
长期负债	0	0	0	42	87	109	138	222	159	
其中:长期借款	0	0	0	0	0	0	0	125	30	
公司债券	0	0	0	0	0	0	0	0	0	
负债合计	167	174	197	159	126	180	356	369	695	1 212
股东权益	277	289	308	599	636	669	652	726	1 056	949
其中:留存收益	33	45	79	72	124	154	81	127	159	264
负债/股东权益	0.60	0.60	0.64	0.27	0.20	0.27	0.55	0.51	0.66	1.28
长期负债/股东权益	0.00	0.00	0.00	0.00	0.00	0.00	0.00	0.00	0.12	0.03
流动负债/负债	0.60	0.60	0.64	0.27	0.13	0.14	0.38	0.32	0.45	1.11
有息负债/负债	0.50	0.66	0.68	0.50	0.12	0.00	0.36	0.38	0.60	0.37
留存收益/股东权益	0.12	0.16	0.26	0.12	0.20	0.23	0.12	0.18	0.15	0.28

3.该企业长期资金以权益资金为主

由表 2-3 可以发现,公司的长期资金几乎都是通过权益资金来满足,缺少对于长期负债的利用。长期负债主要以长期借款和应付债券为主,而该公司长期借款从 2000 年至 2007 年均为 0。应付债券更是未能发挥应有的作用。众所周知,长期负债具有筹资速度快,借款弹性大,借款成本较低,可以发挥财务杠杆作用等优点,因此企业应当充分利用长期负债来满足企业对长期资金的需求。相信 2008 年和 2009 年对长期借款的使用,只是该公司对长期借款使用的开端。

4.该企业债务资金以流动负债为主

流动负债是指将在 1 年(含 1 年)或者超过 1 年的一个营业周期内偿还的债务,包括短期借款、应付票据、应付账款、预收账款、应付工资、应付福利费、应付股利、应交税金、其他暂收应付款项、预提费用和一年内到期的长期借款等。流动负债的主要优点是速度快、弹性好、有利于降低加权平均资本成本。由于流动负债须在一个营业周期内偿还,使企业的财务风险加大。因此,该公司应当权衡利弊,合理调整流动负债,使其发挥最大效用。

5.流动负债中商业信用与有息负债并重

流动负债主要包括商业信用筹资和短期借款筹资两种基本形式。商业信用是指在企业间的商业交易中,以延期付款或预收货款进行资金结算而形成的资金借贷关系,它是企业间的直接信用行为。商业信用具体形式有应付账款筹资、应付票据筹资和预付账款筹资等。由于商业信用产生于企业经常发生的商品购销活动之中,是一种"自然性筹资",从某种程度上来说是一种无成本的筹资方式,对商业信用的充分利用可以有效地降低公司的筹资费用。由表 3 数据可知,该公司的流动负债中,商业信用与有息负债并重,表明该公司对商业信用的使用是充分有效的,应当给予肯定。

二、天坛生物投资决策的程序与特征

投资是指特定的经济主体为了在未来可预见的时期内获得收益,在一定时期向特定的标的物投放一定数额的资金或实物等非货币性资产的经济行为。对于创造价值而言,投资决策是三项财务决策中最重要的决策。筹资的目的是投资,投资规模决定了筹资的规模和时间。现代财务理论证明,企业经营管理的根本,不是想方设法筹集经营活动所需要的资金,也不是考虑怎样将净利在留存与分派之间进行分配,而是将资金用到效率最高的投资项目上。尽管资金短缺会影响企业的进一步发展,但仅仅依靠充足的资金绝不能真正实现企业在规模和质量上的飞跃。因为只有科学的投资决策,才能带来更多的现金流量,所以投资管理政策的选择不仅关系到企业有限的资源能否被合理配置和有效利用,而且直接关系到企业未来的发展方向、发展规模和发展前景,对企业的生存和发展具有决定性的意义。

由于投资决策在企业理财活动中处于举足轻重的地位,因此企业对投资政策的选择绝不能掉以轻心。企业在选择投资政策时必须注意以下四点:(1)企业投资政策的选择必须符合国民经济发展战略的要求,符合企业总体发展的目标;(2)企业投资政策一经确立,就成为企业进行投资活动的指导原则,是企业发展纲领;(3)投资政策是为了谋求企业的长远发展,它不仅确定企业发展方向和趋势,也规定各项短期投资计划的基调;(4)风险和收益的权衡。现代经济的一个突出特点即是隐含在获利机会中的风险因素大大增加了,为了获得较高额投资收益,投资者必须承担相应较高的风险,这是一个客观事实。

(一)天坛生物投资决策环境分析

我国生物制药行业面临良好发展环境。首先,政策对行业发展形成有利支撑。医药行业本身是一个易受政策影响的行业,积极的政策环境能够加速行业的发展,我国各级政府对生物制药行业发展的扶持力度较大。其次,医疗卫生水平提高有利于生物制药行业发展。当前我国医疗卫生水平还较低,仍有很多居民没有得到医疗保障体系的保护,无力支付价格相对较高的生物制药。随着经济的发展以及医疗卫生水平的提高,越来越多的人有能力支付价格相对较高的生物药品。

尽管中国的生物制药企业起步较晚,但在过去的十年里仍旧取得了飞速发展,生物制药产业结构日趋合理化。经过多年的发展,我国生物制药行业整体技术水平有了显著提高,国内企业能够生产几乎所有的成熟生物制药,EPO、干扰素、生长激素、胰岛素等重要重组蛋白药物早已实现产业化。国内企业也能够生产几乎所用的常用疫苗,以甲型 H1N1 流感为例,我国是世界上第一个可以较大规模应用甲型 H1N1 流感疫苗的国家,充分显示我国在生物制药研发上已经具备较强的基础。

另外,我国生物制药产业的快速发展还受国内外多种因素的助推,如政府的支持、国内外风险投资的增长、大量跨国生物制药公司进入我国,这些都为生物制药产业的发展提供了强大动力。"十二五"期间,我国将通过发展资源节约、环境友好的生物制药,完成医药行业的产业升级和占领生物制药制高点。

总体而言,我国生物制药产业发展前景看好,未来5～10 年内将保持平稳增长的良好发展势头。随着预防治疗性疫苗、基因治疗、免疫细胞治疗、干细胞治疗和细胞再编程诱导多能干细胞等前沿领域的发展与突破,生物制药行业将进入新一轮快速发展期。

(二)天坛生物投资决策的程序与方法

根据《北京天坛生物制品股份有限公司董事会投资咨询委员会实施细则》的说明,由董事会按照股东大会决议设立了专门的投资咨询委员会,负责对公司长期发展战略和重大投资决策进行研究并提出建议。该投资咨询委员会成员由三名董事组成,其中包括两名独立董事。

该公司的决策程序主要有以下几个步骤:

一是工作小组负责做好投资咨询委员会决策的前期准备工作,提供公司有关方面的资料,包括投资项目的意向书、初步可行性报告、协议、合同、章程以及合作方的基本情况等资料;

二是由投资咨询委员会召开会议,进行讨论,会议做出的决议,必须经全体委员的过半数通过才可将讨论结果形成提案提交董事会。

(三)天坛生物近期投资活动与特征

表 2-4 数据显示,该公司的投资规模与结构呈现以下特点:

1.该公司资产呈增长趋势,且增长较为稳定

表 2-4　天坛生物资产数据表(2000—2009 年)

单位:万元

项目 年份	流动资产	长期股权投资	金融资产投资	固定资产	其他资产	总资产
2000	23 646	2 144	0	18 612	0	44 403
2001	22 101	1 802	0	21 055	0	46 332
2002	25 583	1 507	0	22 301	0	50 477
2003	45 743	1 225	0	25 417	0	75 865
2004	38 224	890	0	30 361	0	76 249
2005	44 553	0	0	30 584	0	84 876
2006	51 708	1 295	0	33 494	0	100 823
2007	54 268	2 126	0	33 433	0	109 491
2008	83 733	4 823	271	60 479	0	175 139
2009	105 765	6 350	233	52 205	0	216 102

（二）天坛生物营运资金的特征

表 2-5 数据显示，该公司的营运资金持有政策和融资政策呈现以下特点：

表 2-5　天坛生物营运资金数据表（2000—2009 年）

单位：万元

项　目 年　份	流动资产	其中： 货币资金	应收账款	存货	交易性 金融资产	流动负债	其中： 短期借款
2000	23 646	7 095	3 944	10 289	0	16 677	8 420
2001	22 101	5 421	3 465	12 217	0	17 364	11 420
2002	25 583	8 513	4 274	11 807	0	19 653	13 420
2003	45 743	24 613	5 421	13 752	0	15 924	8 000
2004	38 224	19 221	5 375	12 930	0	8 390	1 500
2005	44 553	22 969	7 582	13 050	0	9 307	0
2006	51 708	15 319	12 836	21 613	0	24 746	13 000
2007	54 268	15 744	11 901	24 900	0	23 180	14 000
2008	83 733	17 972	12 751	44 775	0	47 343	29 500
2009	105 765	34 463	13 420	48 418	0	105 287	42 000

1. 宽松的营运资金持有政策

由图 2-5 表明该公司在安排流动资产的数量时，在正常经营需要量和正常保险储备量的基础上，再加上了大量的额外储备量，因此属于宽松的营运资金政策。较高的营运资金持有量，将有助于企业降低风险，但是也降低了企业的收益性。2009 年该公司开始采用了适度的营运政策，这样的转变提高了资金的盈利性，值得提倡和鼓励。

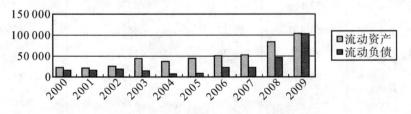

图 2-5　天坛生物流动资产和流动负债变动图

2. 冒险的融资政策

天坛生物是一家从事疫苗、血液制剂、诊断用品等生物制品的研究、生产和经营的企业，因此公司的生产经营不存在淡旺季之分。由表 5 数据计算可得，该公司的短期借款占其存货、应收账款、货币资金之和的 30% 左右。假设波动幅度为 20% 的状况下,证明该公司采用的融资政策为冒险型,即长期资产通过长期资本来保证供应的同时,波动性流动资产和永久性流动资产中的一部分由短期资本来供应。

(三)天坛生物的信用政策与应收账款管理效率

应收账款是因为企业提供商业信用产生的。单纯从资金占用角度讲,应收账款的资金占用是一种不经济的行为,但这种损失往往可以通过企业扩大销售而得到补偿,所以,应收账款的资金占用又是必要的。

根据天坛生物的会计报表及会计报表附注整理得表 2-6,可以得出下列结论:(1)企业销售产品是应收账款形成的直接原因,在其他条件不变时,应收账款会随销售规模的增加而同步增加;(2)另根据公司会计报表附注提供的应收账款账龄表得知,虽然该公司不同期限的应收账款的余额有增有减,但不同时期应收账款的比重基本不变,主要是一年以内的应收账款,其比重为 86%,说明公司的信用政策和收账政策比较稳定,对应收账款的变动几乎没有影响;(3)公司的坏账准备采取备抵法核算,坏账准备按决算日应收账款余额进行分类计提,其中单项金额较大的应收账款占总额的比重为 50%,且基本保持不变,计提比率为 16%,其他单项金额不大的应收账款计提比率为 11%。由于该公司未发生会计政策和会计估计变更,因此坏账准备的增加是因为应收账款余额的增加所致。

表 2-6 应收账款变动状况表

金额单位:万元

年份	利润	主营业务收入	应收账款	主营业务收入增长率	应收账款增长率
2000	3 603	13 758	3 944		
2001	3 435	15 500	3 465	13%	−12%
2002	3 630	19 966	4 274	29%	23%
2003	4 323	24 491	5 421	23%	27%
2004	4 753	29 005	5 375	18%	−1%
2005	6 900	34 336	7 582	18%	41%
2006	10 590	41 676	12 836	21%	69%
2007	14 932	53 050	11 901	27%	−7%
2008	26 182	96 775	12 751	82%	7%
2009	28 018	110 025	13 420	14%	5%

（四）天坛生物的供应链与存货管理效率

存货是企业最重要的流动资产之一,通常占流动资产的一半以上。存货的准确性对资产负债表和利润表有较大影响,因此,应特别重视对存货的管理。

存货是保证企业生产和经营活动连续进行必不可少的条件,一般来说,随着企业生产规模的扩大,存货相应的增加是正常的。由表 2-7 可知,随着销售收入的增长,存货也随之有所增长,但是增长的幅度远低于销售收入的增长。存货这样的增长速度可能影响生产的连续性,所以应当加以关注。根据该公司财务报表附注可知,该公司的存货确定方法是永续盘存制,计价原则是于资产负债表日按"成本和可变现净值孰低法"确定期末存货价值,对存货提取存货跌价准备。该公司近几年未发生存货会计估计变更和会计政策变更。企业存货的跌价准备所占比例仅为 4.98%,说明存货的质量比较高。

表 2-7　存货变动状况表

金额单位:万元

年份	主营业务收入	存货	主营业务收入增长率(%)	存货增长率(%)
2002	19 966	11 807	29	−3
2003	24 491	13 752	23	16
2004	29 005	12 930	18	−6
2005	34 336	13 050	18	1
2006	41 676	21 613	21	66
2007	53 050	24 900	27	15
2008	96 775	44 775	82	80
2009	110 025	48 418	14	8

四、天坛生物的分配政策及其特征

对公司而言,追逐企业利润是公司的最终目标,为实现这一目标,公司采取不同的财务政策和经营决策。在财务决策中,股利政策是核心内容,建立一套有效的公司股利政策意义重大。在实务中,企业经常采用的股利政策有剩余股利政策、固定股利支付率政策、稳定性股利支付政策和低正常股利加额外股利政策。企业在选择股利分配政策时,应综合考虑各种影响因素(如法律、股东、公司因素等),分析各种政策的优缺点,结合企业自身的实际情况权衡利弊得失,选择适当的股利政策。

（一）天坛生物分配政策的基本理念

根据《北京天坛生物股份有限公司章程》的描述，该公司利润分配政策的基本理念是：一是公司的利润分配应重视对投资者的合理投资回报，利润分配政策应保持连续性和稳定性；二是公司可以采取现金或者股票方式分配股利，可以进行中期现金分红；三是最近三年以现金方式累计分配的利润不少于最近三年实现的年均可分配利润的百分之三十。

（二）天坛生物分配政策描述与评价

从表 2-8 中数据可以看出天坛生物的股利政策有以下特点：

表 2-8　天坛生物股利分配情况表

单位：元；%

年　份		股票股利	现金股利（元/股）	每股收益（元/股）	股利支付率（%）
1998	12.31	10 送 2 转增 4	0	0.2500	0.00
1999	12.31	不分配	0.14	0.2200	63.64
2000	12.31	不分配	0.2	0.1975	101.27
2001	12.31	不分配	0.1	0.1790	55.87
2002	6.30	不分配	0.08	0.1063	75.26
	12.31	不分配	0.1	0.1890	52.91
2003	6.30	不分配	0	0.1513	0.00
	12.31	不分配	0	0.1990	0.00
2004	6.30	10 股转增 5 股	0.05	0.1615	30.96
	12.31	不分配	0.12	0.1460	82.19
2005	12.31	不分配	0.2	0.2120	94.34
2006	6.30	不分配	0.16	0.2040	78.43
	12.31	不分配	0.18	0.3100	58.06
2007	12.31	10 股转增 5 股	0.2	0.2100	95.24
2008	6.30	不分配	0.09	0.1200	75.00
	12.31	不分配	0	0.3800	0.00
2009	12.31	不分配	0	0.4100	0.00

1.持续且稳定的股利分配政策

从 1998 年上市至今，天坛生物基本每年都进行现金股利分配，上市 12 年，累计分红 4.54 亿元且分配金额相对稳定。1998 年、1999 年、2000 年、2001 年、2005 年、2007 年每股现金股利大体保持在 0.2 元；2002 年、2004 年、2008 年上半年，每股现金股利大致保持在 0.1 元。从以上分析可以归纳出天坛生物股利政策持续且稳定的特点。持续表现为自 1998 年至今的股利政策以现金股利的形式发放；稳定体现在现金股利的金额相对稳定。即使在金融危机席卷全球的 2008 年，天坛生物仍然向其投资者分派每 10 股 0.9 元的现金股利。

2. 股利分配方式以现金股利和股票股利为主

天坛生物除现金股利外，还有三年增发股票。所以天坛生物采用的股利支付分配方式主要是现金股利和股票股利。在我国大多数上市公司中，以股票股利方式支付的公司较普遍，既分配股票股利又分配现金股利的公司不多见。我国上市公司一般以送股为主要股利分配方式，派发现金红利的公司很少。

3. 公司现金股利支付率偏高

股利支付率是指净收益中股利所占的比重。它反映公司的股利分配政策和股利支付能力。由表 8 中数据可知，该公司的股利支付占净收益的较大比重。一般来说，公司发放股利越多，股利的分配率越高，因而对股东和潜在的投资者的吸引力越大，也就越有利于建立良好的公司信誉。另一方面，由于投资者对公司的信任，会使公司股票供不应求，从而使公司股票价格上升。公司股票的市价越高，对公司吸引投资、再融资越有利。但是，过高的股利分配率政策，一是会使公司的留存收益减少，二是如果公司要维持高股利分配政策而对外大量举债，会增加资金成本，最终必定会影响公司的未来收益和股东权益。因此，公司要弄清在满足未来发展所需的资本支出需求和营运资本需求，有多少现金可用于发放股利，然后考察公司所能获得的投资项目的效益如何。如果现金充裕，投资项目的效益又很好，则应少发或者不发股利；如果现金充裕但投资项目效益较差，则应多发股利，而不应一味地追求高股利分配政策阻碍公司的发展。

天坛生物稳定的股利政策取决于其优良的经营业绩。公司的经营业绩是公司股利政策的基础。无论是现金股利还是股票股利的分配都依赖于一定的经营业绩水平。尤其是现金股利，公司支付现金股利除了要有累计盈余（特殊情况下用弥补亏损后的盈余公积金支付）外，还要有足够的现金，因此公司在支付现金股利前需要筹备充足现金。天坛生物自上市以来的经营状况在同业中居于领先地位，良好的经营业绩是其股利政策的出发点和前提。

天坛生物基于股东财富最大化的股利政策，对公司的发展起到积极的推动作用。首先，天坛生物自上市以来，持续稳定地发放现金股利和股票股利所产生的股东财富增加效应。从很多学者的实证分析可以看出，现金股利和股票股利能增加股东财富，存在财富效应。天坛生物的现金股利直接增加了股东的财富。其发放的股票股利不会使其股票价格成比例地下降,使得股东得到股票价值相对提升的好处,增加了股东财富。股东财富的增加势必增强股东对这种股票的信心。在证券市场上,股票的价格受制于投资者对股票的心理预期,投资者心理预期越高,股票的价格就越高。因此,基于股东财富最大化的股利政策直接作用于股票的价格,影响企业的权益价值,进而增加企业的总价值。其次,天坛生物的股利政策起到信号传递的作用。股利政策是收益分配的核心问题,天坛生物自 1998 年至今的现金股利保持在相对稳定的水平。不间断的分红,说明该公司有足够的资金,传递着公司经营良好的信号。天坛生物的三次股票股利,向社会传递公司将会继续发展的信息。但是,该公司也应权衡高股利政策是否有益于企业今后的发展。

思考与讨论

一、天坛生物财务管理存在的基本问题

(一)较少运用长期负债

根据上文分析,天坛生物较少运用长期借款进行筹资。而长期借款与其他筹资方式相比,具有以下优点:(1)筹资迅速。长期借款所要办理的手续相对于股票债券等方式较为简便,具有程序简便、迅速快捷的特点。(2)借款弹性较大。借款时企业与银行直接交涉,有关条件可以谈判确定;用款期间企业如因财务状况发生某些变动,亦可与银行再协商。(3)成本低。长期借款融资,其利息可在所得税前列支,故可减少企业实际负担的成本。(4)易于企业保守财务秘密。向银行办理借款,可以避免向公众提供公开的财务信息,因而可减少财务信息的披露面,对保守财务秘密有益。

(二)冒险的融资政策

由上文分析得到,该公司长期资产是通过长期资本来保证供应,同时波动性流动资产和永久性流动资产中的一部分由短期资本来供应。这样的组合的好处是可以降低经营成本,但经营风险较高,属于高风险、高报酬的政策。因此企业应当增加对长期资本的应用,在保持盈利性的同时降低企业的风险。

(三)适当的外延发展

外延发展,它强调的是数量增长、规模扩大、空间拓展,主要是适应外部的需求而显出外形的扩张。天坛生物公司近几年将重点放置在产品的研发上,较重视内延的发展而忽视了外延发展。

二、天坛生物进一步完善财务管理的途径

在融资方面，应采用负债融资。负债融资可以减少股权的分散，较高的资产负债率必然产生银行等债权人积极介入企业治理过程的客观要求，而银行采用企业治理将有利于规范企业财务管理，约束企业决策行为，促进企业改善经营管理；当企业出现危机时，则适时地将其控制权转移到债权人手里进行处理，这就对企业构成了强大的外部约束压力。在直接融资方面，总体上说我国企业偏好股票融资而忽视债券融资，上市公司应尽量避免这一趋势。但是也不能保持过高的资产负债率。

在信用管理上，也应采用稳定的信用管理政策，制定严格的信用考核制度，最重要的是能严格按照制度来执行。

上市公司的稳健经营与持续成长离不开成功的风险管理。如果在风险面前，出现风险失控或采取的措施不及时、不恰当，就有可能使企业以前的辛苦工作付诸东流，甚至导致企业的失败。执行和实施风险管理计划和方案，有效处理各种风险损失的结构，并不断根据可能出现的新情况拟定新的风险管理计划和方案，周而复始地执行计划，从而使企业实现持续稳定的成长，这是风险管理应达到的高层次目标。

阅读文献

[1]龙瑞锋.现金股利和股票股利两难选择分析.经济论坛,2004(19).

[2]李娇娇.基于股东财富最大化的股利政策——以海油为例.财会通讯,2010(1).

[3]贾银芳,刘国武.论现代企业财务政策及其选择.财会月刊,2005(8).

[4]蒋国发,吴其江.企业财务政策体系及其选择问题的探讨.经济管理,2002(2).

[5]廖振宇,范宇.我国上市公司资本结构分析与优化研究.财务理论与实践,2002(2).

[6]王隶华,刘建丽.四川长虹应收账款管理案例分析.航天工程管理,2008(2).

第二篇

筹资与收益分配

案例三　分众传媒控股有限公司私募股权融资案例研究

摘　要

分众传媒成功上市及其迅猛的市场扩张背后是复杂的国际资本运作。从最开始 2 500 万元的启动资本，到软银中国 4 000 万美元的巨资注入，再到鼎晖创投、华盈投资、德丰杰投资、中经合、麦顿国际投资等联手投资 1 250 万美元，以及美国高盛公司、英国 3i 公司、维众中国联手提供的 3 000 万美元风险投资，在不到两年的短时间里，分众传媒成功引进了几家国际顶级的机构投资人，无疑是近年来中国本土公司私募股权融资的一个不可多得的经典案例。

关键词

分众传媒；私募股权融资；风险投资；上市

案例资料

一、公司情况

（一）公司基本概况

1994 年，江南春投资 300 万元设立上海永怡传播。公司的营业收入从 2000 年到 2002 年连续三年突破亿元，成为全国领先的民营本土广告代理公司。2002 年，永怡传播率先在中国开展以户外数字技术为主的商业楼宇联播网，迅速覆盖了上海 100 余幢顶级商务楼。2003 年 5 月，软银（SOFTBANK）与江南春达成注资协议，分众传媒控股有限公司在英属维尔京群岛注册成立。江南春和其他三位创始人以及软银为公司股东，控股公司在香港设立子公司——分众传媒（中国）控股有限公司。

分众传媒（Focus Media），目前为中国领先的数字化媒体集团，产品线覆盖商业楼宇视频媒体、卖场终端视频媒体、公寓电梯媒体（框架媒介）、户外大型LED 彩屏媒体、电影院线广告媒体和互联网广告等多个针对特定受众、并可以相互有机整合的媒体网络。分众传媒所经营的媒体网已经覆盖 100 余个城市、数以 10 万计的终端场所，日覆盖超过 2 亿的都市主流消费人群，业已成为中国都市最主流的传媒平台之一，效果被众多广告主所认同肯定。

（二）公司主要业务结构

分众传媒的广告业务覆盖六大领域：商业楼宇 LCD 广告、卖场终端视频广告、公寓电梯框架广告、互联网广告、电影院线和传统户外广告。其中，楼宇、卖场和框架媒体是分众的核心业务。2009 年下半年，分众传媒对旗下业务进行重组，重组主要发生在非主营业务，尤其是互联网广告和传统户外广告牌领域。2010 年 7 月 30 日，分众传媒宣布和 Silver Lake 达成了一项协议，分众将旗下的互联网公司即好耶网络控股有限公司及其附属公司一并出售给 Silver Lake。至此分众传媒的发展战略逐渐明晰，专注于楼宇、卖场、框架三大核心业务，并剥离利润相对较低的非核心业务。

从分众传媒 2010 年第二季度财务报表可以看出其主要业务及其比例分布。分众传媒第二季度总净营收为 1.582 亿美元，来自商业楼宇联播网、框架广告网络以及卖场终端联播网的净营收为 1.086 亿美元，占总净营收的 69%。其中来自商业楼宇联播网的广告净营收为 7 250 万美元，占总净营收的 46%；来自框架广告网络的广告净营收为 2 520 万美元，占总净营收的 16%；来自卖场终端联播网的广告净营收为 1 090 万美元，占总净营收的 7%。来自电影院广告、户外大牌以及互联网广告服务的净营收为 4 960 万美元，占总净营收的 31%。其中互联网广告服务的净营收为 3 570 万美元，占总净营收的 22%；来自户外大牌和电影院广告的广告净营收为 1 390 万美元，占总净营收的 9%。

2010 年第三季度初，分众传媒的互联网广告服务业务已经出售。从 2010年第三季度起，分众传媒将影院广告网重新列入核心业务，在报告业绩时会将其归入商业楼宇联播网中。因此在这次分类调整之后，分众传媒的核心业务包括商业楼宇联播网、影院广告网络、电梯海报框架网络与卖场终端联播网，非核心业务只包含传统户外大牌。

二、事件回顾

(一)分众传媒的创立

2001年,分众传媒创始人江南春的永怡传播公司已经成为上海第一大IT广告代理商,但是10年的代理经验也让他看到广告代理商的利润空间非常有限,并没有广阔的发展前景。为此,永怡开始思索新的突破口,正式探索新媒体之路。

在江南春看来,新媒体应该有四个方面的特点:一是必须能够代表媒体表现能力的最新技术和发展趋势,具有高度的煽动性;二是必须具备分众性,打中的必须是特定的人群,因为只有这部分人群对广告商而言才是真正有意义的;三是要有比较高的抗干扰性,从而保证广告的有效性;四是必须带有一定的强制性。在这一思路下,江南春很快便发现商务楼宇是个很好的场所,符合所有新媒体应该具有的特点。于是,在2002年底,永怡正式进军商务楼宇液晶屏商务广告网络。12月13日深夜,江南春穿着工作服,亲自去安装了第一块液晶屏。之后,永怡便一头扎进了自己创造的这个新兴行业,并在半年后改名为分众传媒。

其实,2002年是永怡公司历史上发展最好的一年,代理业务挣了1 000万元,但他们还是毅然决然地放弃了这项业务。这从一个角度反映了江南春的决心:比起陷入窘境时的被迫转型,趁现有业务仍然比较健康、现金流依然充沛的时候主动进行转型,也许才是最好的时机,获得成功的几率也要高得多。

然而分众传媒的新媒体之路并非一帆风顺。作为一个主要为广告主提供媒介平台的公司,分众创立之后就开始跑马圈地,以近似疯狂的速度不断地扩展并占领着竞争者无数的广告市场。但是迅速的扩张就需要大量的资金,资本的力量对于新媒体进入的重要作用日益显现,江南春想到了引入外部资金。

(二)分众传媒三轮私募股权融资

2003年5月,国际著名投资机构软银中国创业投资有限公司与维众创业投资集团(中国)有限公司和分众传媒签订协议,宣布对分众传媒注入4 000万美元风险投资。

2004年4月,分众传媒再次获得风险投资基金的青睐。鼎晖创投、德丰杰全球创业投资基金("德丰杰创业基金")、美商中经合集团、上海华盈创业投资基金管理有限公司、招商局富鑫资产管理有限公司、麦顿投资管理公司等六家风险投资机构联手向分众传媒注入1 250万美元的资金。其中,鼎晖创投的投资附有一份对赌协议,即分众当年的运营利润如果达不到860万美元,那么江南春等人的股份就将被稀释。而分众传媒在当年9月便完成了这一任务,达成了条件。

紧接着,分众传媒又于 2004 年 11 月完成了第三轮融资,美国高盛集团、欧洲最大的风险投资基金 3i 公司、维众(中国)投资搭上了分众传媒上市前的"末班车",共同投资 3 000 万美元入股分众传媒,从而使 2004 年度分众传媒融资总额上升至 4 250 万美元,创造了 10 年来国内广告传媒私募融资的全新纪录。

据分众传媒的年报数据显示:自 2003 年来,分众传媒这三年内的经营状况保持着良好的增长趋势,每年都跃上一个新台阶,尤其是 2005 年表现出惊人的增长率。不仅净利润增长 5 775%,接近 60 倍,营业额增长 133.56%,经营利润也增长了 75.38%,勾勒出一个鲜明的高增长印象,为上市做好了充分的准备。

(三)上市

尽管中国概念股当时在纳斯达克遭受冷落,但分众传媒不仅在中国是个创新的概念,在美国的上市公司中也是一个独特的概念,因此分众传媒自身及其风险投资者都对其海外上市的计划充满信心,认为应该能够吸引投资者的热情。不过,在乐观的预期下,分众传媒仍然在上市之前有序地进行了各种具体准备工作:2003 年,分众传媒就聘请普华永道进行审计,2004 年又聘请了著名的方达律师事务所针对国内外法律结构进行重组,并起用软银的副总裁 Amy(原普华永道承接 UT 斯达康纳斯达克上市审计的主要负责人)担任内部审计,其财务总监则是来自毕马威的高级审计师。此外,还同高盛、摩根斯坦利等知名投行进行深入的洽谈,以便慎重地确定合作伙伴。

对于在中国的传统媒体来说,由于众所周知的政策原因,上市必须要面对重重的困难,长久以来都只是一个美好而遥远的梦想,而这对投资者来说,显然意味着巨大的风险;而网络媒体尽管在这一方面没有后顾之忧,无疑走在了传统媒体的前面,例如新浪、搜狐等都早早登陆了纳斯达克,但作为媒体概念来讲,似乎一直未受到投资者的认同。因此,相对于传统媒体的政策限制和网络媒体竞争的激烈,新兴的户外媒体则显示出较好的资质,液晶电视联播网作为一种媒体无疑是非常独特的:相对于传统媒体,尽管分众传媒已经构成了一个媒体的实质和功能,但是由于私人投资的原因以及政策方面的空白,使得它能够以一个完整的媒体概念上市;而相对于网络媒体,液晶电视联播网的媒体属性又更为突出,而且还能够准确地锁定目标广告人群,让投资者对其稳定的收视频率和良好的发展前景充满期待。此外,在政策方面,液晶电视联播网也有极好的环境,其发展的规模和速度很大程度上正是基于各地政府对这个项目给予的重要支持。鉴于液晶电视联播网对提升城市形象、带动区域经济繁荣的显著作用,该项目已获得上海、北京、天津、南京等城市政府相关部门的批文,被列为这些城市社会公共服务信息化或城市对外宣传和精神文明建设的重点应用项目。显然,分众传媒在政策安全方面也是毫无风险,这点对投资者是至关重要的。

2005 年 7 月 14 日,美国东部时间 9 点 50 分,江南春按响了纳斯达克开市的铃声,成为第一位获此殊荣的中国企业家。此前一天,由他创立的分众传媒正式登陆纳斯达克,融资 1.717 亿美元,创下中国概念股当时在纳斯达克融资规模之最。上市不但使分众传媒能够通过一个畅通的融资平台,更加从容地进行"圈地运动",构筑起更高的进入门槛并扩大自己的市场占有率,也令前期投入巨资的风险投资商得以从容退出,赚得高额的溢价收入,然后继续自己的风险之旅。以软银中国为例,其于 2003 年 5 月投资分众传媒时获得分众传媒普通股 1 000 万股,投资额约为 50 万美元;其后,2004 年 2 月,软银中国又获得分众传媒普通股 120 万股;2004 年 4 月,分众传媒第二轮风险投资中,软银中国以每股 0.24 美元出让 220 万股分众传媒普通股,套现 52.8 万美元;分众传媒在上市过程中,软银中国抛售 7 180 286 股分众传媒普通股,套现 309 万美元;软银中国在分众传媒上市前持有其 2.83% 股票,合计 9 000 000 股普通股,分众传媒上市后,软银中国的股份被稀释至 1.85%。按照每股 ADS 发行价 17 美元核算(1 股 ADS 相当于 10 股普通股),软银中国持有的分众传媒股票市值 1 530 万美元,与其当初 50 万美元的投资额相比,软银中国获得的回报至少达 30 倍。

截至 2007 年 12 月,分众传媒在纳斯达克上市以来的连续十个季度中,总营业收入一直保持着 100% 以上的增长,其市值增长了 10 倍,是纳斯达克增长最快、也是最为活跃的中国概念股之一,并于 2007 年 12 月 24 日进入了纳斯达克100 指数,成为第一个被计入纳斯达克 100 指数的中国广告传媒股。这不仅代表了中国新媒体产业在纳斯达克的成功和海外投资者对中国领先型企业的看好,同时也是分众传媒在国际资本市场影响力的充分体现。

三、财务数据

表 3-1　分众传媒历年经营状况

单位:千美元

	2010 年	2009 年	2008 年	2007 年	2006 年	2005 年	2004 年	2003 年
营业收入	516 315	397 163	642 336	506 559	211 905	68 229	29 210	3 758
营业成本	221 690	241 073	347 234	248 441	81 380	26 342	8 680	1 841
营业毛利	294 625	156 090	295 102	258 118	130 525	41 887	20 530	1 917
经营盈利	119 551	− 91 445	− 669 083	143 855	80 378	22 786	12 953	525
税前收益	125 523	− 86 499	− 661 555	156 175	84 346	24 387	1 267	517
净利润	186 265	− 209 734	− 770 838	144 436	83 197	23 548	373	25

分析与评述

一、分众传媒私募股权融资原因分析

开垦"处女地",市场与资本这两个条件缺一不可。分众传媒创业之初,作为一个主要为广告主提供媒介平台的公司,播放广告的受众群体是否足够广阔,对分众向广告客户的要价能力有十分重要的影响。因为意识到了这一点,分众开始跑马圈地,以近似疯狂的速度不断地扩展并占领着竞争者无数的广告市场。借助于不停的跑马圈地,分众传媒能逐步实现发展"瓶颈"的突破,甚至可以期望以一种行业领导者的姿态领跑在信息商业时代。然而跑马圈地最需要的不是决策,而是资金。唯有做到控制市场、占有资本的两全,分众传媒才能集聚底气,高枕无忧地"享受"蒸蒸日上的未来。2003 年 5 月份之前,江南春先后投资了近2 000万元安装液晶显示屏,控制的中高档写字楼已经扩大到 100 多栋,但是广告主并没有忙着掏腰包,他们还在犹豫中观望。投了这么多的钱却没有收到预想的效果,这让江南春感到了巨大的心理落差与失落,也带来了极大的压力。由此,江南春想到了引入外部资金,而就在这个时候,软银投资进入了分众的视野。

当时,投资商对于江南春而言还是一个非常陌生的概念,而他首次接触风险投资之所以能够如此顺利,完全得益于两样东西:其中一个是与软银中国在同一层大楼办公的地理优势,让对方看到了分众传媒经营者的决心、激情和业务能力,以及坚持不懈的毅力;另一个则是分众模式作为一种创新的媒体形态所拥有的分众性、强制性等优势,以及其诱人的市场前景,吸引了投资商的目光。软银在对江南春的项目进行了为期两周的实地考察和投资分析后,向分众传媒表示了投资意向,双方一拍即合,最后实质性的谈判只用了一个星期的时间。

2003 年 5 月,在软银的帮助下,江南春正式注册成立分众传媒控股有限公司,并出任 CEO,随即软银便正式宣布投资分众传媒。可以说,软银给分众传媒带来的不光是资金,还有先进的管理理念。软银有效地整合了分众传媒原先相对混乱的后台管理,使之更符合国际资本的标准。然而,由于江南春为了避免其股份被稀释而失去对公司的控制权,因此拒绝了软银更多的投资,也因此差点失去了"一统江湖"的有利时机。

但是,商务楼宇液晶屏广告网是一个资金需求量极大的事业,前期的巨大投入需要更多追加的资本,因此不到一年,江南春便彻底改变了自己原来的主意,愿意接受更多的风险投资。在这样的背景下,分众传媒引入了第二轮和第三轮的融资。

二、融资的四个过程

（一）周密的前期准备

前期准备的重点在于为风险投资商提供他们想要知道的答案,其中商业计划书是比较重要的内容。首先,要如实、详细地介绍创业团队中每一个管理人员的简历。因为对于投资人来说,创业团队的选择非常重要,因此,一定要以全面、简要的方式向投资者展现其团队吸引人的地方。其次,是对目标市场的分析,用易于理解的方式,将自己的产品或者服务向投资人进行说明,同时,要强调跟同一个市场里其他竞争对手相比,自己的竞争优势在哪里。此外,商业计划书中还应清楚地写明市场的营销策略、财务分析、投资需求以及股权结构。

（二）坦诚的会面与谈判

做好前期准备以后,就要开始跟风险投资商进行联系。与风险投资商的面谈其实就是一个销售的过程,销售的内容就是个人的理念、团队的运作能力以及公司的远景目标。在会面的时候,重要的是理清自己的思路,并适当地应答投资人的提问。对于风险投资者来说,重点不是寻找有吸引力的项目,而是删除那些有风险的项目,因此能否取得投资人的信任,是取得风险投资的关键。

谈判的主要内容则是有关公司的价值、股价、股权的结构等细节问题。在这一阶段,核心是要向投资者证明自己的价值,并获得对方的认同。如果双方在各方面都达成了一定共识,那么接下来投资方就会做一个背景调查,求证创业者提供的信息是否属实。当然,作为创业者,在选择风险投资商的时候,也可以进行相应的调查,对投资者进行分析,从而找到最适合自己的投资人。

（三）完备的投资意向书,严谨的法律文件

投资意向书是制定法律文件之前的一个框架式的协议,本身并不是一个法律文件,没有法律效力。双方在签订意向书后,能否继续进行到法律文件的阶段完全基于双方的诚信度和调查的结果。但是实际上意向书就是未来法律文件的纲领性蓝本,其内容包括了投资的金额、股份数量,投资后的公司股权组成结构,创始人及员工股票如何获得等重要内容,投资方与创业方和企业之间的关系都在意向书中有所反映。此外,投资意向书作为一个过渡性质的文件,有时还会包括在一定时期内不能和其他风险投资商会面、谈判的条款。

在投资意向书获得认可之后,接下来就是法律文件阶段。这个阶段对于双方来说都是非常敏感的。双方的律师根据投资意向书的框架起草法律文件,这个过程大概要持续两个星期,有的还可能会持续更长时间。因为在这一阶段,双方律师会就各个方面的细节问题进行沟通,并制定出非常详细的法律条文。因此,与薄薄两三页的投资意向书不同,每一轮的法律文件往往都很厚。

(四)资金到位

即便在签订法律文件之后,融资活动也不能算已经大功告成了。资金到位可能也要花费几个月的时间,此时任何一个环节出现问题都会导致融资的失败。只有资金到账了,这才算真正的融资结束,正式开始与投资方的合作。

三、融资成功要点

(一)优秀的团队及其领导人

成功的风险投资者往往认为人才是第一位的。风险投资商首先会从人品上对创业者进行考核,也就是考察创业者的诚信度。绝大多数的投资者都希望能够和忠诚、正直的人合作。因此,企图用超级的热情与自信,甚至吹牛的本领,来赢得投资人对投资项目的激情和充分信任,很有可能会取得适得其反的效果。

对于风险投资商来说,创业者的业绩是非常关键的考量因素之一。一般来说,投资者重视的是创业者过去做成过什么事情,或者说这个团队里每一个人过去的业绩,他关注的是创业者把梦想变成现实的执行能力。因此,创业者的推荐人非常重要,他一定要能够被风险投资商所认可,并且能够正面地向投资者反馈创业者的人品和业绩。此外,创业者及其团队的激情也会对投资人的决定产生相当重要的影响。

在分众的第一轮融资中,最早吸引软银(中国)上海代表处首席代表注意的,正是分众传媒创始人的敬业精神,以及其对所从事的行业的深入理解,对其创立商业模式的深刻认识,对其所从事的传媒业的多年体悟。而分众传媒公司的年轻团队在错综复杂的投融资商业谈判中所表现出的果敢干练和沉着品质,以及他们坚韧不拔的努力和热情洋溢的陈述,更是让众多的潜在投资人感受到了创业的激情。可以说,在某种程度上正是分众传媒领导人及其团队的优秀素质,促成了其私募融资的巨大成功。

(二)独特并富有创新性的业务范围

分众传媒是一个融户外媒体、数字娱乐、IT 技术等于一体的新型广告媒体产业,是分众传媒的创始人及其团队,凭借其经营广告代理近十年的行业经验,率先独辟蹊径地开创出的一条适合中国国情、符合自身发展的商业模式和赢利模式。作为一种创新的媒体形态,分众传媒的优势可简单地归结为四条:一是体现了媒体表现能力的最新技术和发展趋势,具有高度的煽动性;二是细分了广告受众,能够准确地将广告投放至有效的目标受众;三是具有比较高的抗干扰性,创造了新的特定时间和空间,提高了广告的有效性;四是具备一定的强制性,楼宇电视不同于可以被视而不见的街头广告,也不同于随时会被换台的电视广告,而是在人们百无聊赖地等电梯时唯一可以欣赏的东西。因此,尽管没有成型的商业模式可资参考,但其独特又富有广阔发展前景的媒体概念,会受到投资人的关注自然是理所当然的事情。

(三)建立完整、准确的财务管理体系

在公司引入风险投资者、进行私募股权融资时,最头痛的难题就是如何估算目标公司的价值,从而正确地判断该公司所能获得的融资额度,以及增发新股的比例。对于类似分众传媒这样的年轻公司来说,由于其成立历史短、发展速度快,加上具有创新性的商业模式,因此很难找到合适的参照物,以及可作为参数的财务数据。因此,如果公司已经建立了一套完整、高效的财务管理体系,有一定的财务数据,就可考虑用 12 个月的财务记录,根据美国公认会计原则(GAAP)或国际会计准则(IAS)重新计算的净利润进行评估,从而在投资前估值中合理地反映出公司未来可预期的增长空间,实现公司和投资方的“共赢”。

(四)重视和中介机构的合作关系

在融资活动中,投融资双方或多方会在许多问题上产生分歧,特别是公司估值、投资比例、投资人优先保护条款、公司治理和管理权归属等重大问题,更是成为双方利益博弈的焦点。此时,专业的中介机构的参与往往会起到举足轻重的作用:由于中介机构作为融资交易的第三方,拥有相对客观、超然的有利地位,是谈判对手之间的一道缓冲,因此可以斡旋、协调谈判双方或多方的利益,控制谈判节奏,使艰难而紧张的谈判进行得更加顺畅,大大提高谈判的成功率。

此外,中介机构还可以利用其在各自领域中的专业优势,帮助公司制定中英文商业计划书、公司简介,以及公司的财务预测和募集资金用途等说明,并在双方就投资意向达成共识后,在投资协议的起草、商议和定稿阶段就主要商业条款为公司提供专业的意见,使公司利益最大化。例如,分众传媒在引入风险投资并最终成功上市的过程中,早在 2003 年就开始聘请著名的会计师事务所普华永道进行审计,2004 年又聘请了方达律师事务所重组其国内外法律结构,并会同高盛、摩根斯坦利等知名投行进行深入的洽谈,以便慎重地确定合作伙伴。此外,分众传媒的 CEO 和创始人在与投资方会谈时,也能把握大局,因势利导,充分发挥财务顾问等中介机构的作用,坚持原则性与灵活性并重,把投资方的积极性恰到好处地引发出来,从而使分众传媒的第二轮私募融资得以在不到四个月的短时间内就顺利完成,甚至出现了机构投资人超额认购的局面。这在近年来的中国私募股权融资和风险投资领域,都是极为罕见的。

思考与讨论

分众传媒自 2005 年登陆纳斯达克后,2006 年、2007 年疯狂并购扩张,在 2008 年以 80 亿美元市值成就纳斯达克市值第一的中国概念股。但是,2008 年也成为分众跌落云端的转折点:分众无线业务因垃圾短信遇挫,高价收购的玺诚传媒内部问题曝光,到 2008 年下半年和 2009 年第一季度,经济危机的爆发使分众不仅面临广告客户投放热情的骤减,还有众多收购公司估值缩水导致的高达 8 亿多美元的一次性资产减值,出现形式上的巨亏。2008 年 11 月 11 日,分众传媒市值"突如其来"地大跌 45%,股价几乎被腰斩到 8 美元左右。资本市场从来用脚投票,分众股价最低跌到 4.8 美元,市值仅 12 亿美元左右,蒸发大半。2009 年与新浪合并分众的户外数字广告业务因为涉嫌垄断没能通过商务部的审批。面对企业发展的低谷,分众传媒及时调整战略,从"数字媒体集团"的宏大愿景又回到了最初的户外媒体战略的起点:从分众无线、玺诚传媒、律动传媒到户外数字业务,分众逐个开始剥离非核心资产,重新专注于安身立命的基本——楼宇、卖场、框架三大核心业务。具有顽强生命力和市场价值的分众传媒,经历过沉浮之后,能否再创辉煌呢? 让我们拭目以待。

阅读文献

[1]曹和平、平新乔、巴曙松编.中国私募股权市场发展报告(2010).北京:社会科学文献出版社,2010.

[2]潘启龙.私募股权投资实务与案例(第 2 版).北京:经济科学出版社,2011.

[3]石育斌.中国私募股权融资与创业板上市实务操作指南.北京:法律出版社,2010.

[4]刘世英.分众的蓝海.北京:中信出版社,2006.

[5]高永宏.分众传媒:一个行业和一家公司的诞生之路.新财经,2005(8).

[6]董晓常.分众传媒的上市前景.互联网周刊,2004-08-02.

案例四　百度在线网络技术有限公司公开发行股份案例研究

摘　要

2005 年 8 月 5 日,百度在美国纳斯达克成功上市,创造纳斯达克有史以来第一个在首发日价格上升幅度最大的非美国公司,在美国首次公开发行股份(IPO)历史上排名第 18 位,在海外 IPO 案子中则是新高纪录。本案例就以百度 IPO 案例,具体阐释 IPO 的过程及其成功的要素。

关键词

百度;IPO;私募股权融资

案例资料

一、公司情况

(一)创始人介绍

李彦宏,百度创始人之一,1968 年出生于山西阳泉。1987 年就读于北京大学信息管理专业;1991 年本科毕业后,赴美国布法罗纽约州立大学完成计算机科学硕士学位;1999 年底,怀抱"科技改变人们的生活"的梦想,李彦宏与好友徐勇回国创办百度。在美国的 8 年间,李彦宏先后担任了道琼斯公司高级顾问,《华尔街日报》网络版实时金融信息系统设计者,任国际知名互联网企业 INFO-

SEEK 资深工程师,是新一代互联网技术领域的权威专家。他为道琼斯公司设计的实时金融系统,至今仍被广泛地应用于华尔街各大公司的网站,其中包括《华尔街日报》的网络版。他最先创建了 ESP 技术,并将它成功地应用于 INFO-SEEK/GO. COM 的搜索引擎中。GO. COM 的图像搜索引擎是他的另一项极其具有应用价值的技术创新。1996 年,他首先解决了将基于网页质量的排序与基于相关性排序完美结合的问题,并因此获得了美国专利。1998 年,李彦宏根据在硅谷工作生活的经验,在大陆出版了《硅谷商战》一书,获得了各界的好评。

徐勇,百度创始人之一。1982 年开始就读北京大学生物系,1989 年完成生物硕士学位后,获美国洛克菲勒基金会博士奖学金,赴美留学,于美国得州 A&M 大学完成博士学位,随后读加州大学伯克利分校博士后;1999 年底,与好友李彦宏回国创建百度。在美国 10 年期间,徐勇先后担任两家著名的跨国高新技术公司(QIAGEN, Inc. 和 Stratagene 公司)的高级销售经理,并且获得杰出销售奖。1998 年,徐勇作为制片人之一拍摄了大型专题纪录片《走进硅谷》,客观及全面地反映硅谷的发展过程,深度探求了硅谷成功背后的种种因素。在硅谷他多次应邀给来自中国大陆的高级政府官员介绍硅谷的风险投资机制和创业文化。1999 年,徐勇与他人合作创立 Cybercalling. com 公司,这个网络电子商务公司在六个月内就实现了赢利。他与硅谷的众多商业团体都保持着密切的联系,并为许多新兴的高科技企业提供商业咨询。

(二)公司的创建与成长

1999 年底,李彦宏与徐勇从美国风险投资基金 Peninsula Capital(半岛基金)和 Integrity Partners(诚实合伙投资公司)融资 120 万美元后回国。2000 年 1 月,在北京大学资源宾馆成立百度。

2000 年 5 月,百度开发出自己的第一个中文搜索引擎,当时可以搜索 500 万个网页。只有产品还不够,必须把产品销售出去才有可能赚钱。按百度最初设想的公司盈利模式是:做出最好的搜索引擎卖给门户网站,即百度将自己开发出来的搜索引擎嵌入到门户网站,然后向对方收取一定的技术服务费。经过多方努力,2000 年 5 月底,百度首次为门户网站——硅谷动力提供搜索技术服务,每年 8 万美元服务费。同年 8 月,中国三大门户网站之一的搜狐成为百度的客户。此后,新浪、网易、263 等当时国内的大中型门户网站和其他一些网站相继成为百度的客户。到 2001 年夏天,国内 80% 的门户网站都采用了百度的搜索技术,可以说,百度当时垄断了国内的门户网站搜索引擎技术服务市场。

虽然如此,百度却高兴不起来。因为不但赚不了钱,甚至入不敷出。造成这种局面的主要原因是,当时互联网泡沫已经破裂,门户网站需要压缩开支,而在当时的门户网站看来,向用户提供搜索服务,不能很快产生经济效益。所以,这些门户网站不愿意为此付出更多资金,甚至还要压价或者拖欠百度的技术服务费。这使百度陷入了两难困境:来自门户网站用户的搜索请求量越来越大,为此百度的带宽和服务器都要不断升级,投入不断加大;同时,那些门户网站不但不愿意在搜索引擎技术服务上多付钱,还要砍价。作为一家由风险投资基金投资的企业,百度必须要赢利,这种入不敷出的商业模式肯定是不能持久的。

幸运的是,李彦宏找到了适合百度的发展模式——做独立的搜索引擎公司,直接面对终端用户,通过竞价排名赢利。所谓竞价排名就是:对于商业类词汇,以关键词竞价,按竞价网站的出价多少,决定搜索结果的排列顺序,在搜索结果被点击时支付竞价费用。经过李彦宏对投资人的艰苦劝说,投资人同意李彦宏将百度转型为面向终端用户的搜索引擎公司,并同期推出竞价排名。

2001 年 8 月,Baidu.com Beta 版上线,百度从后台技术提供者转为面向公众独立提供搜索服务。2001 年 9 月 20 日,Baidu.com 开始竞价排名业务,当天,百度赚了 1.9 元,第二天赚了 3 元,到了第四天这个数字已经成为两位数,第五天正好超过 200 元。到 2001 年 12 月,百度在竞价排名上的收入一共是 12 万元左右,平均每天 1 000 多元。

2002 年 5 月,百度竞价排名销售工作的重心开始转向渠道建设。在 2002 年,中国网民人数和现在相比还是相当有限的,而其中真正了解搜索引擎,真正有意识使用搜索引擎的人所占比例更是少之又少。因此,百度要想将庞大的用户群转化为经济收益,就必须进行大规模的市场推广,告诉大众搜索引擎的重要性。

2002 年 11 月,百度正式推出搜索大富翁游戏,在首页上挂出链接,用户点击进去注册账号后就可以玩游戏。用户只需一天回答 5 道题,就可以利用百度搜索引擎找到答案,在第一时间内回答正确就可以参加抽奖。2003 年 3 月,百度在北京世纪剧院举办了主题为"活的搜索,改变生活——百度搜索激情夜"的大型晚会,邀请了许多业界名流,现场还有很多演艺明星、各大媒体,通过情景喜剧、搜索歌曲、现场对话诠释搜索的含义,告诉大家搜索是有生命力的。通过这几次大型活动,百度实现了普及搜索引擎知识、教育网民、提升百度品牌知名度的目标。

2003 年 6 月,由第三方赛迪集团下属中国电脑教育报举办的"万人公开评测"公布了评测结果。百度超越 Google,成为中国网民首选的搜索引擎。同时,根据美国第三方权威统计机构 Alexa 统计,在最受欢迎的中文网站中百度已经位居第四,百度成为全球最大的中文搜索引擎。

2004 年 8 月,百度收购 hao123.com 100%股权,花费了 1 190 万元人民币(120 万美元),加上 40 000 股股票,外带 120 万元人民币流量的额外费用,金额总计 5 000 万元人民币。网址之家始建于 1999 年 5 月,前名是"精彩实用网址",后来改名为"好 123 网址之家",它建立的宗旨是方便网友们快速找到自己需要的网站,而不用去记太多复杂的网址,因为"好 123 网址之家"是由常用类别里的精彩站点组成该站的,所以可以在此找到大部分实用网站。该站同时也提供了综合搜索引擎,可搜索各种资料及网站。

2004 年 12 月,根据中国市场调研公司 iResearch 发布的《2004 中国搜索引擎研究报告》显示,2004 年中国搜索引擎市场中,百度、雅虎、Google 分别为 36.29%、22.72%、21.22%的市场占有率,百度行业领先地位进一步确立。

2005 年 8 月 5 日,百度在美国纳斯达克亮丽登场:发行价为 27 美元的"BIDU"以 66 美元的价格跳空开盘,并一路狂飙至每股 151 美元,最后收盘价为 122 美元。根据百度的 3 200 万股的总股本,其公司的市场总值在交易的第一天已达到近 40 亿美元。一日之内,百度股价涨幅高达 353.85%,成为网络泡沫破灭的 5 年来,股票初次上市当日升值幅度最大的一个。这是纳斯达克有史以来第一个在首发日价格上升幅度最大的非美国公司,在美国 IPO 历史上排名第 18 位,在海外 IPO 案子中则是新高纪录。当日,美国时代广场上的大屏幕 24 小时不间断地打出"欢迎百度"的字样;李彦宏则按响了纳斯达克股市当天的闭市铃,并打破了 CNBC 历史上一家公司的 CEO 同一天内上镜两次的先例。有业界人士评论,全球互联网的"中国时代"已经开启。

百度的成功并不是偶然的:搜索作为人们在信息时代非常基本的需求,其重要性正在日益显现;百度依靠自己的自主创新能力和对技术的执著,打败了包括 Google 在内的许多跨国公司,占据了中文搜索市场最大的份额,也获得了极高的市场认可度;此外,中国经济 20 多年来的高速成长,其潜在市场蕴含的利润空间对投资者们来说也无疑是非常大的诱惑。下面我们就以百度成功上市案例来说明 IPO 的运作。

二、事件回顾

(一)上市前融资

上市前,百度通过三次融资共获得资金 2 620 万美元,为公司的正常运作、发展起到了支撑作用。

1.第一轮私募股权融资

1999 年,从"国庆典礼"返回美国硅谷的李彦宏已经立志创业,开始起草商业计划书,并找到了徐勇作为自己的创业伙伴。他们的组合,正是硅谷创业团队的典型模式:李彦宏是搞技术的,拥有"超链分析"这项在全球主流搜索引擎得到广泛应用的专利技术,而徐勇则在市场运作、销售等方面积累了较为丰富的经验,在开拓市场方面具有较强的能力。双方间的互补互助,可以成为取得成功的良好基础。此时,万事俱备,只欠投资。

幸运的是,硅谷是创业者的天堂,也是风险投资者的天堂。李彦宏和徐勇在寻找投资商的同时,投资商们也在考察李彦宏和徐勇。李彦宏倾向于选择有美国背景的投资者,原因在于这一类投资商往往能够提供更加优厚的价格和条件;而对于李彦宏这个创业者,打动投资商的则是这位 30 岁的年轻人的沉稳、可靠。在与风险投资者的接触中,李彦宏并没有滔滔不绝地讲述自己的能耐,而是描绘了如何寻找优秀的技术人员和管理人员、如何组建最好的团队的方案。很快,就有三家风险投资商看中了李彦宏他们所具有的中国因素、技术优势和团队组合,愿意为他们提供投资。最后,经过考察和选择,在婉言拒绝了其中一家不太理想的风险投资商后,李彦宏和徐勇接受了半岛基金和 Integrity Partners 的联合投资 120 万美元,两家机构各半,各拥有股票 240 万股。这笔资金也成为 1999 年 12 月李彦宏回到北京中关村创业时的重要启动资金。

2.第二轮私募股权融资

2000 年 5 月,百度在风险投资商的帮助下签署第一个客户硅谷动力后,凭借号称全球最大、最快、最新的中文搜索引擎技术,顺利地陆续拿下了绝大多数门户网站客户。当时,百度在中文搜索领域已经稳稳占据了领导地位,形势一片大好。就在这样的背景下,李彦宏开始了第二轮融资。

尽管已经开发出了产品,并拥有了稳定的客户和市场,但风云变幻的资本市场却令料想中应该相对容易的第二轮融资比第一轮更加艰难。为了说服风险投资商,李彦宏在硅谷最炎热的 8、9 月里一遍遍上门讲述自己的“故事”,有时甚至病了也要强打精神,以免影响风险投资商的信心。工夫不负有心人,2000 年 10 月,在纳斯达克网络概念股动荡缩水的时候,百度获得了来自世界著名风险投资商 DFJ(德丰杰)为主,包括 IDG(国际数据集团)、Integrity Partners、Peninsula Capital 等四家风险投资公司的 1 000 万美元的风险投资。其中,DFJ 约占了总投资额的 75%,拥有 720 万股,成为百度的单一最大股东;而 IDG 则以 120 万美元的种子基金,拥有 144 万股,占百度 4.6%的股份;另外 Integrity Partners 拥有 60 万股,Peninsula Capital 拥有 36 万股。

实际上,李彦宏在第一轮融资中获得的 120 万美元最初计划用半年,但在精打细算之下,这笔钱坚持按照一年的计划支出。到 2000 年 6 月李彦宏寻求第二轮投资时,才花了 60 万美元,到 9 月份获得第二笔融资时,之前的资金应该还剩有几十万美元,而这笔钱就成为二次融资和投资商谈判时,李彦宏手中的强硬底牌。可以说,在资金支出上的斤斤计较,正是李彦宏超前而稳健的商业意识的一个体现。

中国有句俗话叫"人穷志短",要想做到人穷志不短,很困难。美国硅谷每天都有公司因为有了风险投资而开山立派,每天也都有公司因为囊中羞涩而关门大吉。因此,在李彦宏看来,新创业的公司只有在不需要钱的时候借钱,才能在寻找投资的时候硬起腰板,以平等的身份来磋商具体事项。相对地,投资人看到公司的经济状况良好,也会认为公司运作不错,从而乐意进行投资。

3.第三轮私募股权融资

2003 年年底,百度开始第三轮融资的时候,这实际上也是百度上市前的最后一次融资。当时,百度已经开始盈利,对资金的需求也已经不那么强烈,因此面临的主要问题是如何选择那些能为百度的进一步发展带来不同价值的投资者。其中,是否要接受 Google 的投资成为融资的焦点问题。

Google 和百度之间的竞争关系是显而易见的。对于 Google 来说,尽管其在全球搜索市场上稳居第一,但是在中国市场上却始终落在百度之后,因此,近两年来 Google 一直都有收购百度的意向。Google 首席执行官艾里克·施密特还曾表示,Google 进军中国市场的具体形式将取决于与百度的谈判结果。显然,比起单纯地持股百度,控股百度更有利于 Google 兵不血刃地占领中国搜索市场。因此,是否接受 Google 的投资令百度的决策者和投资人考虑了很长时间。最终,在新一轮 1 470 万美元的融资中,百度在综合考量了各种不同意见之后,于 2004 年 6 月 16 日宣布与 Google 进行资本合作,接受对方 499 万美元的投资,让其拥有百度 2.6% 的股份,成为百度比较小的投资人。

Google 显然希望通过投资百度"化敌为友",在中国分得更多市场;而对于百度来说,Google 的加入也会有效增加自身的品牌知名度,可见此轮融资的性质更多的只是一种商业策略的运作。Google 在向百度注资后,只拥有百度极少数股权,对百度的经营和管理没有任何的参与,不足以影响百度的发展策略。实际上,和 Google 一起在此轮投资中扮演领投角色的还有德丰杰,长长的投资名单上还包括 Integrity Partners、Peninsula Capital、China Value、华盈投资(Venture TDF)、信中利投资(China Equity)、Bridger Management 等风险投资机构。然而,China Value 等后来的投资者都没有能够进入百度的董事会,公司的控制权依然牢牢掌握在李彦宏、徐勇等原有股东的手中。

在不到 5 年的时间内,伴随着外源资本的进入,百度不断从幕后走向前台,从提升技术到提升流量,从打响品牌到获得收益,一步一步地逼近自己的目标,真正成为一家在中国本土成长的,并能切实创造出强大搜索引擎产品的公司。截至 2005 年,百度已经是世界流量第六大的互联网网站,其营业收入也以 147% 的比例迅速增长。显然,对于同时具备"中国"和"搜索"这两大当时证券市场中最热门要素的百度来说,第三轮融资无疑是为进军纳斯达克提供充足的资金保障。

（二）IPO 过程

1. 筹备申请阶段

2005 年 6 月 12 日,百度提交招股说明书,确定了公开招股发售股票数量以及股票发行价价格区间:百度将通过首次公开招股发行 370 万股美国存托凭证(其中,260 万股为新发行股票,110 万股为原有老股东出售),每股价格为 19 美元到 21 美元,新发股票募集资金约为 5 200 万美元。李彦宏对媒体透露,一开始内部定价的时候,投行推荐的是 17～19 美元区间,在他们要求之后调到 18～20 美元,但是百度还是觉得这个定价低了,经过一番讨论之后才将发行价定在 19～21 美元区间。

在设计招股说明书封面的时候,百度大胆采用了一个最另类的方案——一个大大的英文 I 与 38 种"我"的中文表达方法,38 个词映射出中华民族历久弥新的文化内涵,向外国投资者展现了中文表达方式的复杂与中文语义的丰富,更将百度中文搜索引擎的本质体现得一览无余。

2005 年 7 月 13 日,百度正式向美国证券交易委员会递交了首次公开募股(IPO)申请书,该申请书透露,百度的这次首次公开招股承销商为高盛、瑞士信贷第一波士顿和 Piperjaffray,在纳斯达克的交易代码为"BIDU"。

2005 年 7 月 22 日,百度提交了招股说明书补充说明。百度表示首次公开招股收益将主要用于提升用户体验,扩大用户基数,这意味着该公司可能会通过收购来增强公司竞争力。百度的主要竞争对手包括美国网络巨头 Google、雅虎和 MSN,中国本土网络公司新浪、搜狐、网易和阿里巴巴。

2. 路演

2005 年 7 月 19 日晚,李彦宏、公司 CFO 王湛生等百度高层抵达香港;20日,在高盛银行进行路演前的彩排。李彦宏和王湛生是主讲人,彩排主要是对演讲内容、演示用的 PPT 文件进行修改、完善。

分析人士认为,百度此时上市有两方面利好:一是刚刚上市的盛大网络在纳斯达克表现良好,股价一度攀升至 17 美元,其掌门人陈天桥的身价甚至直逼中国首富——网易创始人丁磊。这带来投资者对中国网络概念股新一轮的追捧;二是与百度业务模式相近的 Google 在 2004 年 8 月中旬纳斯达克上市时,股价为 85 美元,市值 231 亿美元,其上市后股价一直飙升,到 2005 年 5 月 28 日股价已达 266 美元,市值 738.88 亿美元,可以预计百度的上市将重新燃起国际投资者对中国网络股的热情。

2005 年 7 月 21 日,路演正式开始。路演一般在午餐会、晚餐会的时候举行,投资银行出面,将众多投资机构人士请到一起,李彦宏、王湛生演讲并回答提问。有时候他们也会到一些潜在投资者的办公室里当面交流。

在香港路演的第一天,百度要公开发行的那部分股票已经完成了认购计划数额。许多投资者抱怨百度分配给亚洲的新股认购额度太少,只有全部发行规模的 10％左右。尽管已经被投资者认可了,但百度还是要按最高标准完成既定的路演行程。

在香港,路演时间安排得非常紧,最多时一天要开十几个会,少的也有六七个,李彦宏、王湛生都非常辛苦,但后来到了美国才发现,在香港的这些辛苦只是小菜一碟。之后,一行人又先后到了新加坡、伦敦。

美国是百度路演的重点。2005 年 7 月 25 日,百度高管从美国旧金山开始百度的美国首次公开招股路演。在美国路演的时候,由于要频繁地往返于多个城市,百度专门租用了一架小型飞机。那段时间,大家吃饭睡觉都不规律,每天能够睡觉的时间只有 2～4 个小时,回到酒店后还有一大堆 Email 要处理,因为还要保证公司的各种业务正常进行。有时候太累了,回到酒店处理这些事务的时候就睡着了,但也许只睡了四五十分钟就突然惊醒,又继续处理工作。在这个时候,休息成为一种奢侈,但大家都非常兴奋,没有人觉得辛苦和委屈。

CFO 王湛生更是完全没有吃饭、休息的概念,工作太紧张的时候,好几顿饭都不吃,一连几天都不睡觉。在每个人都非常疲惫,每天都在与生理极限作斗争的时候,王湛生却非常亢奋,原来他每天都喝很多很多咖啡。有一天喝得特别亢奋,精力异常充沛,走路竟然还蹦蹦跳跳。因此,他被同事送了个"铁人"的雅号。

繁忙而紧张的路演生活,李彦宏也早已到了生理的极限。有一次,在路演过程中,李彦宏坐在台下看手机短信,因为这个时候找他肯定是很着急的事情。看着看着,他的眼睛就沉重地睁不开了,拿着手机睡了好几分钟。这时,轮到李彦宏讲话了,旁边的同事把他推醒,他就又精神百倍地上去讲演了。

在将近一个月的路演中,李彦宏遇到了一系列挑战。路演的三个星期当中,头两个星期白天跟投资者讲百度为什么要上市,为什么要买百度的股票;晚上开董事会,向投资人和董事会解释为什么要上市,"一直到百度上市前一个星期,才理顺所有人的观点,所有投资人和董事会才认可百度上市的决定是正确的,因为上市给百度品牌带来的价值将超过卖掉百度的价格"。

3. 调整优化阶段

由于百度的路演非常成功,百度得到了投资人的热捧,李彦宏觉得定价还可以再上调,否则百度的真正价值体现不出来。美国东部时间 8 月 3 日,百度将股票发行价格区间由原来每股 19～21 美元增为每股 23～25 美元;并扩大首次公开招股规模,发售的美国存托凭证数量由原来的 370 万股增至 404 万股(其中,321 万股为新发行股票,83 万股为原有老股东出售)。按照股票发行价中间价格计算,百度将通过新发行的股票融资 7 704 万美元。

美国东部时间 8 月 4 日(北京时间 8 月 5 日),百度在纳斯达克完成首次公开招股,共发售 404 万股美国存托凭证,发行价为 27 美元(超过了此前确定的发行价区间 23~25 美元)。至此,百度通过新发行的股票融资 8 667 万美元,超出先前预计融资 963 万美元。

4.挂牌交易,成功上市

美国东部时间 8 月 5 日上午 10 点,百度股票开拍。首席交易员一手拿着电话,一手握着鼠标,用眼睛扫描屏幕上投资者的下单情况,嘴里不停地报出最新的报价。当交易员报出 35 美元、37 美元的时候,大概有几十万股的需求,但是一股都没有人卖。办公室里第一次响起了掌声,所有人都知道成功了。交易员把报价提高到了 38 美元,同样还是没人卖。接着,又把价格提到了 39 美元,还是没有人卖。价格提高到了 40 美元,但还是没有人愿意出售。没过多久,交易员又报出了 42 美元、45 美元。这次的掌声稀稀落落,大家都惊呆了,人们都围了上来。报价还在不断上涨,交易员吓坏了,声音在颤抖,手也在发抖。当时交易员看到有一个人以 85 美元一股买入,同时又看到那人下的买单是市场价,不管市场价格多少,他都买那么多股。快 11 点 40 分的时候,不开盘已经不行了。

不知道什么时候,该交易员的老板已经站在了他身后,开始指导交易员去平衡买卖。最终在 11 点 40 分,第一笔交易完成,百度开盘价 66 美元,报价超过 70 美元,人们在交易大厅看到开盘出去的价格是 72 美元。

百度上市第一天获得开门红。自开盘后股价一路飙升,最高达到 151.2 美元,最低 60 美元,以 122.54 美元收盘,上涨 353.85%。百度的市值也达到 39.58 亿美元,超过盛大的市值,百度一举成为中国在纳斯达克上市市值最高的公司。

三、财务数据

(一)上市前公司运营业绩

从公司成立到上市,百度的净营收快速增长,从 2000 年的 130 万元迅速增长到 2004 年的 11 090 万元,共增长了 84 倍,年复合增长率高达 204%。2005 年第一季度,百度的净营收为人民币 4 260 万元(约合 520 万美元),同比增长 148.6%。

公司从 2004 年开始盈利,净利润为 1 200 万元。2005 年第一季度,公司的净利润为 250 万元,同比增长 141%,见图 4-1。

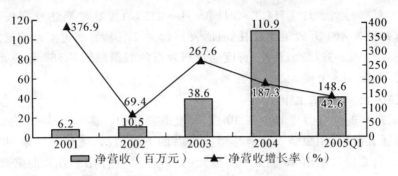

图 4-1　百度上市前净营收及其增长率的变化

(二)上市后公司的运营业绩及其市场份额

上市后百度继续保持上市前的快速增长势头,总营收从上市前一年(2004 年)1.17 亿元,增长到 2008 年 31.98 亿元,四年内增长了 26 倍,年复合增长率高达 128.7%;公司净利润从 2004 年 0.12 亿元,增长到 2008 年 10.48 亿元,四年内增长了 86 倍,年复合增长率高达 305.7%,见图 4-2 和图 4-3。值得关注的是:

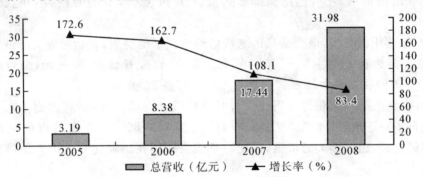

图 4-2　百度上市后总营收及其增长率

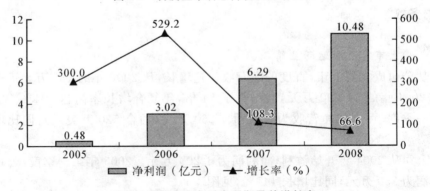

图 4-3　百度上市后净利润及其增长率

首先,百度全年活跃网络营销客户数量增长率逐年下降,户均营销 ARPU 增长正成为总营收增长最主要驱动力量。百度全年活跃网络营销客户数量从 2004 年 3.5 万户增长到 2008 年 28.4 万户,年度增长率从 2005 年的 119.7% 逐年下降到 2008 年 32.7%,见图 4-4。而公司户均营销 ARPU 值从 2004 年 3 083 元增长到 2008 年 11 200 元,其年度增长率从 2005 年的 36.2% 增加到 2008 年 38.3%,见图 4-5。

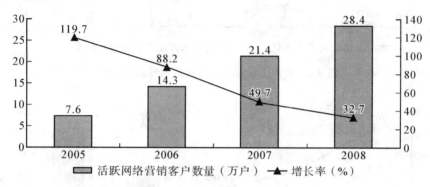

图 4-4　百度上市后活跃网络营销客户数量及其增长率

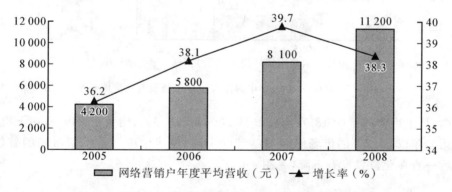

图 4-5　百度上市后网络营销户年度平均营收及其增长率

其次,搜索联盟产品获大广告主认同,成为重要营收支柱。来自搜索联盟产品的百度流量购买成本 TAC 从 2004 年 0.11 亿元增长到 2008 年 4.19 亿元,年度复合增长率高达 148%;百度流量购买成本 TAC 占总营收的比重从 2005 年 6.6% 提高到 2008 年 13.1%,见图 4-6。

根据 iResearch 的研究报告,在百度上市后的四年内,中国搜索引擎市场规模快速扩大,从百度上市前一年(2004 年)的 5.7 亿元,扩大到 2008 年 50.3 亿元,年复合增长率高达 72.4%,见图 4-7。

在中国搜索引擎市场规模快速扩大的同时,百度在上市后,其市场份额不断

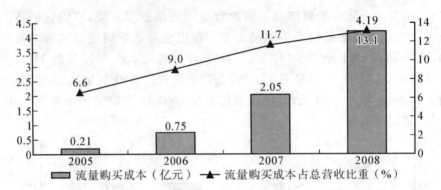

图 4-6　百度上市后流量购买成本及其增长率

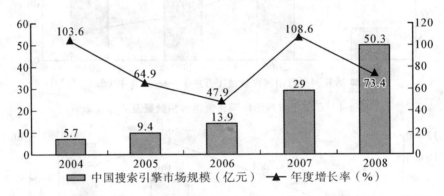

图 4-7　2004—2008 年中国搜索引擎市场及其年度增长率

提高,从上市前一年的 18.7%,提高到 2008 年 63.5%,增长了 240%;在上市后的第二年以 55.2% 的市场份额超越雅虎中国,位居中国搜索引擎市场的首位,此后一直在此位置没有下降,见图 4-8。

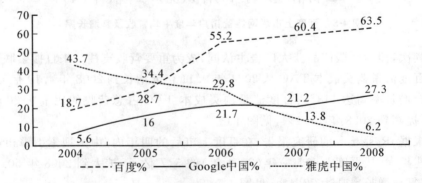

图 4-8　2004—2008 年中国搜索引擎市场三大运营商营收份额变化

分析与评述

一、公司上市前融资分析

（一）投资人看重百度什么？

1. 德丰杰看重百度的团队和技术

2000年年初，当时还处于网络股热潮当中，德丰杰中的F即创始合伙人约翰·费希尔（John H. N. Fisher）通过一位名叫斯科特·沃尔奇克（Scott Wal-chek）的投资人了解到中国有一家名为百度的创业企业。通过了解，费希尔很快对这家专注于搜索技术的公司产生了兴趣。斯科特·沃尔奇克是百度早期投资者 Integrity Partners 的创始人。

于是，德丰杰开始对百度进行投资前的尽职调查。该工作主要由刚刚离开新加坡国家科技局而加入德丰杰 ePlanet Ventures 不久的符绩勋来完成。符绩勋在那段时间里，大都是在晚上去实地考察百度。透过百度公司窗户的灯光，符绩勋看到了这家中国企业身上闪现着硅谷式的创业精神。

德丰杰在尽职调查中主要考察了百度的3个方面：人、技术、市场。德丰杰非常看好百度的人和技术。德丰杰之所以决定投资百度，也主要是看好百度的创始人以及他们达到的技术水平。因为百度在4个半月内，比原来预计的6个月提前1个半月做出了当时全球领先的中文搜索引擎。但对于市场，德丰杰心里没谱。尽管当时已经在美国纳斯达克上市的搜索公司 INKTOMI 的股票市值达到了130亿美元，另一家搜索公司 AKAMAI 的市值也超过了120亿美元，但对于百度如何实现巨大的潜在市场价值，投资者和百度当时还不是十分清楚。毕竟当时还处于百度创业的早期，商业模式还在摸爬滚打之中。尽管如此，德丰杰还是冒着风险下决心投资百度。这可是真正的风险投资。冒着风险进行的投资，而不是有了十足的把握才进行投资。这或许是商界的一条规律，当风险全部消除的时候，商机也就不存在了。

接下来的谈判相当的顺利，因为百度处于寒冬中需要钱，而德丰杰则是VC界的大腕儿。2000年9月，德丰杰、IDG 以及其他两家已经投资百度的风险投资商联合投资百度。德丰杰出资750万美元，占股最大。尽管通过此次投资，德丰杰顺利成为百度的单一最大股东，但是德丰杰仍然只拥有百度的少数股权。

2. IDG 最看重百度团队

　　IDG 投资百度是风险投资界的一段佳话,也是 IDG 在中国 2005 年回报率最高的一个项目。2005 年百度上市后,为 IDG 基金带来 100 倍的投资收益。

　　2001 年的时候,网络泡沫破裂,我国有上千家类似的互联网公司濒临倒闭。当时的百度也不过是一个为其他网页提供搜索引擎的技术提供商,从中赚取微薄的技术使用费,并没有自己的门户网页。但 IDG 还是果断地给百度以风险投资,这固然符合 IDG 看好一个行业、"家家均粘股"的投资策略,却给了在寒风中的百度以极大的支持。

　　IDG 在选择项目的时候,一贯遵循的 3 个基本要素是:行业竞争力、企业产品竞争力、团队竞争力。这三者中,IDG 最看重的是团队。一家创业公司有没有投资价值,首先要看其创业者有没有较强的魅力和执行力。促使 IDG 下决心投资百度的原因,是他们发现其创始人李彦宏非常关注去找"比自己强"的技术人员和管理人员,以组建最好的管理团队。

　　IDG 合伙人杨飞事后透露,IDG 最终投资百度,有 3 个方面的原因:第一,百度非常专注中国市场,目标清晰,要做最好的中文搜索引擎;第二,创业者是从美国硅谷回来的,他们的技术较为领先;第三,创业团队具有中西方文化的结合特点,对市场和管理的把握有独到的眼光,最为重要的是他们有追梦的激情。

　　创业是需要激情的。有了激情,再苦再累也不怕。有了激情,才能全身心投入拼搏。企业的发展需要有激情的团队艰苦拼搏。因此,投资者需要有激情的创业者,但这种激情不能是一种浮躁的激情,而是对事物具有深刻理解的高涨的热情,激情中有理智和理念的支撑。

　　(二)投资者在百度上市过程中的作用

　　首先,投资者在百度上市过程中对管理团队作出了调整。在投资者的建议下,百度开始按照美国资本市场的口味和要求强化百度的职能部门,以便为登陆纳斯达克和企业的长远发展铺平道路。通过猎头公司的帮助,百度找来了普华永道最年轻的合伙人王湛生担任百度的首席财务官;同时经过几年的内部培养,朱洪波也正式担任首席运营官;为创建百度发挥了关键性作用的创始人徐勇则出任首席策略官。当然,百度总裁李彦宏的头衔改成了首席执行官。这是一种符合西方人口味的扁平化的组织结构,而不是我国公司法中规定的"三会一层"的管理结构。由于百度是红筹上市,这些西方化的头衔实际上是百度离岸公司的头衔,因此,这并不违反国内的公司法。

　　其次,投资者帮助百度制定商业模式。德丰杰一直在和李彦宏等人探讨百度的商业模式问题。尽管百度曾经一度占据着国内搜索技术服务市场 80% 的份额,但是经过 2000 年下半年、2001 年的网络低潮之后,国内能够付得起价钱的网站也就只剩下新浪、搜狐等少数几家大型门户了。而且,在服务的范围、方式以及收入分成等方面,百度还不可避免地会受到这些门户网站的制约。如今,百度的竞价排名很出名,其实,这是在德丰杰的帮助下建立和完善起来的。德丰杰曾经投资过一家名叫 Overture 的公司,该公司的主要盈利模式就是竞价排名。曾代表德丰杰投资给 Overture 的德丰杰的创始合伙人蒂莫西·C.德雷珀(Timothy C. Draper)还曾经亲自到中国来向百度介绍 Overture 的做法和经验。最后,在经历了一系列的小规模尝试之后,2001 年 10 月,百度决定借鉴 Overture 公司的经验,将竞价排名作为自己的主要盈利模式。

再次,投资者还为百度带来了其他共享的资源。德丰杰曾在此前投资了中国人(ChinaRen,后被搜狐收购)、空中网。德丰杰投资百度后,经德丰杰撮合,中国人、空中网都成了百度的客户。

百度的投资人之一半岛基金投资了硅谷动力,半岛基金促进硅谷动力和百度合作推出"动力引擎"。硅谷动力当时的做法使百度的产品被市场所认可。

二、百度上市的准备和保障分析

尽管百度拥有优秀的经营业绩和完善的商业模式,但这并不能保证百度的上市高枕无忧:首先,以搜索为主营业务的百度虽然相对短信和网络游戏更容易被美国资本市场所接受,但这种商业模式同时也与已经被美国资本市场认可的 Google、雅虎两家网络巨头基本相同;其次,当时中国网络概念股在美国市场上的表现也并不理想,一年来市值严重缩水;同时,海外上市较高的融资成本也是百度不得不考虑的问题。一般来说,中国公司在海外 IPO 市盈率均在十几倍左右,国内 A 股的平均市盈率则达 30 倍,而海外融资的保荐费、承销费、律师费、会计师费等各项费用,总额通常占融资金额的 10% 以上,远高于境内上市的融资成本。此外,上市可能带来的其他各种不确定因素都将直接影响到百度今后的发展。

为此,百度花了半年时间从公司内部做了很多经营管理上的准备工作,在内部控制、内容管理、公司的长期发展策略方面都做了比较大的调整,并任命了高盛和瑞士信贷第一波士顿这两家投资银行来承担行销任务。在充分估计美国资本市场对公司严格的要求,对所有的风险和意外都有所预备,并在各方面准备工作都较为成熟的时候,才决定赴美上市。

2005 年 7 月 13 日凌晨,百度向美国证监会(SEC)递交了招股说明书。根据招股说明书披露的内容,百度计划发行价值 8 000 万美元的 A 类普通股股票,在纳斯达克的挂牌简称是"BIDU",上市公司的名称为 Baidu. com. Inc.,注册地为英属开曼群岛。按照国际惯例,百度在第一次递交招股说明书后,应在一周后第二次递交修改后的招股说明书,并在接下来的两周内在美国对投资者进行路演,之后才是正式上市(IPO)。

在百度的招股说明书中,引人关注的内容有两点:一是大幅降低了首次发行股票的数量和融资额度;二是针对可能发生的恶意收购而设置的"牛卡计划"。

此前,有海外媒体报道百度将会拿出 25％的股票进行交易,融资额为 2 亿美金。可以看到,百度缩减首次发行股票数和融资额度,对自身的市值估计并没有变化。做出这一转变的原因一方面可能是为了效仿上一年 8 月 Google 上市时的做法,在首轮融资时保持较为保守的规模,以便在高位上进行第二次和第三次的上市融资;另一方面则是为了防止 Google 通过股票市场收购自己。

中国的互联网市场已经成为众多国外巨头垂涎的对象。但是,由于网络经济所独有的文化背景,国外企业要想通过独自经营获得成功十分困难。也许是同样意识到独自开发中国市场的困难与风险,Google 在中国市场上一直没有太多业务,甚至没有自己的分公司。显而易见,Google 进入中国市场最便捷和稳妥的方法就是全盘收购百度,将百度变成 Google 在中国的子公司。因此,百度如果不愿意被收购,就不能不对一直试图进入中国市场的 Google 加以防范。实际上,在百度上市前最后一次对外融资中,Google 已经收购了百度的部分股份。虽然百度接受 Google 的投资主要是为了加强国外投资者对百度的认知度,但市场却纷纷猜测 Google 是否会借机加强与百度的合作,借道扩展在国内市场的份额,甚至完全收购百度。百度上市后,Google 更是很可能会凭借其雄厚的资金实力,通过二级市场收购流通股,增持百度的股份,以实现对百度的控制,从而完成其在竞争激烈的中文搜索引擎市场中的扩张。

对于上述猜测,百度并没有进行公开评论,但是其一改初衷,降低融资额和公开募股比例的做法则有力地证明了百度对独立发展的坚持:Google 此次通过股票市场收购百度的可能性已几乎为零;而随着股票价格的上涨,百度如果在高位上进行第二次和第三次的上市融资,那么 Google 的收购成本则将大大提高。

"牛卡计划"则是百度为避免在上市后,类似 Google 这样的跨国巨头通过股票市场对其进行恶意收购而采取的另一措施。在百度的招股说明书中列有这样的内容,即百度股权"提供双重级别的普通股",具有"两种级别完全不同的投票权,原始股东具有极大的投票权,包括董事选举和重要的公司交易——如合并或出售公司及公司资产。这个'集权控制'将能阻碍其他人把公司作为潜在的合并者、收购者,或者其他控制权转化的变化"。因此,即便国外投资者获得了大多数百度的股票,仍然对百度没有控制权。

百度创造性地推出的这一方案就是"牛卡计划"(dual class structure),而该称谓则是计划制订者相对于"毒丸计划"而提出的。"毒丸计划"的正式名称为"股权摊薄反收购措施",是美国著名的并购律师马丁·利普顿(Martin Lipton)于1982年发明的。其最常见的形式为:一旦未经认可的一方收购目标公司股权达10%至20%时,"毒丸计划"即被触发——除未经认可的一方股东外,所有其他的股东都有机会以低价买进目标公司新股,这样便大大地稀释了收购方的股权,继而使收购变得代价高昂,从而达到抵制收购的目的。在美国,有超过2 000家公司拥有这种工具。

而百度推出的"牛卡计划"与"毒丸计划"完全不一样,为另一种反恶意收购计划。据透露,这一股权设计计划被称作"不同表决权股份结构"。其方法为,将上市后的百度股份分为A类(Class A)、B类(Class B)股票。将在美国股市新发行股票称作A类股票,在表决权中,每股为1票,而创始人股份为B类股票,其表决权为每1股为10票。在赴美上市的中国公司中,采用这一股权设置计划的,百度是第一家,也是目前唯一的一家。根据"牛卡计划",在公司上市前股东们所持有的股份均为原始股,而且一旦原始股出售,即从B类股转为A类股,其权重立即下降10倍。由于百度此次只公开发售10%的股份,这样原始股就占到了百度股份的90%,因此Google无法通过直接或间接承接IPO股份(即A类股票)实现收购的目的;而只要李彦宏等创始人大股东所持的股份在11.3%以上,Google即使通过直接收购原始股而取得绝大部分百度股份,也无法获得对公司的绝对控制权。

三、百度成功上市的因素

百度作为一个高科技企业,为什么它能够获得资本市场的认可并成功地与之结合?我认为存在内外两方面因素。

从外部因素来讲,首先,百度是一个中国的企业,拥有中国的市场,这对投资者来说具有相当的吸引力。一方面,中国经济20多年来以每年9%左右的速度迅速成长,创造了大量的财富,奠定了可持续发展的巨大的潜在市场。目前中国网络市场拥有1亿上网用户,其蕴含的利润空间对投资者们来说显然是非常大的诱惑。另一方面,人民币还有进一步升值的长期期望,而百度的市场完全在中国国内,这样一来,人民币转化为美元后的盈利会增加,也符合投资人对中国投资的需求。其次,Google在前一年的成功融资也为百度带来了积极影响。百度常被人与Google放在一起互相比较,Google是美国网络搜寻器的龙头,运用定向广告和竞标收费的方式,有超出其他网络广告的盈利能力,上市后股价翻了3倍,价格上涨超出300美元;而百度则是全球最大的中文搜索引擎,占据着中国

45％的搜索市场,而且具有与 Google 类似的商业模式,甚至在百度的股份中还有 2.6％为 Google 占有。因此,百度被不少投资人视为中国的 Google。鉴于 Google 的商业模式和在股市上的成功,百度的 IPO 也给市场带来了无限遐想,不但为在 Google 上市时赢利丰厚的投资者提供了下一个获利目标,也为当初错过投资 Google 的投资人带来了弥补遗憾的好机会。

从内部因素分析,一方面,是百度专注于科技创新,专注于搜索领域的中文市场,这种执著令百度打败了包括 Google 在内的许多跨国公司,占据了中文搜索市场最大的份额,获得了极高的市场认可度;另一方面,是百度对公司内部管理和内部控制的重视,比起中国其他已经上市的互联网企业,会计师对于百度日常运营控制的评价要高得多,百度也因此获得了投资人的尊重和理解;此外,百度非常注重跟投资人的沟通,并充分尊重他们的意见和想法,对于投资人的要求尽量给予满足,从而构成了对百度成功上市的有力支持。

思考与讨论

百度此番首次公开募股成功改写了很多纪录:第一个股价突破 100 美元的中国概念股,纳斯达克股市自 Google 以来第一个首日股价收盘突破 100 美元的股票,美国历史中上市当天收益最多的十大股票之一,在美国上市的外国企业中首日表现最佳的企业。

美中不足的是,尽管百度的发行价经过三四次上调,最终被提高到每股 27 美元,但纳斯达克一开盘,百度股价就直奔 66 美元,这个价格比发行价高了 39 美元,表明百度的承销商当初估计百度市值时存在极大误差,使百度的融资额平白减少 1.3 亿美元,而承销商如此一来,却通过让其客户赚取差价获利不菲。曾经为 Google 设计股票拍卖策略的佛罗里达大学金融学教授杰伊·里特(Jay Ritter)认为,只有一只股票在首次交易日 18％的涨幅可以被真正算作股票的"IPO 折价"。用这个理论来套算百度的 IPO 价格,其折价率已经非常之高,换句话说百度被华尔街那些资本老滑头们赚取了太多的"折扣"。百度的竞争者 Google 上市时采用的是以公开招标方式招股,借以绕开作为中间人的投资银行和机构投资者的荷兰式拍卖定价的模式。百度之所以选择华尔街传统的 IPO 程序,而不敢像高举高打的 Google 那样蔑弃华尔街的游戏规则,自有其不得不然的苦衷。百度在美国资本市场的议价能力很弱,这是绝大部分中国企业都面临的问题。另一方面,百度的决策层以及顾问对百度的企业价值评估与美国资本市场相距遥远,他们没有理解美国资本市场的热情。总之,由于缺乏在美国资本市场的话语权和相关经验,中国企业普遍以折扣价发行上市,这将是计划赴纳斯达克上市企业所要着重考虑的问题。

阅读文献

[1]汪瑞林.搜索百度李彦宏.北京:经济日报出版社,2006.

[2]王湛生.百度融资书写上市传奇.中关村,2005(10).

[3]潘启龙.私募股权投资实务与案例(第 2 版).北京:经济科学出版社,2011.

[4]李敏波、焦健.创业板市场上市操作与案例.北京:中国发展出版社,2009.

[5]石育斌.中国私募股权融资与创业板上市实务操作指南.北京:法律出版社,2010.

案例五　嘉凯城股份有限公司借壳上市案例研究

　　资本市场的并购重组主要有借壳上市、大股东整体上市和以上市公司为主体的产业整合等类型。与成熟的资本市场不同,借壳上市是我国资本市场以往并购重组的主流。2009 年 10 月 20 日,亚华控股顺利完成股权分置改革和重大资产重组,浙商集团房地产业务资产通过反向购买成功"借壳",公司更名为嘉凯城。一家资不抵债的 *ST 公司变身成为一家市值居前的房地产上市公司。嘉凯城的借壳上市,并不是沿着先获得控股权,再通过同一控制下的合并注资的操作轨迹运作,而是通过定向增发直接借由第三方中信资本已"清理"好的"净"壳。这场资产重组,不仅是反向购买会计核算新规下成功借壳上市的典范,也是一个中信资本并购亚华乳业的产业并购案例,极具经典意义。

关键词

　　清壳;借壳上市;产业并购;价值创造

案例资料

一、公司基本情况

　　嘉凯城集团股份有限公司原名湖南亚华种业股份有限公司,2006 年 1 月 13

日,公司更名为湖南亚华控股集团股份有限公司。2008 年 12 月 19 日,中国证监会批准了亚华控股的重大资产重组和定向增发方案。重大资产重组方案实施后,公司的主营业务变更为房地产投资及开发,浙商集团及其一致行动人成为公司的控股股东。2009 年 10 月 20 日,公司更名为嘉凯城集团股份有限公司。

嘉凯城是由浙商集团旗下的 5 家房地产公司股权(国际嘉业的 100％股权、中凯集团 100％股权、名城集团 100％股权、雄狮地产 65％股权和潍坊国大 79％股权)组建成的公司,股份总额为 180 419.15 万股。浙商集团直接和间接持有 90 104.76 万股,占总股本的 49.94％,为控股股东。公司的实际控制人为浙江省国有资产管理委员会。公司与实际控制人的产权和控制关系如图 1 所示①。

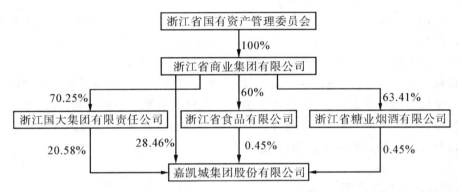

图 5-1　嘉凯城与实际控制人之间的产权及控制关系方框图

截至 2010 年 12 月 31 日,公司有限售条件的股份为 127 633.85 股,占 70.74％;无限售条件股份为 52 785.30 万股,占 29.26％。主要股东的持股情况见表 5-1。

表 5-1　嘉凯城主要股东持股情况表②

股东名称	股东性质	持股比例	持股总数(股)
浙江省商业集团有限公司	国有法人	28.46％	513 560 276
浙江国大集团有限责任公司	国有法人	20.58％	371 362 315
杭州钢铁集团公司	国有法人	17.40％	313 850 000
浙江省天地实业发展有限责任公司	境内非国有法人	11.53％	207 962 500

①　嘉凯城股份有限公司.嘉凯城股份有限公司 2010 年年度报告.深圳证券交易所(www.szse.cn)。

②　嘉凯城股份有限公司.嘉凯城股份有限公司 2010 年年度报告.深圳证券交易所(www.szse.cn)。

续表

股东名称	股东性质	持股比例	持股总数(股)
杭州源源投资咨询有限公司	境内非国有法人	2.66%	47 912 500
北京鑫世龙腾投资有限公司	境内非国有法人	2.21%	39 783 356
中信丰悦(大连)有限公司	境内非国有法人	2.08%	37 500 000
浙江中信和创企业管理有限公司	境内非国有法人	2.00%	36 113 803
张民一	境内自然人	1.92%	34 575 000
中国建设银行—上投摩根中国优势证券投资基金	境内非国有法人	0.88%	15 836 022

公司旗下包括嘉业、名城、中凯三大品牌。国际嘉业具有国家一级开发资质,致力于长三角地区的房地产开发,项目集中于长三角地区十余个城市。中凯集团是一家以高端房地产开发为主营业务的公司,也是注入资产中唯一实现全国布局的公司,开发区域包括华东、中原和西南等地区的十余个城市。名城集团是一家以房地产开发为主、兼营汽车出租和钢材贸易等业务的公司,开发项目涉及杭州、上海、宁波、南京和苏州等长三角核心城市。雄狮地产和潍坊国大系陕西西安和山东潍坊的两个房地产项目公司。

二、相关各方基本情况

（一）壳公司:湖南亚华控股集团有限公司

湖南亚华控股集团有限公司原名湖南亚华种业股份有限公司,由湖南省农业集团有限公司联合湖南省南山种畜牧草良种繁殖场、湖南高溪集团公司、谭载阳和李必湖共同发起,于1998年8月14日正式成立,注册资本11 000.2万元,以乳业和种业为主业。经中国证监会批准,公司于1999年6月以每股7元的发行价格向社会公开发行6 000万股,募集资金40 731万元。

2001年4月,湖南高溪集团将其持有的880万股法人股(占总股本的5.18%)转让给了湖南沐林现代食品有限公司。2001年7月,湖南省农业集团将其持有的3 500万股(占总股本的20.59%)国有法人股转让给长沙新大新置业有限公司,股权性质变更为法人股。2002年11月,深圳市舟仁创业投资有限公司受让长沙新大持有的3 500万股法人股;北京世方旅游投资有限公司及怀化元享发展有限公司分别受让湖南沐林持有的480万股和400万股法人股。股权过户后,公司前5大股东及持股情况见表5-2。

表 5-2　亚华种业主要股东持股情况表①

股东名称	股东性质	持股比例	持股总数(万股)
湖南省农业集团有限公司	国有法人	25.35%	4 310
深圳市舟仁创业投资有限公司	非国有法人	20.59%	3 500
湖南省南山种畜牧草良种繁殖场	国有法人	13.59%	2 310
北京世方旅游投资有限公司	非国有法人	2.82%	480
怀化元亨发展有限公司	非国有法人	2.35%	400

　　深圳舟仁、北京世方和怀化元亨的实际控制人均为湖南鸿仪投资发展有限公司。鸿仪投资间接持有的股权超过第一大股东农业集团,从而实现对亚华种业的实际控制。鸿仪投资控制亚华种业后,占用了公司大量资金,并为其关联公司从银行获得借款提供了巨额担保②。随着"鸿仪系"的崩溃,亚华种业为其关联公司所作的担保大多引起诉讼。

　　2005年1月21日,第一大股东湖南省农业集团(隶属于湖南省国资委的国有独资企业)和第三大股东南山种畜牧草良种繁殖场(隶属于湖南省城步县人民政府的国有独资企业)签署了合作协议,取代"鸿仪系"成为亚华种业的实际控制人。

　　2006年3月1日,亚华控股因大股东占用资金和巨额对外担保,连续两年亏损,被深圳证券交易所实施退市风险警示的特别处理③,公司股票简称变更为

---

　　①　资料来源:湖南亚华股份有限公司.湖南亚华股份有限公司2003年年度报告.深圳证券交易所(www.szse.cn)。

　　②　2005年9月30日,中国证监会湖南监管局对亚华种业进行了立案稽查。稽查发现:2003年年报中未如实披露第二、四、五大股东之间的关联关系;截至2004年12月31日,实际控制人鸿仪投资占用亚华种业资金达12 857万元,未及时披露担保事项达67 673万元。2008年4月8日,中国证监会下达了[2008]21号行政处罚决定书,对公司及公司原董事会成员进行了相应处罚。

　　③　沪深证券交易所从1998年4月22日开始,对出现财务状况或其他状况异常的上市公司股票交易进行特别处理,在股票简称前冠以"ST"(英文 Special Treatment 缩写)。"财务状况异常"包括:(1)最近两个会计年度的审计结果显示的净利润为负值;(2)最近一个会计年度的审计结果显示其股东权益低于注册资本;(3)注册会计师对最近一个会计年度的财务报告出具无法表示意见或否定意见的审计报告;(4)最近一份经审计的财务报告对上年度利润进行调整,导致连续两个会计年度亏损等。"其他状况异常"是指自然灾害、重大事故等导致生产经营活动基本中止,公司涉及可能赔偿金额超过公司净资产的诉讼等情况。ST股票日涨跌幅限制为5%。*ST为退市预警,公司已连续三年亏损,有退市可能。

"＊ST 亚华"。2006 年公司勉强盈利,净利润为 939.9 万元。2007 年再陷亏损,亏损额高达 1.87 亿元。截至 2007 年 12 月 31 日,公司累计亏损 4.30 亿元,净资产为－0.82 亿元,财务状况严重恶化,大量的银行贷款逾期,担保诉讼不断,持续经营能力存在重大不确定性。亚华控股重组前的主要财务指标和会计数据如表 5-3 所示。

表 5-3　亚华控股重组前相关会计数据和财务指标

项　目	2007 年 12 月 31 日	2006 年 12 月 31 日	2005 年 12 月 31 日	2004 年 12 月 31 日
总资产(万元)	129 117.44	160 252.85	156 147.82	170 034.24
股东权益(万元)	－8 858.22	9 395.70	3 408.05	29 013.33
每股净资产(元/股)	－0.33	0.35	0.14	1.12
资产负债率(%)	106.86	92.25	95.77	82.94
	2007 年	2006 年	2005 年	2004 年
主营业务收入(万元)	131 334.66	133 781.57	112 967.23	112 999.60
利润总额(万元)	－19 052.67	2 096.56	－25 537.88	－31 515.49
净利润(万元)	－18 727.06	939.91	－25 694.52	－32 058.64
每股收益(元/股)	－0.69	0.0346	－0.944	－1.138

　　虽然公司资不抵债,亏损巨大,濒临退市的边缘,但其乳业和种业两大主业的经营还是不错的,尤其是乳业。2007 年公司乳业的销售收入达 11.62 亿元,毛利为 5.38 亿元,已连续 9 年持续增长。创立于 1956 年的"南山"牌婴儿配方奶粉在中国中部和南方地区拥有较高的市场份额,在国产品牌中名列第 5 位。资不抵债的亚华控股之所以会被资本市场誉为"黄金壳",在很大程度上得益于其优质的乳业资产。

　　(二)借壳方:浙江省商业集团公司和杭州钢铁集团有限公司

　　浙江省商业集团有限公司是由原浙江省商业厅转制组建的浙江省政府直属的大型商业集团,成立于 1996 年 6 月,注册资本 60 000 万元,法定代表人何剑敏。浙商集团有控股企业 11 家,参股企业 5 家,事业单位 3 家[①]。作为直属于浙

---

　　① 嘉凯城借壳上市前的数据。截至 2011 年 6 月 30 日,浙商集团有控参股企业 14 家,事业单位 3 家。

江省国资委的一家大型投资控股企业,其下属企业经营业务涉及房地产开发销售、商品流通和旅游等。注入亚华控股的房地产业务资产是其重要的组成部分,资产总值约占其总资产的70%,实现的营业收入和利润分别占40%和70%。

浙商集团是注入公司浙江名城房地产集团有限公司和上海中凯企业集团有限公司的创始发起人和控股股东,也是浙江国大集团有限责任公司、浙江省糖业烟酒有限公司和浙江省食品有限公司的控股股东。国大集团主要从事酒店投资与管理、商品流通以及房地产开发经营等业务,为注入公司浙江国际嘉业房地产开发有限公司、雄狮房地产开发有限公司和潍坊国大房地产开发有限公司的创始发起人和原股东。浙江烟糖公司主营糖类、酒类产品以及其他工业原料等,浙江食品公司主营火腿、生猪、猪肉及其他食品,均为注入公司名城集团的原股东。

杭州钢铁集团有限公司也是一家直属浙江省国资委的大型企业集团,拥有全资及控股子公司41家。除钢铁主业外,还有房地产、贸易流通、酒店餐饮、环境保护、科研设计和高等职业教育等产业。杭钢集团为注入公司国际嘉业的创始发起人和原股东。

(三)"搭桥"与清壳方:中信投资控股有限公司和中信资本控股有限公司

中国中信集团旗下先后有6家公司介入亚华控股的这场资产重组。中国中信集团公司(原中国国际信托投资公司)是一家由中国改革开放的总设计师邓小平亲自批准、由前国家副主席荣毅仁于1979年10月4日创办的国有独资企业,财政部为其唯一股东。公司2009年和2010年连续两次入选美国《财富》杂志"世界500强"企业排行榜,为一家国际化大型跨国企业集团。

中信投资控股有限公司为亚华控股重大资产重组的"搭桥"人。中信投资成立于2006年6月,为中信集团的全资子公司,主要从事股权投资及投资管理业务。通过直接投资与组建、参与产业基金相结合的方式,公司在汽车零部件、环保节能减排和新能源、养老健康与生物医药等行业进行投资。

中信信托有限责任公司为中信投资的委托持股方。中信信托是经国家金融监管部门批准设立的全国性金融机构,成立于1988年3月5日,中信集团和中信华东(集团)有限公司为公司股东。

中信资本控股有限公司为亚华控股重大资产重组的清壳方。根据重大资产重组期间签署的相关协议,中信资本对重组实施完成前发生的或有负债承担全部责任。中信资本成立于2002年,是中信集团旗下按国际规范运作的产业投资平台,核心业务包括直接投资、房地产基金、结构融资及资产管理。中信集团控股的中信泰富和中信国际金融控股有限公司各占中信资本50%的股份。中信集团总经理常振明先生兼任中信资本的董事长。

中信丰悦（大连）有限公司是由中信资本100％控股的境内外商独资房地产开发有限公司，成立于2005年11月10日，以房地产开发为主，兼营酒店管理、餐饮、物业管理等业务。公司原名大连新丰悦实业发展有限公司，2007年6月更名为中信丰悦有限公司。

浙江中信和创企业管理有限公司成立于2007年11月，主要从事投资管理和投资咨询，为中信丰悦的控股子公司。

中信卓涛有限责任公司是中信资本为收购亚华控股的乳业资产专门于2007年7月在香港成立的"特殊目的公司"（SPV），其业务性质为投资控股。中信卓涛全资股东中信资本中国投资基金为中信资本控股旗下所管理的基金。

三、事件回顾

亚华控股的这场重大资产重组极为错综复杂。让我们沿着时间脉络，观察与追寻其资产重组的全过程与操作手法。

饱受"鸿仪系""隧道行为"侵害的亚华控股，需要注入新的资产，才能走出财务危机的泥潭。而公司的实际控制人湖南农业集团和南山牧场自身均没有盈利能力较强的经营性资产可以注入，引入新的股权投资者进行资产重组是公司重生的现实选择。

2006年12月22日，亚华控股发布公告称：为顺利推进S﹡ST亚华的股权分置改革和重大资产重组，公司第一大股东湖南省农业集团拟以1.8亿元价格，将其持有的S﹡ST亚华6 896万股国有法人股（占股本总额的25.35％）转让给北京东安恒产房地产开发有限公司。2006年12月25日因启动股权分置改革暨重大资产重组，股票开始停牌。东安恒产的主营业务为房地产，实际控制人为张亮（圣元乳业的创始人）。东安恒产重组亚华控股的基本思路是：剥离生物药厂及亚泰生物给农业集团，所获现金款项将用于偿还部分亚华债务；整体剥离亚华与乳业相关的全部股权、资产（包括商标）及经营性负债等至东安恒产所指定的企业，以剥离乳业资产所获得的交易对价剥离或偿还亚华控股的部分负债，然后再将东安恒产的房地产业务注入。由于剥离的乳业资产是公司的核心资产，而注入的房地产资产规模又过小，有"掏空"上市公司之嫌。股权的转让没有得到湖南省国资委的批准。

2007年3月20日，农业集团与中信投资委托持股方中信信托签署《股份转让协议》，将其所持有的6 896万股亚华控股股份（占股份总数的25.35％）以2.25亿元的价格转让给中信投资委托持股方中信信托。股份转让完成后，中信投资将通过中信信托成为亚华控股的第一大股东①。中信投资表示:亚华控股的现有业务,尤其是乳业业务资产经营状况良好,拥有乐观的发展前景,但受制于历史包袱,未能充分体现其价值,拟通过本次股权收购及后续相关资产重组改善亚华控股资产、经营状况,使其摆脱历史包袱,实现大发展,提升公司价值。

2007年9月7日,亚华控股的第二大股东深圳舟仁以每股3.3元的价格,将其持有的4 300万股非流通股(占总股本的15.81%)和1 300万股非流通股(占总股本的4.78%)分别转让给北京鑫世龙腾投资有限公司和上海瑞新恒捷投资有限公司②。

2007年9月28日,亚华控股将种子业务及与种子业务相关的股权及非股权资产,以4 103.33万元价格出售给袁隆平农业高科技股份有限公司。

2008年4月28日,亚华控股公布了重大资产重组方案。整个方案包括四部分:

第一部分:浙商集团受让农业集团所持有亚华控股的2 000万股(占总股本的7.35%)国有法人股,国大集团受让农业集团所持有亚华控股的1 696万股占总股本的6.24%)国有法人股。股份转让完成后,浙商集团将直接和间接持有亚华控股13.59%的股权。

第二部分:亚华控股拟以68 611.40万元的价格,向中信卓涛出售合法拥有的乳业资产、其他实业资产和生物制药资产中亚华生物制药厂的内部应收款(对亚华控股的6 616.88万元应收款项);拟以16 259.55万元的价格,向农业集团出售拥有的除亚华生物制药厂内部应收款外的全部生物制药资产和亚华控股种子种苗分公司房地产资产。出售上述资产所获得的现金清偿上市公司部分债务,剩余的全部债务由中信卓涛通过合法方式予以清偿、解除和转移,最终使亚华控股除保留8 000万元现金外,没有其他任何资产、负债、或有负债和人员。

第三部分:亚华控股拟按照评估后的资产净值(456 841.19万元),向浙商集团、国大集团、浙江食品公司、浙江烟糖公司、源源投资、天地实业、张民一先

---

① 股权转让协议签订后,中信投资有了操盘亚华控股重组的话语权。只是上述股份转让协议只是过"桥"已,并未过户。随着交易安排,在第二步方案执行时终止了该协议。

② *ST嘉瑞(000156)大股东湖南鸿仪投资发展有限公司为冲抵占款,将旗下拥有亚华控股法人股权的深圳舟仁公司转让给*ST嘉瑞。*ST嘉瑞在股权出售公告中表示:公司目前经营十分困难,自身大量银行债务无法偿还。作为亚华控股的非流通股股东,已无力支付亚华的股改对价。因此,决定出让该股权,同时争取减免部分银行债务。

生、杭钢集团等 8 家特定对象,以每股 3.90 元的价格①发行不超过 117 135 万股股份,购买其合法拥有的房地产业务资产(国际嘉业 100% 的股权、中凯集团 100% 的股权、名城集团 100% 的股权、雄狮地产 65% 的股权和潍坊国大 79% 的股权)。拟注入资产与特定发行对象关系如图 5-2 所示。

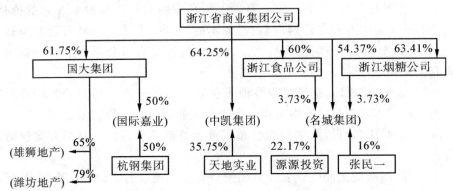

图 5-2 拟购买资产与特定发行对象关系图②

上述资产购买行为完成后,亚华控股总股本将达到 144 335.32 万股。浙商集团及其一致行动人合计持有亚华控股的股份数量达 95 319.81 万股,占总股本的 66.04%。浙商集团通过直接或间接的方式拥有和控制亚华控股的股份数量为 72 083.81 万股,控制亚华控股的 49.94% 股权,成为控股股东。

第四部分:亚华控股的非流通股提出股改的动议:以公司总股本 27 200.32 万股为基数,非流通股股东向流通股股东每 10 股支付 2 股对价,合计支付1 920 万股③。股权分置改革方案实施后,公司原非流通股股东所持股份将变更为有限售条件的流通股。

本次交易前后资产及股权结构基本情况见图 5-3 和图 5-4。

通过上述并购重组事项,亚华控股的经营状况将发生彻底的改变。根据利安达事务所出具的相关《盈利预测报告》,浙商集团及其一致行动人和杭钢集团承诺:拟注入的房地产业务资产 2008 年实现的净利润不低于 6.45 亿元,2009 年实现的净利润不低于 12.90 亿元,且亚华控股 2009 年扣除评估增值因素后实

---

① 该价格为非公开增发董事会决议公告日(2008 年 4 月 28 日)前 20 个交易日的均价(即 2006 年 12 月 21 日亚华控股股票停牌前 20 个交易日的均价 3.79 元/股)的基础上溢价 0.11 元。

② 注: 发行对象 ;(上市资产)。

③ 在亚华股权分置改革方案实施中,中信丰悦和中信和创应当执行的 6 236 378 股改对价是由鑫世龙腾、瑞新恒捷和冠通投资三家公司自愿无偿代付。

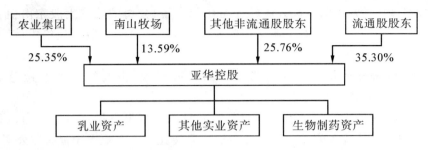

图 5-3　本次交易前资产及股权结构图

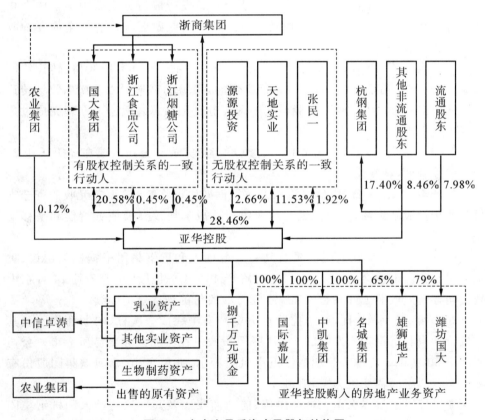

图 5-4　本次交易后资产及股权结构图

现归属母公司的净利润不低于 4.7 亿元。若未达到上述承诺条件,浙商集团及
其一致行动人和杭钢集团将以股权分置改革方案实施前公司流通 A 股总数
9 600 万股为基数,每 10 股追送 1.5 股,合计送股数量为 1 440 万股。

与此同时,公司的第一大股东农业集团以 9 788.28 万元价格,将其持有的亚华控股 3 000 万股国有法人股转让给中信丰悦;公司的第三大股东南山牧场以 11 625.8 万元将其持有的亚华控股 3 000 万股国有法人股转让给中信和创。上述股份转让完成后,农业集团仅剩 200 万股,南山牧场仅剩 696 万股。中信丰悦和中信和创合计持有亚华控股 6 000 万股股权,占发行在外股份总数的 22.06%,占定向增发后总股本的 3.70%。

2008 年 5 月 22 日,亚华控股的第四大股东北京世方投资有限公司以每股 3.3 元价格,将其持有的 768 万股社会法人股转让给上海冠通投资有限公司。

2008 年 7 月 28 日,亚华控股国有股权转让获得国务院国资委批准。2008 年 12 月 19 日,公司重大资产重组及向特定对象发行股份方案获中国证监会核准,并豁免了浙江省商业集团公司及其一致行动人收购亚华控股的全面要约收购义务。

2009 年 1 月 19 日,农业集团转让给浙商集团的 2 000 万股股份、转让给国大集团的 1 696 万股股份、转让给中信丰悦的 3 000 万股股份以及南山牧场转让给浙江中信和创的 3 000 万股股份在中国证券登记结算有限公司办理完成过户手续。

2009 年 4 月 30 日,公司股权分置改革实施完成。公司股票在经历长达 28 个月的停牌后,恢复交易。

2009 年 6 月 29 日,中信卓涛根据重组框架协议将 7 872 万美元收购资金支付到亚华控股结汇账户,并根据与债权银行达成的协议开展债务清偿和平移工作。

2009 年 7 月,浙江商业集团及其一致行动人和杭钢集团根据框架协议、重组方案和中国证监会的批复,将房地产资产注入亚华控股,并于 7 月 14 日在中登公司办理完成非公开发行的 117 135 万股股份的证券登记手续。

2009 年 10 月 19 日,亚华控股重大资产实施完成。次日,向浙商集团及其一致行动人和杭钢集团发行的 117 135 万股股份在深圳证券交易所上市。公司股票自 2009 年 10 月 20 日起撤销退市风险警示,并更名为"嘉凯城集团股份有限公司",股票简称变更为"嘉凯城"。

亚华控股通过本次重大资产出售、向浙商集团及其一致行动人和杭钢集团定向发行股份购买其房地产业务资产,公司原有的资产和业务全部剥离、负债和风险全部解除,在业务、资产、人员、盈利能力等方面均发生了巨变。公司的每股净资产增厚 3.55 元,达到 3.22 元/股;每股收益增厚 1.02 元,达到每股 0.33 元/股;资产负债率下降至 43.40%。资产重组完成前后公司主要财务指标变化见表 5-4。

表 5-4　亚华控股重组前后相关财务指标数据比较表

项　目	重组前	重组后
总股本(万股)	27 200.32	144 335.32
总资产(万元)	129 117.44	1 521 965.34
股东权益(万元)	−8 858.22	464 841.19
主营业务收入(万元)	131 334.66	1752 062.48
归属于上市公司股东的净利润(万元)	−18 727.06	47 086.78
每股净资产(元/股)	−0.33	3.22
每股收益(元/股)	−0.69	0.33
资产负债率(%)	106.86%	63.64%

上表数据表明,公司重组后,资产质量得到了明显的改善,经营状况也出现了根本性的转变,盈利能力大幅提升。正是借助资产出售、资产注入以及股份的增发等并购重组方法,使一家濒临破产的农业类上市公司,脱胎成为拥有雄厚实力、知名品牌、优势管理和充足土地储备的房地产上市公司。

分析与评述

一、浙商集团的房地产业务资产为什么要上市?

浙商集团房地产业务资产借壳上市,是中国国有企业改革的典型路径之一。嘉凯城的借壳上市,之于浙商集团,不只是房地产业务资产的价值增值,更为重要的是获得了资本市场的运作平台,对于其拓宽融资渠道、完善公司治理机制和提升公司知名度,都具有极为重要的意义。

作为国有企业,浙商集团和杭钢集团都肩负着国有资产保值增值的责任。本次注入资产的评估增值率达 354.30%,以每股 3.57 价格受让的原股份和以每股 3.9 元的价格认购的增发股份上市后的溢价,为浙商集团及其一致行动人和杭钢集团带来了巨大的财富效应。注入房地产业务资产的评估值与账面价值及浙商集团及其一致行动人和杭钢集团的财富增值分别见表 5-4 和表 5-5。

表 5-5 注入房地产业务资产的评估值与账面价值

单位:万元

项 目	评估值	原账面价值
浙江国际嘉业房地产开发有限公司	195 850.00	48 253.83
上海中凯企业集团有限公司	181 500.74	10 796.98
浙江名城房地产集团有限公司	67 442.71	36 029.79
潍坊国大房地产开发有限公司	6 496.53	2 252.30
陕西雄狮房地产开发有限公司	5 551.21	3 226.13
合计	456 841.19	100 559.02

表 5-6 浙商集团及其一致行动人和杭钢集团财富效应 [①]

公司或自然人	注入资产或股权转让款	账面价值(万元)	获得股份(万股)	市场价值(万元)	增值(倍)
浙商集团	名城集团 54.37% 和中凯集团 64.25% 股权和 7 140 万元股份转让款	33 666.46	51 356.03	401 604.15	10.93
国大集团	国际嘉业 50%、雄狮地产 65% 和潍坊国大 79% 股权;6 055 万元股份转让款	34 058.22	37 136.23	290 405.31	7.53
浙江食品公司	名城集团 3.73% 的股权	1 343.91	806.25	6 304.88	3.69
浙江烟糖公司	名城集团 3.73% 的股权	1 343.91	806.25	6 304.88	3.69
源源投资	名城集团 22.17% 的股权	7 987.80	4 791.00	37 467.58	3.69
天地实业	中凯集团 35.75% 的股权	3 859.92	20 796.25	162 626.68	41.13
张民一	名城集团 16% 的股权	5 764.77	3 457.50	27 037.65	3.69
杭钢集团	国际嘉业 50% 的股权	24 126.92	31 385.00	245 430.70	9.17

这种财富效应,不仅体现在浙商集团和杭钢集团等国有法人,还体现在名城、中凯和国大集团的管理层。天地实业是由中凯集团的职工及管理层持股的股东组建的公司,持有的嘉凯城股权的市值高达 16.26 亿元。名城集团的董事长张民一持有的嘉凯城 3 457.50 万股股份的市场价值也达 2.7 亿元,名城集团

———————
① 杭钢集团持有的股份已全部解除限售;浙商集团及其一致行动人持有的股份也将于 2012 年 10 月 20 日全部解除限售。表中股票市场价值按 2010 年 12 月 31 日的收盘价每股 7.82 元测算。

的其他管理层和职工持股的股东组建的源源投资的持股市值也达 3.75 亿元。①

　　资金和土地是房地产企业发展的关键要素,没有持续融资权的房地产企业很难做强做大。土地大多公开拍卖,价高者得,因此土地储备能力越来越取决于资金实力。想要在对资本要求越来越高的房地产市场站稳脚跟,上市融资成为必然趋势。房地产龙头企业万科 A 借助上市平台,于 2004 年发行可转换债券融资 20 亿元、2006 年非公开增发融资 42 亿元、2007 年公开增发融资 100 亿元,这样的持续融资为其提供了大量资金。顺驰超速发展后的溃败与之形成鲜明的对比。虽然顺驰有其他融资渠道,但缺乏一个上市平台。信托、私募、合作开发、银行贷款等金融工具显然没有资本市场这个资金来源稳定。况且,在嘉凯城借壳上市之前,浙商集团旗下没有一家上市公司。因此,房地产业务资产上市是浙商集团的现实选择。公司上市不仅可以获得直接融资的平台,而且其证券化了的资产也能为企业股权质押、担保贷款等融资运作带来便利。上市次日,嘉凯城就推出以 14.85 元/股价格,定向增发不超过 2 亿股,扣除发行费用后预计募集资金净额不超过 36 亿元的融资方案②。浙商集团借助融资平台获取发展资金的目的彰显得淋漓尽致。此外,公司的上市还能为其构建现代经营管理体系,增强竞争优势,推进产业资本与金融资本互动发展创造了有利条件。

　　多家公司的捆绑上市,还"造就"了一家浙江房地产市场的龙头企业。在借壳上市前,国际嘉业、中凯集团和名城房产等房地产企业,虽然储备了大量成本较低的土地,但也只能算是二线开发企业。2008 年,国际嘉业的主营业务收入为 16.74 亿元,净利润 3.8 亿元;中凯集团销售收入为 7.72 亿元,净利润 8 789.77万元;名城集团的主营业务收入为 20.07 亿元,净利润 2.52 亿元。③借壳上市后的嘉凯城,2009 年营业收入达 73.53 亿元,净利润 13.40 亿元;2010 年营业收入 91.78 亿元,净利润 11.15 亿元,仅次于绿城中国,居浙江省房地产上市公司第 2 位。2010 年 12 月 31 日公司的市值为 141.09 亿元,次于滨江集团,与绿城中国不相上下。④ 在一定意义上,房地产业务资产的上市是浙商集团实现跨越式发展的重要里程碑。

　　此外,上市对公司品牌知名度的提升,也会使公司的未来发展受益颇多。

　　① 股票市值按 2010 年 12 月 31 日的收盘价每股 7.82 元计算。
　　② 该定向增发融资方案受国家房地产调控等诸多因素的影响,未能最终实施,于 2011 年 11 月终止。
　　③ 资料来源:湖南亚华控股集团股份有限公司关于拟注入资产 2008 年度业务经营情况的公告。
　　④ 绿城中国 2010 年营业收入为 111.61 亿元,净利润为 15.31 亿元,市值 141.01 亿元;滨江集团 2010 年营业收入为 62.18 亿元,净利润为 9.66 亿元,市值 152.64 亿元。

二、为什么要借壳上市,而不是 IPO?

公司上市有 IPO(首次公开发行股票)和借壳上市两条路径可供选择。借壳上市通常是指非上市公司通过收购一家已上市公司,然后通过"反向收购"的方式注入自己有关业务及资产,实现间接上市。①

虽然 IPO 能够进行大规模的融资,并且其初始状态是"纯净"的,各种资产关系也比较容易理顺。但在中国,股票发行是核准制,对 IPO 公司有着较高的要求,审批手续也极为复杂,资金成本和时间成本均很高,且面临着较大政策风险和市场风险。另一方面,房地产业是我国国民经济的重要支柱产业,受国家宏观经济政策影响较大。房地产企业 IPO 常受政策限制。普通的区域性房地产企业往往很难通过 IPO 上市。而借壳上市只需交易双方达成收购协议并经相关部门审批通过即可,成功的概率相对较高。因此,"借壳"成为我国房地产企业上市的主要方式。对于急需通过融资来做大做强房地产业务的浙商集团来说,借壳上市无疑是一条现实的路径。虽然借壳上市后要运行一个完整会计年度后才可以通过公开增发和配股等途径融资,但定向增发却不受此限制。②

通常,借壳上市要求借壳企业拥有一定的现金支付能力和赢利能力。而浙商集团房地产业务资产经过这几年的发展,已形成一定的规模,赢利能力亦不错,只是因分散于多家公司,没有形成集中经营的规模效应和知名度。无论是规模,还是盈利能力,其房地产业务资产均足以让亚华控股脱胎换骨、起死回生。正因为如此,浙商集团主要不是通过受让亚华控股原股权,而是通过其拥有的房地产业务资产认购亚华控股定向增发的股份获得控股权的。浙商集团及其一致行动人国大集团只受让了 3 696 万股亚华国有法人股,合计支付的现金不到 1.5 亿元。

---

① 在实务中,也时常会将上市公司的母公司(集团公司)通过将主要资产注入上市的子公司中的整体上市称之为借壳上市,而将非上市公司通过收购上市公司壳资源实现间接上市的借壳上市称之为买壳上市。

② 证监会 2011 年 8 月 5 日公布《关于修改上市公司重大资产重组与配套融资相关规定的决定》,对借壳上市标准和配套融资进行了修订,并自 2011 年 9 月 1 日起实施。按新的规定,自控制权发生变更之日起,上市公司向收购人购买的资产总额,占上市公司控制权发生变更的前一个会计年度经审计的合并财务会计报告期末资产总额的比例达到 100%以上的,除原有要求外,还需增加上市公司购买的资产对应的经营实体持续经营时间应当在 3 年以上,最近两个会计年度净利润均为正数且累计超过人民币 2 000 万元。这样的标准与 IPO 最近三个会计年度净利润为正数且累计超过 3 000 万元已经十分接近。但同时又规定:上市公司发行股份购买资产的,可以同时募集部分配套资金,其定价方式按照现行相关规定办理。

2009 年,我国经济超预期回暖、IPO 阶段性停潮和资本市场历史性低估值带来的廉价壳资源等因素,大批拟上市企业,尤其是房地产企业,通过买壳、借壳实现上市。2009 年这场借壳狂潮或为我国房地产行业资本化进程中的重要里程碑,嘉凯城则是这场借壳上市狂潮中的一个非常经典的案例。

此外,与 IPO 相比,借壳上市对公司的历史沿革和税款缴纳等的审核要相对宽松些,历史遗留问题也容易处理或解释。这或许也是浙商集团房地产业务资产选择借壳上市考虑的因素之一。

三、为什么坚持要借亚华控股这个"净"壳?

"壳公司"的选择在很大的程度上影响着借壳上市的成败与成效。一般来说,"壳公司"大多是一些经营状况不佳或已陷于财务危机的 ST 公司,原股东有出售股权进行资产重组的意愿;股本规模不能太大,否则借壳成本会比较高,且影响后继的扩股潜力;资产关系要简单,表外负债及或有负债没有或较少,才不至于跌落到隐藏的"陷阱"和复杂资产关系的"泥潭"。

亚华控股因实际控制人"鸿仪系"的"隧道行为"而陷于资不抵债的危局中,公司原股东没有能力完成资产重组以拯救公司,正想方设法寻找重组者;中信资本看中了公司优质的乳业资产,拟着手操盘其资产重组。亚华控股的总股本仅为 27 200.32 万股,其中未上市流通股份 17 600.32 万股,已流通上市股份 9 600 万股。公司股票于 2006 年 12 月起一直停牌,定向增发定价前 20 个交易日的交易均价只有 3.79 元/股。浙商集团及其一致行动人和杭钢集团拥有的房地产业务资产评估值高达 456 841.19 万元,按 3.9 元的增发价可认购股份 117 135 万股,是亚华控股原股本数的 4 倍多。浙商集团通过注入其房地产资产获得控股权没有任何难度或障碍。

亚华控股曾被"鸿仪系"控制、掏空,公司情况很复杂,埋藏的"地雷"或许不少。为了规避风险,浙商集团坚持要"净壳":即除 8 000 万元货币资金外,没有其他资产、负债和人员的"壳"。根据亚华控股与中信卓涛和浙商集团签署的《框架协议》,亚华控股将以出售资产所获得的现金对未能随出售资产转移的债务进行清偿;如债权人不同意债务随出售资产转移,且出售资产所获得的现金(除根据《框架协议》保留的 8 000 万元现金外)不足以清偿该债务的,由中信卓涛对其进行全额清偿;同时,中信卓涛将对因净壳完成日前的或有风险、或有负债而给公司所形成的损失及支付的费用进行赔偿或承担,中信丰悦(大连)有限公司将承担连带赔偿责任。这样,就可以免于陷落壳公司原有错综复杂的资产人员关系及隐藏的债务陷阱。

浙商集团坚持要借亚华控股"净"壳上市的另一个原因是：注入房地产资产评估增率很高，如果按购买法进行会计处理，就会导致巨额商誉的确认，而以后年度商誉的减值测试会对各期利润带来较大的影响。由于注入的房地产业务资产的价值评估是基于未来收益预期，按证监会的规定还需要进行 3 年盈利的承诺及签订补偿协议。亚华控股通过非公开增发股票形式向浙商集团及其一致行动人、杭钢集团购买其旗下的五家房地产公司的全部或部分股权，从实质意义上是浙商集团及其一致行动人通过非公开增发行为取得亚华控股的控制权，构成了对亚华控股的反向收购。在定向增发前，中信资本已将亚华控股清理成了"净壳公司"，因此可认定为不构成业务的反向购买资产行为。按财政部《关于上市公司做好执行会计准则企业 2008 年年报工作的通知》和《关于非上市公司购买上市公司股权实现间接上市会计处理的复函》中规定，反向购买，不构成业务的，可按照权益性交易的原则进行处理：即购买方的资产、负债以其在合并前的账面价值进行确认和计量，合并价差调整资本公积，不确认商誉和当期损益。

四、为什么不是先获得控股权，再注入经营资产？

借壳上市通常的操作模式是：通过股权转让获得一家上市公司的控制权，以其作为壳公司，通过资产重组让拟上市的资产和业务进入壳公司，达到上市的目的。因此，拟借壳上市的公司在选定目标壳公司后，往往通过股权协议转让，或二级市场收购等各种方式获得壳公司的控制权。嘉凯城的借壳上市却并没有沿着这一常规的路径进行操作：既没有通过股权转让获得公司控制权，再通过同一控制之下合并将拟上市资产注入上市公司；也没有如托普软件那样，先将旗下资产出售给上市公司，再通过股权转让获得上市公司的控股权。浙商集团主要是通过以房地产业务资产认购定向增发的股份获得亚华控股的控股权。浙商集团及其一致行动人国大集团通过存量股份转让获得的股份占其重组后所持股份的比例不到 5％。

嘉凯城之所以能通过这样的操作模式上市，是因为有中信资本这个第三方。中信资本在这场资产重组案例中的角色与财富效应，是非常值得思索与赞叹的。

思考与讨论

虽然我们将 000918 这家公司的资产重组，作为浙商集团房地产业务资产借壳上市的案例进行研究，但在案例的追踪分析中，我们发现：这场资产重组不只是一个借壳上市的经典案例,同样也是一个极有研究价值的并购案例。其巨大的财富效应也不限于浙商集团及其一致行动人、杭钢集团和亚华控股各类原股东。

一、这场资产重组是浙商集团房地产业务资产借壳上市,还是中信资本并购亚华乳业?

这是一场复杂的交易,既涉及重大资产的出售与买入,还牵涉到股权分置改革,老股退出,新股介入;重组之路也是充满坎坷,置入房地产业务资产碰上宏观调控,剥离乳业资产碰上了三聚氰胺,筹措清壳资金碰上了金融危机,这需要参与各方的智慧。导演这场精彩"棋局"的中信资本,向资本市场展示了其极致的智慧。

中信资本是为了顺利重组亚华控股才拿下其乳业板块,还是为了取得乳业板块才介入重组亚华?我们认为,在很大程度上是后者。在圣元乳业重组方案被否决后,中信投资与湖南农业集团签署了股权转让协议。但这一协议并未履行,只是为了锁定这个项目,以寻找壳方,将净壳转让,再运作乳业资产。锁定项目后,原计划置入券商资产,但该预案被相关部门否决。中信资本需要寻找一个资产质量扎实、未来又能支撑股价稳定增长的企业。找不到合适的重组方,意味着现有的乳业资产不能顺利地置换出来。最后,锁定了浙商集团,与其携手对亚华控股实施清壳、送股、增发,使其变身成为房地产公司,乳业资产则继续以亚华乳业的名称由中信资本打理。

湖南亚华婴幼儿营养科技有限公司注册资本为 3 000 万美元,主要生产和销售奶粉及其他乳制品,是中信卓涛为接收亚华控股乳业及实业资产专门于2008 年 4 月注册成立的公司。2008 年 6 月 26 日,亚华控股成立乳业子公司湖南亚华乳业控股有限公司,原乳业公司的股权均过户至该公司名下。2009 年 2月 6 日,又成立实业子公司长沙高新开发区亚华资产管理有限公司。这两家公司的股权在清壳过程中全部过户至中信卓涛在国内的全资子公司湖南亚华婴幼儿营养科技有限公司名下,中信卓涛为此次交易支付的对价是 5.7 亿元[①],但实际成本或许要高一些。因为与乳业资产同时买入的,还有非乳业板块的部分资产和负债。以这样的代价,获取了销售收入为 11.62 亿元,毛利达 5.38 亿元的

---

① 实际支付的对价之所以低于资产重组方案中的 6.86 亿元,主要是缘于三聚氰胺事件对乳业资产价值的影响。

优质乳业资产[①],直接成为中国第五大奶粉制造商,绝对是桩合算的买卖。

此外,中信资本旗下的中信丰悦和中信和创以2.14亿元的低价(平均每股3.57元)获得总计6 000万股股权。虽然这些股权是要支付对价的非流通股,但在股改中6 000万股非流通的股改对价却是由鑫世龙腾、瑞新恒捷和冠通投资三家公司自愿无偿代付。按2010年12月31日股票价格计算,这些股权的市值高达58 650万元(6 000×1.25×7.82),为其投资成本的2.74倍。

二、这场资产重组的财富效应是全方位、宽领域的

公司存在的根本目的是创造价值。价值创造的路径不只是直接的投融资活动,资产重组同样能为相关各方带来巨大的财富增值。嘉凯城的这场资本盛宴引出的利益变化是全方位和宽领域的,不仅包括浙商集团及其一致行动人、杭钢集团、中信资本,也涵盖公司原股东及其他相关各方。

亚华控股原第一大股东农业集团虽持有6 896万股亚华控股股份,但因未完成股改,股份无法流通,只能以净资产为基础作价。而公司已资不抵债,每股净资产为负值。在重组中,农业集团除获得亚华生物制药厂内部应收款外的全部生物制药资产和亚华控股种子种苗分公司房地产资产外,还入账了6 723.45万元资金[②]。剩余股份的200万股,2010年12月31日的市场价值为1 741.73万元[③]。

公司第三大股东湖南省南山种畜牧草良种繁殖场也一样,将无法流通的3 000万股转让给中信丰悦获得11 625.8万元资金,其剩余的696万股,2010年12月31日市场价值为6 061.22万元[④]。

此外,北京鑫世龙腾以14 190万元价格获得4 300万股股份,2010年12月31日的市场价值为32 465.87万元[⑤];上海瑞新恒捷以4 290万元价格获得的

---

① 2009年受"三聚氰胺"事件的影响,销售收入下降至9.5亿,毛利为4.87亿元。

② 获得的22 983万元的股权转让金与支付的16 259.55万元购买资产对价的差额。

③ 支付股改对价218 178股及获得公司送股445 456股,原2 000 000股变为2 227 278股,每股7.82元。

④ 支付股改对价759 259股及获得送股155 186股,原6 960 000股变为7 750 926股,每股价格7.82元。

⑤ 支付股改对价9 786 835股,获得送股83 033 291股,原43 000 000股变为41 516 456股,每股价格7.82元。

1 300万股股份,2010年12月31日的市场价值为10 798.73万元①;上海冠通以
2 534.4万元价格获得的768万股股份,2010年12月31日的市场价值为
6 096.06万元②,收益率均在100%以上。

这场资产重组,不仅避免了亚华控股原流通股股东因退市或无法完成股改
而面临的财富毁损,而且还使其持有股票的市场价值大幅增值。按公司2006年
12月停牌前的价格计算,原9 600万股流通股的市值为36 384万元。截至2010
年12月31日,因公司接受股改对价及公司送股,流通股股数已升至14 400万
股,市场价值达112 608万元,是原市场价值的3.09倍。

成功"借壳"只是企业迈向资本市场的第一步,走好上市之后的路才是关键。
受益于上市公司规范的治理结构和便捷的融资平台,资产重组后的嘉凯城集团,
在股东的支持和经营团队的努力下,2009年和2010年连续盈利,归属于母公司
股东的净利润分别为11.96亿元和11.15亿元。凭借良好的业绩,公司成功进入
"2009年中国房地产新上市企业实力10强"和"2010年中国房地产上市公司50
强"行列。2010年7月,嘉凯城被调入深证基本面200指数样本,是为数不多的上
市不足一年便被列入深证基本面200指数样本的主板上市公司。公司也以股利的
形式给予了股东较以往更好的回报。公司上市以来的股利分配情况见表5-8。

表 5-8　　000918(嘉凯城)自上市以来股利分配情况表

会计年度	分配方案(每10股)		
	分红(元)	送股(股)	转增股(股)
2010 年	0.55	—	—
2009 年	0.5	2.5	—
2009 年	—	2.0	—
2003 年	—	—	6.0
2001 年	0.5	—	—
2000 年	0.5	—	—
1999 年	0.5	—	—

借壳上市以后,嘉凯城以"致力于营造便捷、精益、绿色环保的城市生活空

---

① 支付股改对价1 952 703股,获得送股2 761 824股,原13 000 000股变为13 809 121
股,每股价格7.82元。

② 支付股改对价1 443 623股,获得送股1 559 094股,原7 680 000股变为7 795 471
股,每股价格7.82元。

间,引领城市功能升级与和谐发展,为客户构建美好生活,为股东创造价值,为员工提供福祉,为社会承担责任"为使命,通过强大的资源整合能力,大力开发综合性项目,满足城市综合功能需求,致力于成为"城市区域价值的创造者"(愿景)。并提出了未来五年市值和资产规模达双千亿的目标,期望成为知名的专业房地产运营商和综合实力位居前列的地产蓝筹股。

在案例研究即将结束之际,嘉凯城公布了 2011 年中期报告。截至 2011 年 6 月 30 日,公司的资产总额为 225.05 亿元,以 2011 年 6 月 30 日公司股票的收盘价 7.20 元计算,市值仅为 129.90 亿元,与"双千亿"目标相去甚远。公司 2011 年上半年实现营业收入 276 710.24 万元,但净利润仅为 728.95 万元,销售净利率只有 0.26%。嘉凯城未来的业绩会怎么走? 出现这种情况,是因为房地产业绩的结算周期使然,还是因为房地产宏观调控的不利影响? 我们相信,这只是暂时的,嘉凯城不会像有些借壳上市公司的那样,在维持 2~3 年的业绩繁荣后即步入下降的通道。我们衷心地期盼嘉凯城能在房地产宏观调控的逆境中乘风破浪,沿着"为股东创造价值,为员工提供福祉,为社会承担责任"的航道持续前行。

借壳上市是中国资本市场以往并购重组的主流,产业并购将是中国资本市场并购重组未来发展方向。000918 的这场资产重组,既是一个浙商集团房地产业务资产借壳上市的经典案例,也是一个中信资本成功并购亚华乳业的典范。其操作手法之精湛,平衡各方利益之缜密,令人赞叹。成功的重组不仅为相关各方创造了巨大财富,更为重要的是其借"净壳"上市和产业并购的诸多经验,对于并购重组的后来者极具借鉴意义。

阅读文献

[1]戴娟萍. 从"托普软件"的上市历程看"借壳上市". 市场周刊,2004(10).

[2]李鹏程. 房地产企业借壳上市研究报告,MBA 智库文档—金融—证券投资 (http://doc. mbalib. com/view/fd2d70eed43c8f29a3a2069bb3840e80. html).

[3]陈亚平. 买壳上市框架内的控股权转移:理论与实证. 北京:中国财政经济出版社,2005.

[4]中国证券监督管理委员会. 上市公司收购管理办法. 中国证券监督管理委员会网站(http://www. csrc. gov. cn).

[5]中国证券监督管理委员会. 上市公司重大资产重组管理办法. 中国证券监督管理委员会网站(http://www. csrc. gov. cn).

案例六

中国铁建股份有限公司非公开增发案例研究

摘 要

增发股票是上市公司采用的融资方式之一。本案例以中国铁建股份有限公司 2011 年非公开增发为例,探讨公司非公开增发的程序、内容、原因及效果,并提出深入思考和探讨的问题。

关键词

非公开增发;中国铁建;效果

案例资料

一、中国铁建概况

中国铁建股份有限公司(以下简称"中国铁建"),由中国铁道建筑总公司独家发起设立,于 2007 年 11 月 5 日在北京成立,为国务院国有资产监督管理委员会管理的特大型建筑企业。2008 年 3 月 10 日、13 日分别在上海和香港上市(A 股代码 601186、H 股代码 1186),公司注册资本 80 亿元。

中国铁建是中国乃至全球最具实力、最具规模的特大型综合建设集团之一,2009 年《财富》"世界 500 强企业"排名第 252 位,"全球 225 家最大承包商"排名第 4 位,"中国企业 500 强"排名第 14 位,是中国最大的工程承包商,也是中国最大的海外工程承包商。2011 年 8 月 29 日,中国铁建入选中国建筑施工企业联合会评选的中国建筑 500 强,排名第 4 位。

2011 年有 69 家中国企业闯入全球 500 强,中国铁建排至 105 名。在"2010 中国 25 家最受尊敬上市公司"中,中国铁建列第 8 位。在世界品牌价值实验室 (World Brand Value Lab)编制的 2010 年度《中国品牌 500 强》排行榜中,中国铁建排名第 96 位,品牌价值已达 56.43 亿元。

公司业务涵盖工程承包、勘察设计咨询、工业制造、房地产开发、物流与物资贸易及资本运营,已经从以施工承包为主发展成为具有科研、规划、勘察、设计、施工、监理、维护、运营和投融资的完善的行业产业链,具备了为业主提供一站式综合服务的能力。并在高原铁路、高速铁路、高速公路、桥梁、隧道和城市轨道交通工程设计及建设领域确立了行业领导地位。自 20 世纪 80 年代以来,在工程承包、勘察设计咨询等领域获得了 327 项国家级奖项。其中,国家科技进步奖 55 项、国家勘察设计"四优"奖 60 项、詹天佑土木工程大奖 36 项、国家优质工程奖 111 项、中国建筑工程鲁班奖 65 项。

公司经营范围遍及除台湾以外的全国 31 个省(市)、自治区、香港和澳门特别行政区,以及世界 60 多个国家和地区。公司专业团队强大,拥有 1 名工程院院士、5 名国家勘察设计大师和 191 名享受国务院特殊津贴的专家。

二、中国铁建董、监事会发布非公开发行决议公告

上海证券交易所 2010 年 4 月 27 日发布公告:中国铁建于近日召开一届三十次董事会及一届八次监事会,会议审议通过了关于对公司一届二十八次董事会通过的公司向特定对象非公开发行 A 股股票发行方案进一步补充的议案。议案称:鉴于公司控股股东中国铁道建筑总公司拟用于认购本次非公开发行 A 股股票的具体资产已经明确,相关审计评估工作已经完成,同时本次募集资金投资项目的各项明细以及募集资金在各项目的投资额已经确定,同意公司对前述发行方案中"发行对象及认购方式"、"发行数量"和"募集资金用途"等事项的相关内容予以补充,其中补充后:铁建总公司拟以其所持重庆铁发遂渝高速公路有限公司 80%股权、咸阳中铁路桥有限公司 90%股权和西安天创房地产有限公司 100%股权,以经国务院国有资产监督管理委员会备案的评估值折价,加上汶川地震灾后重建专款 18 966 万元作为对价,认购公司本次非公开发行的部分 A 股股票;认购金额不超过 40 亿元;公司本次发行数量不超过 10.35 亿股,其中铁建总公司认购不超过 5.18 亿股,在此前提下,铁建总公司认购的股票数量将根据相关方法确定。

决议还通过了关于本次非公开发行 A 股股票预案(补充修订版)的议案,关

于公司与铁建总公司签署附条件生效股份认购框架协议补充协议的议案,关于公司非公开发行 A 股股票涉及关联交易事项进一步补充的议案,关于本次非公开发行 A 股股票募集资金投资项目可行性研究报告的议案,关于授予董事会发行公司 H 股股份一般性授权的议案。

2010 年 4 月 27 日,签订非公开增发关联方交易合同。

三、中国铁建非公开增发方案

2010 年 6 月 21 日,中国铁建 80 亿元非公开发行方案获股东大会通过。本次募投项目均处在经济快速增长的区域,其中高速公路项目车流量高,经济效益好,未来盈利潜力大,具有较高的投资价值。此次非公开增发方案的通过是中国铁建在优化产业结构、构筑完善产业链这条路上迈出的又一重要的一步。

此次非公开增发,所募集的资金主要用于:(1)取得总公司部分资产,包括:北京通达京承高速公路公司股权;重庆铁发遂渝高速公路公司股权;咸阳中铁路桥公司股权;以及总公司全资企业锦鲤资产管理中心持有多家从事勘察设计、监理咨询与工程承包等业务的公司股权以及西安天创大厦。(2)所募资金的现金部分将主要用于:贵阳太慈桥片区路网改造 BT 项目、贵阳北二环 BT 项目、京沪高速公路乐陵至济南段 BOT 项目,少量用于补充营运资金及偿还银行贷款。

四、中国铁建非公开增发实施

中国铁建 2011 年 6 月 18 日发布了关于非公开发行 A 股股票事项进展情况的公告:2009 年年度股东大会、2010 年第一次 A 股类别股东大会、2010 年第一次 H 股类别股东大会审议通过了《关于公司向特定对象非公开发行 A 股股票发行方案的议案》,拟向包括控股股东中国铁道建筑总公司在内的不超过十名特定投资者非公开发行 A 股股票,发行价格每股 5.08 元。

中国铁建此次定向增发取得了圆满成功。

分析与评述

一、关于非公开增发

上市公司增发股票有两种,一种是定向增发,又称非公开增发;一种是公开增发。非公开增发是指上市公司采用非公开方式,向特定对象发行股票的行为。

《上市公司再融资管理办法》中,关于非公开发行,除了规定发行对象不得超过 10 人,发行价不得低于市价的 90％,发行股份 12 个月内(大股东认购的为 36 个月)不得转让,以及募资用途需符合国家产业政策、上市公司及其高管不得有违规行为等外,没有其他条件。这就是说,非公开发行并无盈利要求,即使是亏损企业只要有人购买也可私募。

对流通股股东而言,非公开增发应该是利好,主要表现在:有可能通过注入优质资产、整合上下游企业等方式给上市公司带来立竿见影的业绩增长效果;也有可能引进战略投资者,为公司的长期发展打下坚实的基础。而且,由于"发行价格不低于定价基准前二十个交易日公司股票均价的 90％",非公开增发可以提高上市公司的每股净资产。不过,非公开增发也会在短期内降低上市公司的每股盈利。因此,非公开增发对相关公司的中小投资者来说,是一把双刃剑。判断好与不好的标准是增发实施后能否真正增加上市公司的每股盈利能力,以及增发过程中是否侵害了中小股东的利益。如果上市公司为一些情景看好的项目非公开增发,就能受到投资者的欢迎,这势必会带来股价的上涨。反之,如果项目前景不明朗或项目时间过长,则会受到投资者质疑,股价有可能下跌。如果大股东注入的是优质资产,其折股后的每股盈利能力明显优于公司的现有资产,增发能够带来公司每股价值大幅增值。反之,若通过非公开增发,上市公司注入或置换进入了劣质资产,其成为个别大股东掏空上市公司或向关联方输送利益的主要形式,则为重大利空。

二、中国铁建非公开增发的原因

中国铁建非公开增发的原因很多,主要有:

(一)中国铁建业绩增长超预期

2010 年 5 月 4 日,中国铁建公布 2009 年年报及 2010 年一季度报告,举行了公司高管同机构投资者见面交流会。与会人员进行了较全面分析估计,对公司前景普遍看好,其基本情况归纳如下:

1.整体业绩超出市场预期

中国铁建公布的 2009 年年报及 2010 年一季度报告显示,2009 年全年实现营业收入 3 555.21 亿元,同比增长 57.21％;归属于上市公司股东的净利润 65.99亿元,同比增长 81.14％;每股收益 0.53 元,同比增长 65.62％;加权平均净资产收益率13.12％,比去年增加 3.05 个百分点;每股经营活动产生的现金流量净额为 1.42 元,同比增长 123.07％。2010 年一季度实现营业收入702.91

亿元,同比增长 36.45%;归属于上市公司股东的净利润 13.89 亿元,同比增长 47.08%;每股收益 0.11 元,同比增长 37.50%;加权平均净资产收益率 2.58%,比上年增加 0.62 个百分点;每股经营活动产生的现金流量净额为 0.22 元,同比增长 37.50%。

2. 新签订单大幅度增加

受益于国内大规模铁路、公路、城市轨道交通等基础设施建设,中国铁建新签订单大幅度增加。2009 年集团新签合同金额为 6 013.27 亿元,较 2008 年增长 42.1%,其中,新签海外合同额 597.15 亿元,占新签合同总额的 9.9%。截至 2009 年末,公司未完工合同额合计达 7 057.44 亿元,较 2008 年增长 49.8%。在新签合同中,铁路工程项目合同额为 3050.62 亿元,占新签合同总额的 50.7%,同比增长 20.1%,铁路招投标中中标总额位居行业第一,在铁路市场的竞争优势进一步增强;公路市场新签合同额达 1 279.54 亿元,占比 21.3%,同比增长 107.6%;城市轨道交通市场新签金额达 522.16 亿元,占比 9.4%,同比增长 247.9%。

3. 非工程承包领域取得较大突破

报告期内,非工程承包板块实现新签合同额达 460.13 亿元,同比增长 19.1%,增速高于工程承包板块。其中集团新签勘察、设计、监理、咨询等业务合同总额达 62.25 亿元,同比增长 35.1%;工业制造板块新签合同额为 56.81 亿元,同比增长 60.7%;物流与物资贸易新签合同额为 279.46 亿元。

海外业务增长迅速。2009 年海外市场营业收入为 223.03 亿元,同比增长 29.66%,共承揽海外工程项目 72 项,海外新签合同额达 597.15 亿元,同比增长 41.6%,待完成合同额 120.42 亿元,同比增长 45.4%。目前公司的海外业务主要集中在沙特、尼日利亚、阿尔及利亚、利比亚、安哥拉等中东、非洲和亚洲的国家和地区。

4. 加大投入和积蓄科技实力,核心竞争力明显提升

面对百年不遇的金融危机和大规模基本建设,中国铁建在冷静分析之后,深刻明白,只有坚持以科技创新为支撑,不断加大设备和科技投入,才能提升企业核心竞争力,推进产业升级。

首先,抢抓机遇,加大大型设备投入,在满足大规模基本建设对设备需求的同时,拉动内需,提升公司专业化水平和竞争力。2009 年,中国铁建及时向所属各集团公司注资,各单位经营能力显著提升。

其次,加大科技投入,大力开展技术创新,提升公司核心竞争力。中国铁建 2009 年科技投入为历年之最。在复杂地质隧道、高墩大跨特殊结构桥梁、高速铁路、铁路"四电"系统集成等关键领域,中国铁建取得了一大批成果,共获詹天佑土木工程大奖 8 项、省部级科技进步奖 59 项、国家级勘察设计"四优"奖 5 项、专利 140 项、国家级工法 28 项等多个奖项。同时,还有 12 项工程被评为新中国成立 60 周年全国百项经典和精品工程。

在进入铁路建筑行业的特大型国有企业中,中国铁建在高速铁路设计和施工的市场份额上名列前茅。

5. 报告期内综合毛利率有所下降

2009 年公司综合毛利率为 9.31%,同比上年下降 0.65 个百分点。随着前期工程投资项目的逐步推进,很多项目的毛利率将在当年或下年得到确认,而且宏观经济逐步复苏,公司毛利率将有所回升。

6. 期间费用率同比小幅下降

2009 年全年公司期间费用率为 4.16%,同比降低 0.54 个百分点,销售费用 10.16 亿元,同比增长 19.73%,原因为工程承包项目的扩张以及本年度新承揽并开工的大型工程承包项目的增加;管理费用 134.08 亿元,同比增长 53.69%,主要原因为公司加大了对新技术的研发力度,研发费用同比增长 209.61%;财务费用 3.65 亿元,同比减少 65.56%,原因为本年度取得汇兑收益而上年度为汇兑损失。2009 年所得税费用为 15.76 亿元,同比增长 82.68%。

中国铁建良好的业绩,不断扩大的业务量,持续增强的核心竞争力,以及前景乐观的收益率,都为其增资扩股,增强实力提供了前提条件。

(二)我国基础设施领域投资建设的需要

我国铁路建设目前仍处于快速发展的黄金期,有巨大的发展空间。2010 年,铁道部安排固定资产投资 8 235 亿元,其中基建投资 7 000 亿元。到 2020 年,铁路总里程达到 20 万公里,目前仅为 8 万公里。公路方面将继续加强国家公路运输枢纽建设,加强高速公路、二级公路建设,到 2020 年达到 65 万公里。城市轨道交通方面,目前已有 25 个城市获得轨道交通建设的正式批复,到 2015 年前后,我国将建设 87 条轨道交通线路,总里程达到 2 495 公里,总投资近万亿元。城市轨道交通工程建设在 2010 年将继续保持快速发展,年内全国新开工城市轨道交通工程 500 公里以上,预计建安合同额达 1 600 亿元左右。从海外市场来看,目前也在 42 个国家有业务,目前正在前期论证或洽谈的有美国国内 10 条高速客运专线工程项目、中东海湾 6 国的连线铁路工程项目以及俄罗斯、巴西的铁路工程项目。

此外,公司是国资委规定的保留后的 16 家可以从事房地产业务的央企之一,2009 年房地产业务合同销售金额达 35.72 亿元,同比增长 351.0%;房地产业务收入 26.11 亿元,同比增长 141.1%。目前规划建筑总面积 1 392 万平方米,重点项目分布在北京、天津、河北、四川、贵州、湖南、广西、安徽、吉林、江苏等地区。

国家铁路等领域投资建设的需要,为中国铁建增资扩股,增强实力,提供了环境依据。

(三)改善业务结构,提升公司业绩的需要

中国铁建此次非公开发行不超过 10.35 亿股,其中铁建总公司认购不超过 5.18 亿股,募集资金主要用于以下两方面投资:(1)投资 BT、BOT 项目及补充营运资金;(2)收购铁建总公司持有的目标股权。

关于此次非公开增发,还应该看到以下几点:(1)从收购的项目来看,有较高的投资收益,能够提升公司整体盈利能力,3 个项目能够提升赢利 4～5 个百分点;(2)兑现上市承诺,避免潜在同业竞争,减少关联交易;(3)构筑新的竞争态势,公司在工程承包业务领域具有鲜明的竞争优势,但是公司的持续稳定发展需要发展新的竞争优势,形成新的竞争亮点;(4)促进产业结构升级调整,加快战略转型。目前尽管国内基础设施建设规模相当庞大,但是其增速和高峰期也会逐步过去,要看到未来在基建业务平稳状态下公司业绩的可持续发展路径。因此,这是公司积极主动调整业务结构变化,适应和应对未来行业竞争态势,为公司的长远增长谋求布局。

中国铁建基于对公司实力、市场状况、外部环境及未来的客观估计和投资建议,提出了非定向增发的融资方案。

三、中国铁建非定向增发的效果

中国铁建此次非公开增发取得了圆满成功,经过一定时期的运营,取得了预期效果,主要表现在:

(一)资金实力增强,资本结构优化

非公开增发后,中国铁建资金实力增强,资本结构进一步优化。例如,经公司一届四十四次董事会审议通过,2011 年 5 月 19 日,中国铁建与控股股东中国铁道建筑总公司签署《出资协议》,公司参与总公司对其全资持股的中国长城财务公司的重组改制及增资,财务公司本次重组改制增加注册资本人民币 122 223 万元,该公司注册资本自人民币 7 777 万元增至 130 000 万元。其中,公司以货币方式认购财务公司本次增资人民币 122 200 万元,占增资后该公司注册资本的 94%;总公司以货币方式出资人民币 7 800 万元(其中用于增加注册资本 23 万元,增资后占总股本的 6%;用于弥补未分配利润负数 7 777 万元)。同时,公司与总公司依财务公司本次增资后各自的持股比例承担财务公司的重组改制成本,公司需向总公司支付其已代公司垫付的财务公司前期重组成本105 916 369.35元。财务公司改制增资后的名称拟定为中国铁建财务有限公司。

（二）业务增长动力强劲，大盘蓝筹值得期待

非公开增发后，中国铁建的投资价值上升，基本实现了募集资金的预期估值。上海证券报2011年03月31日报道：作为中国最具规模的特大型综合建设集团之一，中国铁建2010年再次以优秀的业绩证明了自己具有极高的投资价值。公司2010年新签合同总额为7 471.98亿元，较2009年增长24.3%，创历史新高，各主营业务板块发展态势良好。2010年实现营业收入4 702亿元，同比增长32%。其中工程承包业务增长32%，占总收入91%；房地产业务收入增长99%。2010年，基本每股收益0.34元，加权平均净资产收益率7.85%，归属于上市公司股东的每股净资产4.65元。公司2010年年报经审计，审计意见类型：标准无保留意见。2010年度利润分配预案为每10股派0.5元（含税）。2010年业绩继续保持了强劲增长的势头，这一利好证明了非公开增发募资的成功。

（三）业绩基本符合预期，行业地位得以巩固

非公开增发后，公司业绩实现了预期增长。《中国证券报》2011年4月1日报道：2011年3月31日，中国铁建公布2010年度报告，2010年整体业绩符合预期。国内铁路"十二五"建设强度持续提高，公司是主要受益者之一，并给予维持"强烈推荐"的投资评级。新签合同额创历史新高。公司在《财富》世界500强排名上升到第133位，在ENR全球225家最大承包商排名上升到第1位，中国企业500强排名上升到第8位，首次入选《财富》杂志全球最受赞赏的公司。

思考与讨论

上市公司股权再融资包括公开发行、配股和非公开发行（也叫定向增发）三种方式。20世纪80年代后期，非公开发行最先在美国出现，其后成为各国上市公司普遍采用的增发新股的融资方式。我国目前在全流通背景下，非公开发行已成为股权再融资的一种重要方式。已有的研究表明，非公开发行时的价格相对于发行时的市场价格有着较高的折价，明显高于配股。那么，上市公司为什么愿意接受这么大折价而选择非公开上市？从增发效果来看，非公开发行在为我国上市公司整体上市、筹集项目资金、引入战略投资者、完成并购和实行股权激励等方面发挥着重要作用。从非公开发行后的市场反应来看，章卫东（2007）实证研究表明，上市公司宣告定向增发新股有正的财富效用，并且上市公司通过向控股股东或控股股东的关联方增发新股实现集团公司整体上市的宣告效应要好于其他类型的定向增发新股的宣告效应。但是，上市公司在实施定向增发过程中还是出现了诸多利益纷争（如驰宏锌锗的小股东维权案、海南航空定向增发狙击案、国投中鲁"会计造假"案等)。在非公开发行中,各利益相关者(如控股股东、机构投资者、小股东、参与认购的战略投资者)等的动机、禀赋和行为都存在差异,因此,上市公司在进行非公开发行决策时,不能单纯地把增发作为一种筹资手段,必须要考虑相关利益者的利益,要进行风险分析与防范,从公司治理、公司成长与企业价值维度统筹规划。

阅读文献

[1]中国铁建股份有限公司年度报告(2009—2010).上海证券交易所(http://www.sse.com.cn).

[2]中国铁建通过非公开增发方案.上海证券交易所(http://www.sse.com.cn.

[3]中国证券监督管理委员会.上市公司新股发行管理办法.中国证券监督管理委员会网站(http://www.csrc.gov.cn).

[4]王正位、王思敏、朱武祥.股票市场融资管制与公司最优资本结构.管理世界,2011(2).

[4]路妍.金融危机后的国际金融监管合作及中国的政策选择.管理世界,2011(4).

[5]郝书辰、陶虎、田金方.不同股权结构的国有企业治理效益比较研究.中国工业经济,2011(9).

[6]章卫东.定向增发新股、整体上市与股票价格短期市场表现的实证研究.会计研究,2007(12).

案例七

浙江吉利控股集团有限公司债券融资研究

摘 要

吉利控股于 2011 年 6 月发行债券 10 亿元人民币,债券简称为"11 吉利债"。本次债券的发行使发行人成为汽车行业中首家发行人民币公司债券的民营企业。扩张之路导致吉利控股对资金的渴求,这种对资金的渴求促成了本次债券的发行。在吉利债券超预期成功发行的同时,我们也应该看到债券发行背后隐藏的风险。在未来的发展道路上,吉利要想融通更多的资金,还必须在提升偿债能力上多多思量。

关键词

债券融资;风险;吉利控股

案例资料

一、公司情况

浙江吉利控股集团有限公司于 2003 年 3 月 24 日依法在浙江省工商行政管理局登记注册成立,法定代表人李书福,现注册资本为 8.3 亿元。发行人主要从事轿车制造和销售业务,总部设在杭州,并在浙江临海、宁波、台州、上海、兰州、湘潭、济南、兰州、成都等地建有汽车整车和动力总成制造基地,目前拥有年产

60 万辆整车、60 万台发动机、60 万台变速器的生产能力。公司连续六年进入中国汽车销量 10 强企业之列,是我国最大的民营轿车制造企业之一,被评为首批国家"创新型企业"和首批"国家汽车整车出口基地企业"。截至 2010 年 12 月31 日,发行人经审计的资产总计 967.29 亿元,所有者权益合计 256.57 亿元,其中归属于母公司所有者权益合计 101.11 亿元;2010 年度,发行人实现营业收入689.75 亿元,实现净利润 138.86 亿元,其中归属于母公司所有者的净利润为68.38 亿元。

发行人控股子公司众多。截至 2010 年 12 月 31 日,发行人具有实际控制权而纳入合并会计报表的子企业有 85 家。上海吉利兆圆国际投资有限公司(简称为"上海兆圆")是发行人主要控股子公司之一,位于上海市嘉定区,是发行人为收购沃尔沃轿车公司成立的投资公司。根据福特汽车公司与发行人签订的有关股权转让协议,发行人通过上海兆圆及其下属子公司收购了沃尔沃轿车公司的全部股权,并拥有其关键技术和知识产权的所有权。该协议已于 2010 年 8 月 2日正式生效。目前,发行人在财务上已合并沃尔沃轿车公司,但在业务管理上坚持"吉利是吉利、沃尔沃是沃尔沃"的管理模式。截至 2010 年 12 月 31 日,上海兆圆总资产 702.53 亿元,净资产 213.38 亿元;2010 年度实现营业收入 482.66亿元,净利润 124.43 亿元。

二、事件回顾

经国家发展和改革委员会发改财金[2011]1303 号文批准,该公司采取通过承销团成员设置的发行网点向境内机构投资者公开发行和通过上海证券交易所向机构投资者协议发行相结合的方式于 2011 年 6 月发行债券 10 亿元人民币。债券名称为 2011 年浙江吉利控股集团有限公司公司债券(简称"11 吉利债")。

本次债券的发行使发行人成为汽车行业中首家发行人民币公司债券的民营企业。此前,发行人控股子公司吉利汽车控股有限公司于 2009 年 9 月 22 日在香港联合交易所发行了可转股债券,转股期限为 5 年,规模为 18.97 亿港元。

(一)债券发行概要

1.债券期限和利率:本期债券为 7 年期固定利率债券,附发行人上调票面利率选择权及投资者回售选择权。本期债券在存续期内前 5 年票面年利率为6.40%[该利率根据 Shibor① 基准利率加上基本利差 1.42% 制定,Shibor 基准利率为发行首日前五个工作日全国银行间同业拆借中心在上海银行间同业拆放

---

① 上海银行间同业拆放利率(Shanghai Interbank Offered Rate,简称 Shibor)。

利率网(www.shibor.org)上公布的一年期 Shibor(1Y)利率的算术平均数 4.98%,基准利率保留两位小数,第三位小数四舍五入],在本期债券存续期内前 5 年固定不变。

在本期债券存续期的第 5 年末,发行人可选择上调本期债券票面利率 0 至 100 个基点(含本数),债券票面年利率为本期债券存续期前 5 年票面年利率 6.40%加上上调基点,在债券存续期后 2 年固定不变,本期债券持有人有权将其持有的全部或部分本期债券按票面金额回售给发行人或选择继续持有。本期债券采用单利按年计息,不计复利,逾期不另计利息。

2.发行人上调票面利率选择权:发行人有权决定在本期债券存续期限的第 5 年末上调本期债券后 2 年的票面利率,调整幅度为 0 至 100 个基点(含本数),其中一个基点为 0.01%。

3.发行人上调票面利率公告日期:发行人将于本期债券第 5 个计息年度付息日前的第 20 个工作日在相关媒体上刊登关于是否上调本期债券票面利率以及上调幅度的公告。

4.投资者回售选择权:发行人发出关于是否上调本期债券票面利率及上调幅度的公告后,投资者有权选择在投资者回售登记期内进行登记,将持有的本期债券按面值全部或部分回售给发行人,或选择继续持有本期债券。

5.投资者回售登记期:投资者选择将持有的本期债券全部或部分回售给发行人的,须于发行人上调票面利率公告日期起 5 个工作日内进行登记;若投资者未做登记,则视为继续持有本期债券并接受上述调整。

6.发行价格:本期债券的面值为 100 元,平价发行。以 1 000 元为一个认购单位,认购金额必须是 1 000 元的整数倍且不少于 1 000 元。

7.债券形式及托管方式:实名制记账方式。投资者认购的通过承销团成员设置的发行网点发行的债券在中央国债登记公司开立的一级托管账户登记托管;投资者认购的通过上海证券交易所协议发行的债券在中国证券登记公司上海分公司登记托管。

8.发行方式:本期债券采取通过承销团成员设置的发行网点向境内机构投资者公开发行和通过上海证券交易所向机构投资者协议发行相结合的方式发行。

本期债券发行总额为 10 亿元,通过承销团成员设置的发行网点向境内机构投资者公开发行部分预设发行总额为不超过 8 亿元,通过上海证券交易所向机构投资者协议发行部分预设发行总额为不超过 4 亿元,两者合计不超过 10 亿元。承销团公开发行和上海证券交易所协议发行之间采取双向回拨制,发行人和主承销商可根据市场情况对承销团公开发行和上海证券交易所协议发行的数量进行回拨调整。

9. 发行范围及对象：在承销团成员设置的发行网点发行对象为在中央国债登记公司开户的中国境内机构投资者（国家法律、法规另有规定的除外）；在上海证券交易所的发行对象为在中国证券登记公司上海分公司开立合格基金证券账户或 A 股证券账户的机构投资者（国家法律、法规禁止购买者除外）。

10. 发行期限：本期债券通过承销团成员设置的发行网点发行的部分发行期限为 5 个工作日，自 2011 年 6 月 21 日起，至 2011 年 6 月 27 日止；通过上海证券交易所协议发行的部分发行期限为 3 个工作日，自 2011 年 6 月 21 日起，至 2011 年 6 月 23 日止。

11. 发行首日：本期债券的发行首日为发行期限的第 1 日，即 2011 年 6 月 21 日。

12. 起息日：本期债券自发行首日开始计息，本期债券存续期限内每年的 6 月 21 日为该计息年度的起息日。

13. 计息期限：自 2011 年 6 月 21 日起至 2018 年 6 月 20 日止，若投资者行使回售选择权，则回售部分债券的计息期限为 2011 年 6 月 21 日起至 2016 年 6 月 20 日。

14. 还本付息方式：每年付息一次，到期一次还本，最后一期利息随本金的兑付一起支付。年度付息款项自付息日起不另计利息，本金自兑付日起不另计利息。

15. 付息日：2012 年至 2018 年每年的 6 月 21 日为上一个计息年度的付息日（如遇法定节假日或休息日，则顺延至其后的第 1 个工作日）。若投资者行使回售选择权，则回售部分债券付息日为 2012 年至 2016 年每年的 6 月 21 日（如遇法定节假日或休息日，则顺延至其后的第 1 个工作日）。

16. 兑付日：2018 年 6 月 21 日（如遇法定节假日或休息日，则顺延至其后的第 1 个工作日），若投资者行使回售选择权，则回售部分债券兑付为 2016 年 6 月 21 日（如遇法定节假日或休息日，则顺延至其后的第 1 个工作日）。

17. 本息兑付方式：通过本期债券托管机构办理。

18. 承销方式：承销团余额包销。

19. 承销团成员：主承销商为华林证券有限责任公司，副主承销商为宏源证券股份有限公司、中信建投证券有限责任公司、华泰联合证券有限责任公司和平安证券有限责任公司，分销商为东吴证券股份有限公司、招商证券股份有限公司、东兴证券股份有限公司、长江证券股份有限公司和东莞证券有限责任公司。

20. 担保情况：本期债券无担保。

21. 信用级别：经上海新世纪资信评估投资服务有限公司综合评定，本期债券信用等级为 AA 级,发行人主体长期信用等级为 AA 级。

22. 流动性安排:本期债券发行结束后 1 个月内,发行人将向有关证券交易场所或其他主管部门提出上市或交易流通申请。

23. 税务提示:根据国家税收法律、法规,投资者投资本期债券应缴纳的有关税金由投资者自行承担。

(二)相关风险及应对策略

1. 相关风险分析

(1)与本期债券有关的风险

第一,利率风险。受国民经济总体运行状况、国家宏观经济、金融政策以及国际环境变化的影响,在本期债券存续期内,市场利率存在波动的可能性。由于本期债券采用固定利率形式且期限较长,可能跨越多个经济周期,市场利率的波动可能使投资者面临债券价格变动的不确定性。

第二,偿付风险。在本期债券存续期间,发行人的经营状况可能会受到国家政策法规、市场环境和政策环境的影响。如果发行人经营状况下滑或资金周转出现困难,将可能导致发行人本期债券不能如期足额兑付,对投资者到期收回本息构成影响。

第三,流动性风险。本期债券发行结束后 1 个月内,发行人将向有关证券交易场所或其他主管部门提出上市或交易流通申请,发行人无法保证本期债券一定能够按照预期在相关的证券交易场所上市交易,亦无法保证本期债券会在债券二级市场有活跃的交易。

(2)与行业相关的风险

第一,行业政策和经营环境变动风险。发行人所在的汽车行业面临以下风险:排放标准提高;行业竞争加剧;价格战持续不休;消费税率的增加;交通约束;以及我国中央及地方政府相关产业政策的调控,如牌照办理、限制行驶区域、车辆购置税、养路费、产品增值税、销售税、补贴及限价政策。

第二,行业内竞争风险。随着国民经济的快速发展,我国汽车行业产能迅速增长。加入世界贸易组织之后,我国汽车和汽车零部件行业的关税逐渐降低,2006 年 7 月 1 日,汽车关税降至 25%。同时我国政府放宽了外商投资汽车行业的审批权限,取消了相关限制措施,外资、合资厂商纷纷扩大产能,存在行业竞争加剧的风险。随着行业内竞争的加剧,各汽车生产厂家纷纷扩大产量,争取有利的竞争地位,从产品、价格、营销、质量、成本等多方面进行全方位竞争。目前国内以吉利、奇瑞为代表的自主品牌汽车企业已在短期内在经济性轿车市场占据优势地位,但受到外资、合资品牌的冲击较大,竞争较为激烈。市场竞争的加剧,将对发行人的盈利能力产生影响。

第三,市场风险。经过多年的迅速发展,我国的汽车生产厂家单一产品系列化已成必然趋势,乘用车市场竞争越来越充分;靠单一产品提升企业销售总量越来越难,通过增加产品的数量提升企业销售总量越来越重要;产业竞争格局远未稳定,二、三级区域市场显示出发展活力,汽车出口持续超高速增长存在潜在威胁,这都需要汽车厂家提早做出预案。随着前几年汽车行业新建扩建项目陆续投产,汽车产能释放的规模持续扩大,潜在产能过剩将变成现实,总量过剩的苗头和部分车型供不应求的结构性过剩问题突出。

(3)与发行人相关的风险

第一,公司治理风险。发行人近年来生产经营规模迅速扩张,公司的组织、财务及生产管理的难度加大。由于汽车产业的良好发展态势,行业内高端人才受到劳动力市场供求状况的影响,公司可能面临出现人才流失的现象。虽然公司不断完善经营模式和管理制度,但仍面临着管理难度和风险控制难度加大、人力资源不足等困难。

第二,原材料价格波动及供应风险。发行人用于制造汽车的主要原材料包括各种等级的钢材、铝材、油漆、稀释剂等化学制品,用于制造汽车零部件的主要原材料包括金属件、化工件和电子器件等。主要基本零部件和原材料的价格受到上游原材料及自然资源的价格波动影响。自2008年金融危机以来,铁矿石、石油、橡胶、有色金属等上游原材料均经历了价格大幅度波动,原料价格上涨的影响已逐渐向汽车整车制造业等下游企业延伸。随着产能的逐渐扩大,上述原材料价格的上涨将可能提高发行人的生产成本,影响其盈利水平。

第三,项目建设风险。本次募集资金投资项目均已获得有关部门的批准,并在技术、环保、市场前景等方面进行了充分论证。但是由于汽车项目建设规模大、建设周期长,项目建设能否按计划完成、能否如期达产、项目产品质量和市场销售能否达到预期等存在一定的不确定性,可能会对发行人的经营效益和未来发展造成影响。

2.风险应对策略

(1)与本期债券有关风险的应对策略

第一,利率风险的对策。在设计本期债券的发行方案时,发行人考虑了债券存续期内可能存在的利率风险,通过在期限设计中附加发行人上调票面利率选择权和投资者回售选择权并合理确定本期债券的票面利率,能够保证投资人获得长期合理的投资收益。发行结束后,发行人将申请本期债券在经批准的证券交易场所上市交易流通,以提高本期债券的流动性,分散利率风险。

第二,偿付风险的对策。发行人目前经营状况良好,现金流量充足,其自身现金流可以满足本期债券本息偿付的要求。发行人将进一步提高管理和运营效率,加强对本期债券募集资金运用渠道的管理,严格控制资本支出,注重资本结构的管理,将财务杠杆控制在合理水平,确保公司的可持续发展,为本期债券按时足额兑付提供资金保证,尽可能地降低本期债券的兑付风险。

第三,流动性风险的对策。发行人和主承销商将推进本期债券的交易流通申请工作,为投资者拓宽债券转让的渠道。主承销商和其他承销商也将尽职推进本期债券交易的进行。另外,随着债券市场的发展,企业债券流通和交易的条件也会随之改善,未来的流动性风险将会有所降低。

(2)与行业相关风险的应对策略

第一,行业政策和经营环境变动风险的对策。发行人积极收集汽车产业相关政策与信息,争取及时准确地掌握行业及市场的发展动态,并相应制订了详细应对策略,如早在2007年5月发行人就全面进入战略转型期,积极向"造最安全、最节能、最环保的好车"进行战略转变,施行"技术领先"、"品牌创新"、"以客户为中心"、"追求整体利益最大化"等战略。发行人的战略转型与国家支持汽车民族品牌走自主创新发展道路政策不谋而合,成功把握了发展机遇。同时,发行人积极通过研发等手段,调整产品结构,改善产品性能,以满足产品生产标准及市场的需求,降低产业政策和经营环境变动对公司经营和盈利造成的不利影响,如发行人于2008年11月推出的熊猫车型率先入选国家第一批节能车型目录。此外,发行人还在电动汽车、新能源汽车、轻量化项目、自动变速箱开发和汽车整车主被动安全等关键技术方面实现新的突破,这些有助于发行人积极把握产业政策带来的发展机遇,在市场竞争中占据优势。

第二,行业内竞争风险的对策。随着国内汽车消费市场的发展,消费者对价格的敏感性降低,转而对汽车的性能、安全、外观和油耗等因素提出更高要求。根据市场发展趋势,发行人在产品结构方面进行调整,全球鹰、帝豪、上海英伦三个新品牌已迅速开拓市场,产品档次从最低端的经济型轿车向功能齐全、经济耐用的中端轿车进发。根据发行人制订的五年工作计划,发行人把核心竞争力从成本优势转向为技术优势,构建集团未来发展的平台战略,以造出更加环保、更加节能、更加安全的好车为目标,以更高档次、更佳品质的自主创新产品角逐汽车市场。

第三,市场风险对策。发行人将通过成本控制、加强研发等一系列措施实现产销量、利润的稳定增长,同时紧紧把握市场状况,实现销售与生产的联动,实现高效率的生产销售。

(3)与发行人相关风险的应对策略

第一,公司治理风险的对策。在公司治理方面,发行人推进产品线利润中心的管理、完善和创新,向技术平台、管理平台、车型平台方向发展,充分发挥产品线利润中心作为矩阵结构的横向管理机制。同时建立风险导向的内控体系,从

"过程控制、事后算账"到"事先预防、全程控制"转变,按照国际规范的公司治理结构管理企业。同时,在人力资源管理方面,发行人通过浙江吉利汽车工业学校、北京吉利大学等专业院校,为公司输送各种技能型、管理型人才。此外,发行人深入推进岗位体系、薪酬体系、绩效体系、职业发展通道等体系建设,健全子公司人力资源部组织和体系管理,加强人才培养、培训,快速全面提高员工素养。

第二,原材料价格波动及供应风险的对策。针对原材料价格波动风险,发行人将加强信息的收集,提前预测原材料市场价格变化。与主要大型供货商建立长期的合作关系,在相互信任的基础上,以共赢为目的,达成协议,约定未来原料价格,以稳定原材料采购成本。针对供应风险,发行人积极开发新的原料供应商,增加潜在供应商的储备,不断更新供应商的数据库。发行人还建立了供应商的评价制度,每季度进行评价,摘选出优秀供应商,在货款上进行政策性倾斜,鼓励供应商提供更优质、更稳定的原材料。发行人的一系列措施能有效降低供应商断货、突然提价对成本的影响。

第三,项目建设风险的对策。发行人对募集资金投资的项目进行了严格科学论证,确保项目具有足够的抗风险性,并充分考虑了可能影响预期收益的各种因素,使未来收益尽量贴近实际。在项目建设过程中,发行人建立完善适用的工程建设管理程序体系,实现管理科学化、规范化、程序化,加强对工程设计和概算资金控制,在不影响工程质量和工期的前提下,通过公开招标降低工程造价。在施工中加强资金监督管理,防止项目实施过程中建设费用超支,确保在建工程造价、进度、质量、安全的可控、在控,降低项目建设风险。

三、发行人经审计的最近三年主要财务数据

国富浩华会计师事务所有限公司对吉利控股 2008—2010 年的财务报告进行了审计,并出具了标准无保留意见的审计报告(国浩审字[2011]第 1083 号)。表 7-1～表 7-3 是吉利控股财务数据摘要,均来自经注册会计师审计的财务报告。

表 7-1　2008—2010 年经审计的合并资产负债表摘要

单位:人民币万元

项　　　目	2010 年末	2009 年末	2008 年末
流动资产	3 988 669.47	1 352 233.60	594 895.48
非流动资产	5 684 223.50	941 462.97	744 542.48
资产总计	9 672 892.97	2 293 696.57	1 339 437.96
流动负债	4 797 211.59	1 176 588.86	742 918.92

续表

项 目	2010 年末	2009 年末	2008 年末
非流动负债	2 309 935.41	428 685.92	118 384.16
负债合计	7 107 147.00	1 605 274.78	861 303.08
所有者权益合计	2 565 745.97	688 421.79	478 134.88
归属于母公司所有者权益	1 011 115.55	295 753.85	240 486.06

表 7-2 2008—2010 年经审计的合并利润表摘要

单位:人民币万元

项 目	2010 年度	2009 年度	2008 年度
营业收入	6 897 471.49	1 415 928.62	971 949.30
营业成本	5 553 878.02	1 091 792.97	733 200.27
营业利润	188 740.82	86 249.57	27 017.56
利润总额	1 472 872.88	146 790.84	48 356.23
净利润	1 388 593.87	125 198.33	43 235.49
归属于母公司所有者的净利润	683 838.72	44 483.75	6 295.68

表 7-3 2008—2010 年经审计的合并现金流量表摘要

单位:人民币万元

项 目	2010 年度	2009 年度	2008 年度
一、经营活动产生的现金流量:			
现金流入小计	7 256 011.03	1 512 023.63	1 139 138.98
现金流出小计	6 325 175.16	1 313 739.47	1 031 026.56
经营活动产生的现金流量净额	930 835.87	198 284.17	108 112.42
二、投资活动产生的现金流量:			
现金流入小计	2 460.09	97 665.16	54 212.84
现金流出小计	1 071 661.33	282 766.65	164 352.54
投资活动产生的现金流量净额	−1 069 201.24	−185 101.49	−110 139.71
三、筹资活动产生的现金流量:			
现金流入小计	1 932 542.97	805 816.80	228 923.17
现金流出小计	1 018 177.27	357 998.72	248 093.92
筹资活动产生的现金流量净额	914 365.70	447 818.08	−19 170.75
四、现金及现金等价物净增加额	807 283.78	460 926.10	−22 350.86
五、现金及现金等价物期末余额	1 482 894.00	675 610.23	214 684.13

分析与评述

一、为何发行债券

吉利控股本期债券募集资金 10 亿元,其中 7 亿元用于年产 30 万台自动变速器项目和年产 25 万套汽车电子系统及变速器等关键零部件的研发中心投资项目,1 亿元用于偿还银行贷款,2 亿元用于补充公司营运资金。

在发展的道路上,吉利控股和其他企业一样充满对资金的渴求,这种渴求在吉利收购沃尔沃之后尤为明显。尽管从公布的财务报告看,吉利控股 2010 年的净利润达到 138.86 亿元,比 2009 年的 12.52 亿元增长了 10 倍有余,但这种增长主要是账面收益的增长,并未带来相应的现金流的增长。

吉利控股通过上海兆圆及其下属子公司收购沃尔沃轿车公司的全部股权时产生了购买折价,被并购方 Volvo Cars North America LLC、Volvo Personvagnar AB 及其名下的子公司合并归属于吉利控股股东的权益公允价值 280.53 亿元,减购买对价 169.69 亿元,得初始投资成本低于按股权比例享有的净资产的账面价值为 110.84 亿元。这 110.84 亿元购买折价被一次性计入了当期损益,使得吉利控股 2010 年的净利润有了惊人的增长,但是购买折价产生的账面收益并没有给吉利带来任何现金的增加。在收购沃尔沃之后,整合是吉利控股未来战略的重点,而国产问题是其整合的首要步骤。2011 年 2 月,沃尔沃宣布批准建设成都基地,并支持大庆基地的落实工作,同时还决定加快上海总部和中国技术中心的建设。这些建设都需要大笔的资金来支撑:沃尔沃成都厂计划投资 32 亿元,沃尔沃大庆厂需投资 45.76 亿元,上海嘉定沃尔沃发动机厂计划投资 32.1 亿元,沃尔沃上海研发中心计划投资 16.99 亿元。

显然,"蛇吞象"的扩张之路势必导致吉利控股对资金的更加渴求。这种对资金的渴求促成了本次债券的发行。

二、为何不发行股票

在多种筹资方式中,相比较而言,能满足巨额融资需求的融资方式一是发行股票,二是发行债券。吉利控股为何不选择发行股票,而是发行债券呢?

在发行债券之前,吉利控股通过香港上市公司吉利汽车 00175.HK 收购旗下其他资产的形式,不断将资产注入香港上市公司吉利汽车,以达到自身融资的目的。2011 年 3 月,吉利汽车即通过持股比例为 91% 的浙江吉利汽车有限公司向吉利控股收购了宁波远景汽车零部件有限公司,收购价 4.37 亿元。截至目前,吉利控股大部分资产都已被注入到了上市公司,其剩余资产想要吸引股票市场上投资者的关注已显困难,除非是沃尔沃资产的注入。但是,吉利目前"吉利是吉利,沃尔沃是沃尔沃"的管理理念并不支持这种做法。吉利当前的管理职能尚未直接涉及沃尔沃汽车,仅通过董事会模式进行沃尔沃汽车的运营,这一经营策略有利于保障沃尔沃汽车的经营独立性和经营理念的一贯性,有利于沃尔沃的平稳过渡和发展。有关人士认为,如果上海"国际板"推出,沃尔沃可以考虑在国际板上市,这样有利于保持其相对独立性。然而,上海国际板的推出并没有具体时间表,虽然证监会主席尚福林于 2011 年 5 月在陆家嘴论坛上曾表示"我们离推出国际板越来越近了"。

可以预见的是,发行债券筹集资金只是目前吉利控股在资本市场上找钱的初始步骤,巨大的资金需求使得发行股票的融资方式是必需的,只是还需要时间。

三、债券发行的结果

吉利控股集团 2011 年 6 月 30 日宣布,其面向机构投资者发行的 10 亿元 7 年期人民币公司债券在 5 天内认购完毕。对于吉利控股本次发行债券事件新华社曾做题为"吉利 10 亿元企业债认购情况超预期"的报道。无疑,吉利控股本次发行债券是成功的,这与吉利控股具备良好的信用等级、强大的市场竞争能力和抗风险能力以及政府部门的大力支持分不开。

吉利控股本次发行的债券符合《中华人民共和国公司法》、《中华人民共和国证券法》、《企业债券管理条例》、《国家发展改革委关于进一步改进和加强企业债券管理工作的通知》、《国家发展改革委关于推进企业债券市场发展、简化发行核准程序有关事项的通知》等法律、法规和规范性文件规定的实质条件。经上海新世纪资信评估投资服务有限公司综合评定,吉利控股本期债券的信用等级为 AA 级,发行人主体长期信用等级为 AA 级。

吉利控股本次成功发行债券与其在市场竞争能力、抵御风险的能力上所具备的优势有直接的关系。吉利控股股权结构较为明晰,经营机制灵活,激励机制与约束机制较健全,具有较强的市场适应能力。吉利控股抓住我国经济型汽车市场快速成长的良好机遇,实现了生产效率和产能规模的迅速提高,目前已经具备较强的整车、发动机、变速器和汽车电子电器的开发能力,部分产品已经达到国内先进水平,市场竞争能力较强,已连续六年位居国内汽车销量前十位之列。

吉利控股在成功收购沃尔沃后,获得了较强的品牌效应,能在技术提升、管理经验及国际市场的拓展等方面得到进一步的改善,并且公司资产和资本规模急剧扩大,整体抗风险能力有所提升。在本次发行的债券存续期内,吉利控股通过汽车销售业务回笼的资金可为债券的到期偿还提供基本保障;同时,本期债券拟投资项目的预期收益较好,可为债券的到期偿还给予一定支持。此外,债券的成功发行也离不开政府的大力支持,正如发行中介华林证券的总裁孙明霞所言:"吉利债券是在目前我国持续进行的货币紧缩政策及宏观调控的形势下发行的,充分显示了各级政府部门及金融机构对吉利汽车发展的关心和支持。"

思考与讨论

在吉利债券超预期成功发行的同时,我们也应该看到债券发行背后隐藏的风险。由于国内汽车生产厂家迅速成长,跨国公司日益加大在我国的投资,我国汽车行业竞争更加激烈,这为吉利控股的战略转型提出了较大的挑战。同时,公司收购沃尔沃之后,也存在较大的后续整合及经营风险。根据披露报表计算的偿债能力指标数据也不容乐观,资产负债率与同行业企业相比明显偏高(如表7-4所示)。

表7-4　2010年部分上市车企资产负债率[①]

公司名称	资产负债率(%)
吉利控股	73.40
江铃汽车(000050)	44.45
海马汽车(000572)	37.42
长安汽车(000625)	65.25
一汽轿车(000800)	50.35
一汽夏利(000927)	59.99
比亚迪(002594)	60.06
东风汽车(600006)	61.41
上海汽车(600104)	64.28
福田汽车(600166)	67.29
江淮汽车(600418)	64.64
华域汽车(600741)	46.03
广汽长丰(600991)	60.71

---

① 数据来源:Wind 资讯。

看来,在未来的发展道路上,吉利要想保持其目前的信用评级,融通更多的资金,还必须在提升偿债能力上多多思量。

此外,吉利"成为汽车行业中首家发行人民币公司债券的民营企业"的报道,让人在佩服吉利人敢想敢干、充满民族奋进精神之余,也难免让人感叹民营企业融资难的困境,感叹我国债券市场的绵弱不给力。纵观发达国家的成熟金融市场,无不有发达的债券市场,我们期待我国尽快有个成熟的债券市场,为更多的投资者和筹资者提供低风险的投融资工具。

阅读文献

[1]浙江吉利控股集团有限公司.2011年浙江吉利控股集团有限公司公司债券募集说明书.中国债券信息网 www.chinabond.com.cn.

[2]丁彬.吉利控股去年净利暴增十倍,资金链为何仍然紧张.第一财经日报,2011年7月11日.

[3]李建宗."蛇吞象"后资金饥渴,吉利负债额攀升至710亿。中国新闻网(www.chinanews.com),2011年7月26日.

[4]章苒.吉利10亿元企业债认购情况超预期.新华网 www.geely.com/news,2011年6月30日.

[5]刘金林.我国企业债券创新对策研究.宏观经济管理,2011(8).

[6]周宏,杨萌萌,李远远.企业债券信用风险影响因素研究评述.经济学动态,2010(12).

案例八

宁波建工股份有限公司
资本结构案例研究

摘　要

　　随着近年来经营规模的扩大，宁波建工对流动资金的需求不断增加，资产负债率已处于较高的水平，存在较大的财务风险。2011年8月宁波建工通过股票发行，使资产负债率大幅度地降低，其资本结构得到了明显的改善。从竞争战略的角度考虑，在留存收益金额有限的情况下，发行股票获取权益资金降低资产负债率是宁波建工的明智之举，这种选择也是符合我国建筑业市场竞争的变动趋势和宏观经济的发展方向的。

关键词

　　资本结构；发行股票；宁波建工

案例资料

一、公司情况

　　截至2010年12月31日，宁波建工股份有限公司总股本为30 066万元，下设分公司37家，一级控股子公司6家，有工程技术人员约980名，高级工程师及以上职称的108人，一级建筑师、建造师、结构师等各类注册工程师约169名。公司有国家级、省级工法26项；获授权专利26项，其中6项发明专利，20项实用新型专利。近年来,公司主编参编国家及行业标准 5 个。公司近三年累计荣获过国家建筑业最高奖项"鲁班奖"3 项,其他各类级别奖项 100 多项,获评过"全国首批建筑业诚信企业"、"全国先进施工企业"、"浙江省重点骨干企业"等诸多殊荣,2010 年 9 月获"全国五一劳动奖状",在浙江省乃至全国拥有良好的业务口碑和品牌声誉。公司业务覆盖面广,作为一家大型综合建设集团,公司自成立以来一直从事建筑施工业务,并以建筑施工和建筑装饰装潢为核心延伸相关产业链,已形成了涵盖建筑科研、设计、施工、安装、装饰装潢、钢结构、商品混凝土、预制构件等相对完整而紧凑的产业链形态,各细分产业具有协同发展效应,整体效益日益增强。

公司具有房屋建筑工程施工总承包特级、市政公用工程施工总承包壹级、机电安装工程施工总承包壹级、钢结构工程专业承包壹级、消防设施工程专业承包壹级、建筑智能化专业承包壹级、建筑装修装饰工程专业承包壹级、建筑幕墙工程专业承包壹级、预拌商品混凝土专业承包贰级、混凝土预制构件专业贰级、地基与基础工程专业承包叁级、城市园林绿化叁级资质、工程设计甲级、建筑智能化系统集成(其中消防系统除外)专项工程设计甲级、建筑装修专项工程设计甲级、建筑幕墙专项工程设计甲级等资质。

二、事件回顾

宁波建工股份有限公司以向询价对象配售与向社会公众投资者网上定价公开发行相结合的方式,于 2011 年 8 月发行 10 000 万股普通股,发行前总股本为 30 066 万股,发行后总股本为 40 066 万股,本次发行股数占发行后总股本比例为 24.96%。于 2011 年 8 月 16 日在上海证券交易所挂牌上市,股票代码为 601789。本次发行的股票每股发行价格为 6.39 元,募集资金总额为 63 900 万元,扣除发行费 51 646 526.19 元,本次募集资金净额为 587 353 473.81 元。发行前公司所有者权益数为 586 386 122.38 元,发行后所有者权益数增加为 1 173 739 596.19 元,增幅达到 100.16%。通过本次股票发行,宁波建工的资产负债率大幅度降低,从 82% 降低到 69%,资本结构得到了明显的改善。

三、财务数据

宁波建工近三年(2008—2010 年)的财务报表主要数据比较如表 8-1、表 8-2 和表 8-3 所示。

表 8-1　合并资产负债表(2008—2010 年)

单位:元

项　　目	2010 年 12 月 31 日	2009 年 12 月 31 日	2008 年 12 月 31 日
流动资产:			
货币资金	388 527 816.32	511 150 174.89	354 325 609.57
交易性金融资产			1 159 165.31
应收票据	5 300 000.00	9 017 043.65	4 057 425.00
应收账款	782 164 325.66	619 756 139.96	671 913 069.39
预付款项	221 221 018.30	212 390 625.28	415 058 476.07
其他应收款	602 975 769.75	512 937 812.59	497 194 752.66
存货	864 234 725.95	729 462 352.69	865 360 457.90
流动资产合计	2 864 423 655.98	2 594 714 149.06	2 809 068 955.90
非流动资产:			
长期股权投资	22 933 224.49	18 199 617.39	39 430 329.26
固定资产	159 960 297.94	107 530 742.82	108 465 802.68
在建工程	9 525 005.32	35 509 472.17	20 442 342.74
无形资产	109 465 822.16	66 698 286.59	68 146 005.35
长期待摊费用	978 936.69	1 943 970.17	2 227 892.45
递延所得税资产	32 209 137.20	25 056 254.96	20 516 943.87
其他非流动资产	7 284 133.77	10 380 056.27	11 672 535.46
非流动资产合计	342 356 557.57	265 318 400.37	270 901 851.81
资产总计	3 206 780 213.55	2 860 032 549.43	3 079 970 807.71
流动负债:			
短期借款	503 500 000.00	640 900 000.00	716 127 640.00
应付票据	163 791 979.00	58 200 000.00	42 800 000.00
应付账款	1 079 785 973.31	831 805 049.04	805 083 192.90
预收款项	399 981 802.32	445 415 537.30	558 366 208.45
应付职工薪酬	2 230 030.76	1 920 451.15	4 266 516.06
应交税费	21 975 643.22	29 012 295.53	27 575 593.95

续表

项　　目	2010 年 12 月 31 日	2009 年 12 月 31 日	2008 年 12 月 31 日
应付利息	423 591.37	652 892.68	
其他应付款	428 705 071.19	333 082 492.86	464 413 804.03
流动负债合计	2 600 394 091.17	2 340 988 718.56	2 618 632 955.39
非流动负债:			
长期借款	20 000 000.00	0.00	0.00
非流动负债合计	20 000 000.00	0.00	0.00
负债合计	2 620 394 091.17	2 340 988 718.56	2 618 632 955.39
所有者权益:			
股本	300 660 000.00	300 660 000.00	300 660 000.00
资本公积	34 961 069.42	34 961 069.42	34 961 069.42
盈余公积	18 178 032.27	9 469 200.17	4 136 211.67
未分配利润	187 005 528.74	127 533 975.49	73 118 907.57
归属于母公司所有者权益合计	540 804 630.43	472 624 245.08	412 876 188.66
少数股东权益	45 581 491.95	46 419 585.79	48 461 663.66
所有者权益合计	586 386 122.38	519 043 830.87	461 337 852.32
负债和所有者权益总计	3 206 780 213.55	2 860 032 549.43	3 079 970 807.71

表 8-2　合并利润表 (2008—2010 年)

单位:元

项　　目	2010 年度	2009 年度	2008 年度
一、营业总收入	7 926 672 259.30	6 929 029 668.03	5 698 988 859.36
其中:营业收入	7 926 672 259.30	6 929 029 668.03	5 698 988 859.36
二、营业总成本	7 796 950 296.93	6 819 843 972.00	5 590 911 551.37
其中:营业成本	7 292 514 038.85	6 360 140 930.90	5 227 926 983.58
营业税金及附加	270 802 102.50	242 538 819.66	203 459 849.27
销售费用	5 650 349.17	6 893 119.68	1 432 594.56
管理费用	144 954 944.34	122 477 708.12	102 197 453.62
财务费用	35 145 827.26	62 425 361.57	40 882 164.53

续表

项　目	2010 年度	2009 年度	2008 年度
资产减值损失	47 883 034.81	25 368 032.07	15 012 505.81
加:公允价值变动收益	0.00	440 834.69	−440 834.69
投资收益	7 975 844.74	5 360 101.97	6 179 765.67
三、营业利润	137 697 807.11	114 986 632.69	113 816 238.97
加:营业外收入	8 915 095.14	11 807 185.97	8 488 194.48
减:营业外支出	9 391 917.73	6 755 274.10	7 045 104.92
四、利润总额	137 220 984.52	120 038 544.56	115 259 328.53
减:所得税费用	34 761 875.59	27 473 440.17	31 362 905.87
五、净利润	102 459 108.93	92 565 104.39	83 896 422.66
其中:归属于母公司所有者的净利润	98 246 385.35	83 838 195.46	76 489 010.23
少数股东损益	4 212 723.58	8 726 908.93	7 407 412.43

表 8-3　合并现金流量表(2008—1010 年)

单位:元

项　目	2010 年度	2009 年度	2008 年度
一、经营活动产生的现金流量:			
销售商品、提供劳务收到的现金	7 860 081 284.84	6 780 485 138.81	6 608 423 033.40
收到的税费返还	3 055 706.75	1 088 550.23	70 000.00
收到其他与经营活动有关的现金	322 421 541.70	285 431 568.52	219 790 011.50
经营活动现金流入小计	8 185 558 533.29	7 067 005 257.56	6 828 283 044.90
购买商品、接受劳务支付的现金	7 207 943 387.07	6 078 831 950.22	6 126 467 032.92
支付给职工以及为职工支付的现金	124 038 707.87	147 828 440.99	193 986 843.09
支付的各项税费	346 960 525.97	292 794 554.97	297 922 676.38
支付其他与经营活动有关的现金	348 795 506.36	202 298 822.57	116 835 099.86
经营活动现金流出小计	8 027 738 127.27	6 721 753 768.75	6 735 211 652.25
经营活动产生的现金流量净额	157 820 406.02	345 251 488.81	93 071 392.65

续表

项 目	2010 年度	2009 年度	2008 年度
二、投资活动产生的现金流量：			
收回投资收到的现金		8 208 437.15	47 099 000.00
取得投资收益收到的现金	5 821 331.08	2 901 575.94	4 433 166.34
处置固定资产、无形资产和其他长期资产收回的现金净额	478 909.60	1 744 168.95	142 698.94
处置子公司及其他营业单位收到的现金净额	−4 396 946.23	26 328 239.13	
收到其他与投资活动有关的现金	12 180 000.00		
投资活动现金流入小计	14 083 294.45	39 182 421.17	51 674 865.28
购建固定资产、无形资产和其他长期资产支付的现金	89 809 302.83	56 428 742.50	119 445 631.10
投资支付的现金	2 250 000.00	4 940 320.00	35 015 685.00
支付其他与投资活动有关的现金	12 180 000.00	10 480 000.00	
投资活动现金流出小计	104 239 302.83	71 849 062.50	154 461 316.10
投资活动产生的现金流量净额	−90 156 008.38	−32 666 641.33	−102 786 450.82
三、筹资活动产生的现金流量：			
取得借款收到的现金	959 900 000.00	925 800 000.00	861 037 640.00
筹资活动现金流入小计	959 900 000.00	925 800 000.00	861 037 640.00
偿还债务支付的现金	1 077 300 000.00	1 001 027 640.00	642 500 000.00
分配股利、利润或偿付利息支付的现金	72 886 756.21	91 012 642.16	112 498 072.20
筹资活动现金流出小计	1 150 186 756.21	1 092 040 282.16	754 998 072.20
筹资活动产生的现金流量净额	−190 286 756.21	−166 240 282.16	106 039 567.80
四、汇率变动对现金及现金等价物的影响	0.00	0.00	0.00
五、现金及现金等价物净增加额	−122 622 358.57	146 344 565.32	96 324 509.63
加：期初现金及现金等价物余额	500 670 174.89	354 325 609.57	258 001 099.94
六、期末现金及现金等价物余额	378 047 816.32	500 670 174.89	354 325 609.57

分析与评述

一、发行股票前相关财务数据显示宁波建工资本结构不合理

宁波建工在发行股票前的财务数据显示,公司的资产负债率偏高,存在较大的财务风险。建筑施工企业施工周期较长,对资金的需求较大,公司的融资渠道比较单一,生产经营资金来源除了自身积累之外,主要靠银行贷款获取外部资金。随着公司业务规模的逐步扩大,资金需求随之加大,债务规模也变得比较大,2010年、2009年、2008年末合并报表显示负债总额分别为262 039.41万元、234 098.87万元、261 863.30万元,对应的资产负债率分别为82%、82%和85%。

资本结构的影响因素通常包括企业产销情况、财务状况、资产结构、所处行业等因素。产销量稳定且上升、获利能力和变现能力强、实物资产比例高的企业负债比例也可以相对高一些。这些因素支持宁波建工维持较高的负债比例,但是相对同行业的整体负债水平来说,宁波建工的资产负债率还是偏高了。表8-4是主业为土木工程建筑的主要上市公司的资产负债率的比较。

表 8-4　土木工程建筑业主要上市公司资产负债率(2008—2010 年)①

公司名称	2010 年度	2009 年度	2008 年度
中南建设	78%	77%	67%
中工国际	57%	63%	68%
宏润建设	75%	72%	73%
上海建工	83%	81%	78%
龙元建设	74%	69%	82%
腾达建设	66%	64%	61%
科达股份	65%	54%	62%
中国中冶	81%	80%	94%
中国建筑	74%	70%	85%
宁波建工	82%	82%	85%

① 数据来源:色诺芬数据库(CCER)。

通过对比可知,宁波建工发行股票前各年的资产负债率都是偏高的。以2010 年为例,表 4 中除宁波建工之外的其他土木工程建筑企业的资产负债率简单平均值为 73%,而宁波建工的资产负债率为 82%,高出平均值 9 个百分点。由于资产负债率过高,债务规模偏大,公司面临潜在的财务风险。

公司的负债结构也不合理,所负债务绝大部分为流动负债,2008—2010 年报告期末流动负债占负债总额的比重分别为 100%、100% 和 99%,过高的流动负债比重显示公司的偿债压力集中在短期。2008—2010 年报告期末,公司的流动比率、速动比率和现金流动负债比如表 8-5 所示。

表 8-5　宁波建工短期偿债能力指标(2008—2010 年)

财务指标	2010 年度	2009 年度	2008 年度
流动比率	1.10	1.11	1.07
速动比率	0.77	0.80	0.74
现金流动负债比	0.06	0.15	0.04

各项短期偿债能力指标与经验值及同行业平均水平比均偏低,显示公司的短期偿债能力偏弱,短期偿债风险较高。随着公司生产经营规模的扩大,短期债务清偿压力可能还会增加。公司 2010 年 12 月 31 日应收账款账面价值为78 216.43 万元,占总资产的比例为 24.39%,若公司因应收账款回收率降低等因素而影响公司流动资产的变现能力,则有可能进一步降低公司的偿债能力,增加公司的偿债风险。此外,若公司发生工程质量问题、工程不能按期完工、经济合同纠纷等,也可能增大公司的短期偿债负担。

显然,如何改善资本结构,降低财务风险已是摆在宁波建工眼前亟待解决的问题。

二、发行股票是宁波建工优化资本结构的最佳选择

随着近年来经营规模的扩大,宁波建工对流动资金的需求不断增加,资产负债率已处于较高的水平,债务融资的空间已经很窄,公司迫切需要通过权益融资方式优化资本结构,解决公司迅速发展过程的资金瓶颈问题。在留存收益金额有限的情况下,发行股票成了宁波建工最好的融资选择。而且这种选择也是符合我国建筑业市场竞争的变动趋势和宏观经济的发展方向的。

随着我国经济的高速发展和市场经济体制的日益完善,中国建筑行业整体市场化程度大为提高,建筑业基本进入完全竞争状态。具有资金、技术、管理、专

业等独特优势的大型建筑企业日益显示出竞争优势。朝资本经营发展、具备雄厚的资金实力和强大的融资能力成为中国建筑业市场竞争的发展方向之一。随着国际上 BOT、EPC[①] 等发包模式的不断增加,要求承包商单纯从承担施工任务向资本经营方向发展,需要具备很强的资金实力和融资能力,如果没有资金和融资能力,将很难跻身建筑业产业链的上游。因此,近年来国际大型承包商都将拥有雄厚的资金实力和强大的融资能力作为企业做强的关键点。为了达到这个目的,国外大型承包商通常采取上市募股,与银行等金融公司形成互相持股的关系(日韩企业居多),与世界主要的出口信贷机构、多边金融组织、商业银行及资本市场建立良好的业务往来关系等方式,使得企业具有非常良好及稳定的财务状况。在这种背景下,通过发行股票募集资金做大做强是宁波建工不二的选择。

建筑业是国民经济的支柱产业,产业关联度高,就业容量大,是很多产业赖以发展的基础性行业,也是国家鼓励和支持的行业。国家统计局数据显示 2009年全社会建筑业增加值 22 333 亿元,比上年增长 18.2%。根据 2005 年六部委颁发的《关于加快建筑业改革与发展的若干意见》指出,我国全社会 50% 以上固定资产投资都要通过建筑业才能形成新的生产能力或使用价值,而我国的固定资产投资从 2005 年的 88 774 亿元增长到 2009 年的 224 846 亿元,呈现出持续的快速增长趋势,这将推动我国建筑业长期快速的增长。城市化进程的加快,也为建筑业带来更广阔的市场。这些因素的存在为宁波建工发行股票募集资金提供了有利的条件。

三、股票融资的成效及未来经营的风险

(一)股票融资的成效

股票融资大幅度降低了宁波建工的负债比例,改善了其资本结构,由于公司权益资金比例的上升,公司的偿债能力、筹资能力也因此得到大幅度的提升。发行股票筹集的资金在企业存续期内不需要归还本金,也没有法定的股利支付的

---

①　BOT(Build-Operate-Transfer)即建造—运营—移交模式。有时也称"公共工程特许权",是 20 世纪 80 年代在国外兴起的进行基础设施建设的融资和建造模式,可弥补政府对公共基础设施投资不足。在协议规定的特许期限内,项目公司拥有投资建造设施所有权,通过向设施使用者收取适当费用,收回投资并获得合理的回报,特许期满后,将设施无偿地交给签约方的政府部门。EPC(Engineering-Procument-Construction)指设计—采购—施工总承包的发包模式,即将工程设计任务和施工任务一揽子发包,由一家承包人同时承担设计和施工任务,也称为交钥匙工程。

压力,不像债务资金那样需要在约定的期限内归还本金、支付利息。因此,随着本次股票的成功发行,宁波建工的财务负担骤然减轻。

宁波建工股份有限公司本次普通股的成功发行为宁波建工的发展及时提供了所需要的资金。本次发行股票所募集的资金扣除承销费用、保荐费用及累计发生的其他发行费用后,净募集资金人民币587 353 473.81元,募集资金主要使用计划如表8-6所示。

表8-6 宁波建工发行股票募集资金使用计划①

单位:万元

项目名称	预计投资总额	使用募集资金	备案文号
科研生产基地建设项目	4 236	4 236	甬发改备[2009]78号
施工机械设备购置项目	22 715	22 715	甬发改备[2010]8号
外地分公司投资项目	7 425	7 425	甬发改备[2010]9号
主材物流中心项目	16 138	8 000	甬发改备[2010]10号
合计	50 514	42 376	

由此可见,宁波建工募集资金主要用于生产性资产的投资,比如用于施工机械设备购置的资金达22 715万元,占净募集资金额的比例近40%。毫无疑问,通过表6所列募投项目的实施,宁波建工的生产经营规模及能力将得到飞跃式的提高。

(二)未来经营的风险

尽管股票的成功发行改善了公司的资本结构,解决了公司发展资金的燃眉之急,甚至从募投计划来看,巨额的募集资金还有剩余,但是建筑业的激烈竞争态势使得公司未来的发展道路充满着不确定性,公司并不能因为股票融资成功使资本结构改善而高枕无忧。对未来发展可能遭遇的风险,宁波建工必须有清醒的认识,其可能面对的风险包括:(1)经济周期带来的风险。如果宏观经济放缓,固定资产投资规模整体下降,身处建筑业的宁波建工其建筑业务收入必然受到影响,增长速度将随之下降。(2)市场分割带来的风险。出于对地方利益的考虑,地方政府对当地建筑企业扶持、保护的现象客观存在,这对宁波建工在宁波之外的地区进行业务拓展增加了难度。虽然通过本次募投资金的使用,宁波建工的生产经营能力将获大幅度的提高,但如果市场不能有效拓展的话,亦将陷入

① 资料来源:关于宁波建工股份有限公司以自筹资金预先投入募投项目的专项报告的鉴证报告(大信专审字[2011]第5-0072号)。

英雄无用武之地的僵局。(3)原材料价格波动的风险。钢材、水泥、砂石、电缆等建筑用原材料价格近年来随着国际大宗商品价格的剧烈波动而波动。建筑工程施工周期长,很容易受到建筑原材料价格上涨的影响,公司的施工成本将因此而增加。

因此,公司在其资本结构得到改善的同时,还应该对未来的生产经营进行全盘考虑,未雨绸缪,仔细规划,使公司对股东的回报对得起本次股票发行时争相申购的资金。显然,尽快拓展业务创造利润,使公司因为发行股票自有资金增加而下降的净资产收益率得以尽快恢复是摆在公司管理层面前的一个重大课题。

思考与讨论

Robichek 和 Myers(1966)提出的权衡理论认为资本结构的安排是在节税利益和破产成本之间权衡的结果。当增加的节税利益超过增加的破产成本时,增加负债对公司有利;反之,降低负债对公司有利。当边际节税利益等于边际破产成本时,公司的资本结构最优。可以肯定的是,宁波建工 2008 年到 2010 年远远高出同业平均水平的负债比率所带来的边际破产成本超出其带来的节税利益,公司需要适当降低负债比率,事实上公司也是这么做的,资产负债率从 2008 年的 85％下降到 2010 年的 82％。但权衡理论对宁波建工高负债的资本结构还是缺乏解释力,因为如果公司将节税利益和破产成本之间的权衡看成资本结构安排的一个关键的话,就不会连续三年保持 82％以上的高负债比率。另外,我们还可以判断,宁波建工目前的高负债水平并不意味着公司财务状况恶化,濒临破产。从负债构成看,公司很大部分的负债是无息负债,债务负担没有表面上看的那么大。根据公告,公司从未出现逾期还款的现象,公司近三年的毛利率都比较稳定,略超 8％。现金流量表所反映的经营活动产生的现金流量净额虽然波动较大,但数额可观。公司股票的成功发行本身也说明公司生机勃勃。这些迹象表明公司保持 80％以上的负债率并非难以为继,那么公司为什么不维持高负债的现状发挥最大的财务杠杆作用而要发行股票降低负债比例呢? 笔者认为这是公司满足竞争战略的需求。Kovenock 和 Phillips(1997)研究发现,负债比率过高会对公司的市场竞争能力造成不利影响,公司会为了偿还到期债务而提高产品价格增加当前的现金流量,通常还会为了削减费用而减少资本投入,这些行为使公司付出了失去未来的市场份额的代价,低负债比率的公司则会借机抢夺市场份额。因而,从竞争战略的角度考虑,发行股票获取权益资金降低资产负债率是公司的明智之举。

　　宁波建工的战略目标是：把握建筑行业持续景气的有利条件，努力提高以人才密集、管理密集、技术密集、跨行业、多领域为特征的工程总承包能力，提升一体化综合服务能力；积极开展运营业务探索，采用 BT[①]、BOT 等资本运营模式，提升建筑业形态，拓展新的赢利模式；通过发展运营业务和兼并收购等途径，巩固公司区域龙头地位的同时，进一步布局全国市场，积极拓展其他专业市场；持续实施品牌经营、规模经营、资质经营、集约化经营和专业化经营战略，不断强化以规划设计为龙头，以科技研发为推动力，施工、安装、装饰装潢、钢结构、新材料等业务板块协同发展又各有所专的业务发展模式，将公司打造成为综合服务能力强、经营特色鲜明、品牌卓著的在国内外具有重要影响的建筑施工企业。从宁波建工的现金流量表来看，其 2010 年度、2009 年度公司投资性活动现金流量净额分别为－90 156 008.38 元和－32 666 641.33 元。公司 2010 年和 2009 年投资活动现金流量净额为负数，并且逐年降低，主要系公司不断增加固定资产、无形资产和其他长期资产支出的规模所致。显然，公司正朝着自己的战略目标一步步向前跨进，而股票的成功发行必然为其发展带来新的契机。

阅读文献

　　[1]沈艺峰.资本结构理论史.北京：经济科学出版社，1999.

　　[2]姜付秀，屈耀辉，陆正飞，李焰.产品市场竞争与资本结构动态调整.经济研究，2008(4)：99－111.

　　[3]戚拥军，将厚峰.资本结构调整与市场竞争战略——来自中国联通的案例.财务与会计(理财版)，2007(2)：27－28

　　[4] Kovenock D.，Phillips G. M.，1997. Capital Structure and Product Market Behavior：An Examination of Plant Exit and Investment Decisions. *Review of Financial Studies*，Oxford University Press for Society for Financial Studies，vol. 10(3)：767－803.

　　[5]Robichek A. A.，Myers S. C. 1966. Problems in the Theory of Optimal Capital Structure. *Journal of Financial and Quantitative Analysis*，1(1)：1－35.

---

　　① BT(Build-Transfer)是 BOT 的一种变换形式，是指一个项目的运作通过项目管理公司总承包后，由承包方垫资进行建设，建设验收完毕再移交给项目业主。

股利政策案例研究

摘　要

　　贵州茅台 2010 年度的股利分配方案,创下迄今为止 A 股市场的分红纪录。本案例对贵州茅台股利政策进行多因素分析。通过分析发现,在企业良好业绩的背后,也存在着一定的问题。上市公司应该真正从企业发展的战略角度制订合理的股利分配政策,从而加快我国资本市场的发展。

关键词

　　贵州茅台;股利政策;分析

案例资料

一、公司概况

　　贵州茅台酒股份有限公司是国内白酒行业的标志性企业,是中国贵州茅台酒厂有限责任公司作为主发起人,联合贵州茅台酒厂技术开发公司等多家单位共同发起设立的股份有限公司。公司主要生产和销售贵州茅台酒系列产品;同时进行饮料、食品、包装材料的生产和销售;防伪技术开发;信息产业相关产品的研制、开发。茅台酒历史悠久,源远流长,是酱香型白酒的典型代表,享有"国酒"之美誉。公司成立于 1999 年 11 月 20 日,成立时注册资本为人民币 18 500 万元。2001 年 7

月 31 日在上海证券交易所公开发行 7 150 万 A 股股票,公司股本总额增至 25 000 万股。通过多次转增及送股等利润分配及资本公积金转增股本方案的实施,截至 2010 年 12 月 31 日,公司股本总额增至 94 380 万股,总资产达 2 558 758 万元。公司 2010 年度实现净利润 505 119 万元,多年稳定增长的利润以及在资本市场上的良好表现也使贵州茅台成为了 A 股市场上的一只保持长久生命力的"百元股"。

二、事件回顾

贵州茅台一直以来都是 A 股市场最"慷慨"的公司之一。由于公司良好的成长性和大幅增长的盈利,使得贵州茅台从上市至今保持着每年分红的好势头。2011 年 3 月 20 日,贵州茅台公布了 2010 年年度报告,并宣布了本年度的股利分配方案。公司公布了每 10 股派送红股 1 股、派发现金红利 23 元(含税)的分配方案,创下迄今为止 A 股市场的分红纪录。

贵州茅台 2010 年年报显示,公司 2010 年度实现营业收入 1 163 328 万元,比上年同期增长 20.30%,实现净利润 505 119 万元,较 2009 年度增长17.13%,基本每股收益达到 5.35 元/股。在这样良好的业绩背景下,贵州茅台此次提出了以 2010 年年末总股本 94 380 万股为基数,对公司全体股东每 10 股派送红股 1 股、每 10 股派发现金红利 23 元(含税)的迄今为止 A 股市场最"牛"利润分配方案来回馈投资者,使得投资者更加确信"抛售茅台如同远离金山"。[①]

经审计确认,公司 2010 年度实现净利润 505 119 万元。根据公司《章程》的有关规定,提取法定盈余公积 59 109 万元。加上年初未分配利润 1 056 155 万元之后,减去公司 2009 年度派发现金股利 111 840 万元,本次实际可供股东分配的利润为 1 390 326 万元。贵州茅台此次将拿出 226 512 万元进行分红,在分配之后,公司还剩余 1 163 814 万元留待以后年度分配。

分析与评述

一、关于公司股利政策

(一)股利与股利政策

股利是指公司依照法律或章程的规定,按期以一定的数额和方式分配给股

---

① 袁霏阳.抛售茅台如同远离金山.证券导刊,2008(11).

东的利润。股利的定义,具有三个特点:第一,股利是源于公司当前或过去的利润,且是提取公积金之后的可分配的利润,即"无利不分"的原则;第二,股利的支付必须符合一定的程序,并遵守有关的法律法规;第三,股利支付的形式不限于现金,可以是现金、非现金财产、公司负债或公司本身股票。

股利政策是指公司对是否发放股利、发放多少以及何时发放等股利支付有关事项所采取的基本态度和方针政策。主要包括:(1)股利支付程序的策划,即确定股利宣布日、股权登记日、除权(除息)日和发放日等;(2)确定股利支付比例;(3)股利支付时的资金筹集等问题。股利政策是以企业发展为目标,以股价稳定为核心,在平衡企业内外部相关利益的基础上,对于净利润在提取了各种公积金后如何分配而采取的一定的策略。良好的股利政策有利于保障股东权益、平衡企业利益相关者的关系,树立公司形象,稳定股票价格,提高企业价值,最终促进公司的长期有效发展。

(二)股利发放程序

股份有限公司的股利分配方案通常由公司董事会决定并宣布,必要时经股东大会或股东代表大会批准后方能实施。股利发放有几个非常重要的日期:

1.股利宣布日

股份有限公司董事会根据定期发放股利的周期举行董事会会议,讨论并提出股利分配方案,由公司股东大会讨论通过后,正式宣布股利发放方案。宣布股利发放方案的那一天即为宣布日。

2.股权登记日

为了明确股利的归属,公司确定股权登记日。只有在股权登记日之前(含登记日当天)在公司股东名册上登记的股东,才有权分享股利,而在这一天之后才列于公司股东名单上的股东,将得不到此次发放的股利,股利仍归原股东所有。

3.除权(除息)日

股权登记日后的下一个交易日就是除权(除息)日,这一天或以后购入该公司股票的股东,不再享有该公司此次的分红配股。

4.发放日

向股东发放股利的日期。在这一天,公司用各种方式按规定支付股利,并冲销在股利宣布日登记的有关股利负债。

(三)股利政策类型

1.剩余股利政策

剩余股利政策是以首先满足公司资金需求为出发点的股利政策。当公司有着良好的投资项目和机会时,公司生产经营所获得的税后利润应首先考虑投入这些项目。这种政策的最大优点是能够保持理想的资本结构,使加权平均资本成本最低,从而有助于降低再投资的资金成本,从总体上实现企业价值长期最大化。而缺点是股利不稳定容易导致股价波动,且若长期在有盈余的情况下不派发股利,不利于公司在市场上树立良好的形象。

2.固定或持续增长股利政策

固定或持续增长股利政策是以确定的股利分配额作为利润分配的首要目标优先予以考虑的股利政策。公司每年发放的股利固定在某一相对稳定的水平上并在较长的时期内保持不变,只有在公司认为未来盈余能显著提高的基础上,才提高年度股利的发放额。这种政策的优点是有利于增强投资者信心,树立公司良好业绩形象,并起到稳定股价的作用;另外,稳定的股利便于中小投资者安排股利收入与支出。这一政策的缺点是股利的支付与盈利脱节,在盈余下降时同样要支付固定股利,容易导致资金短缺,财务状况恶化,从而影响公司正常生产经营活动。

3.固定股利支付率政策

固定股利支付率政策是公司确定一个股利与盈余的比例,并且长期按此比例支付给股东股利的政策。这种政策的优点是公司的盈利能力和股利支付水平匹配,体现了多盈多分、少盈少分、无盈不分的股利分配原则。但这一政策的缺点是由于每年盈余的不稳定,会使每年的股利随着公司收益的变化而变化,缺乏财务弹性,由此传递的信息容易成为公司的不利因素,从而不利于股价的稳定。

4.低正常股利加额外股利政策

低正常股利加额外股利政策是一种介于固定股利政策和变动股利政策之间的折中股利政策。公司事先设定一个较低的固定股利额,一般情况下,每年按该股利额发放股利,在盈利较多、资金较充裕的年度,再根据具体情况向股东派发额外股利。该政策的优点是具有一定的灵活性,在盈余较少的情况下不会使股东有股利跌落感;而当盈余大幅提高时,可多派发股利,从而增强了投资者的信心。缺点则是如当年度取消额外股利会给投资者造成财务状况恶化的印象。

(四)股利种类

股利的种类有实际收益式股利、股权式股利和负债式股利三种。

1.实际收益式股利

实际收益式股利指将公司的资产分配给股东,作为股东的投资回报。它包括:①现金股利,即以现金形式发放的股利;②财产股利,即以现金以外的其他资产,主要是以公司所持有的其他企业的有价证券等发放给股东作为其股利收入。

2.股权式股利

股权式股利指以公司的股权份额作为股东投资的报酬。股权式股利的基本形式是股票股利,我国称为"红股"。股票股利虽然增加了股东持有的股票数量,但是不直接增加股东的财富,不导致公司资产的流出或负债的增加,同时也不增加公司的财产,但会使所有者权益各项目的结构发生变化。

3.负债式股利

负债式股利是公司以负债形式支付的股利,通常以公司的应付票据等负债证券来代替现金的发放。

(五)影响因素

制定股利政策应考虑的影响因素有很多,一般认为主要有法律因素、股东因素、公司因素及其他因素等几个方面。

1.法律因素

为了保护债权人、投资者和国家的利益,法律法规对企业的股利分配有如下限制:①资本保全限制。资本保全限制规定,企业不能用资本发放股利。股利的支付不能减少法定资本,只能来源于当期利润或留存收益。②资本积累限制。资本积累限制要求企业必须按照一定的比例和基数提取各种公积金。企业当期的净利润按照规定提取各种公积金后和过去累积的留存收益形成企业的可供分配收益,股利只能从企业的可供分配收益中支付。③偿债能力限制。偿债能力是企业确定股利分配政策时要考虑的一个基本因素。公司在确定股利分配数量时,一定要考虑现金股利分配对公司偿债能力的影响,保证在现金股利分配后公司仍能保持较强的偿债能力,以维护公司的信誉和借贷能力,从而保证公司的正常资金周转。④超额累积利润限制。

2.股东因素

股东在避税、规避风险、稳定收入和股权稀释等方面的意愿,也会对企业的股利政策产生影响。

股东、投资公司通过股利收入和资本利得获取收益。一般来讲,股利收入的税率要高于资本利得的税率,很多股东会出于对税赋因素的考虑而偏好于低股利支付水平,因为低股利政策会使他们获得更多纳税上的好处。但是,又有不少股东认为通过保留盈余引起股价上涨而获得资本利得是有风险的,为了规避风险,并获得稳定的收入,他们往往要求能获得稳定的现金股利以保证收入。另一方面,一些股东考虑到控制权的稀释问题。公司支付较高的股利,就会减少留存盈余,这意味着将来发行新股的可能性较大,而如果发行新股将稀释公司的控制权,这是拥有公司控制权的股东不愿看到的。当公司为有利可图的投资机会筹集所需资金,而外部又无适当的筹资渠道可以利用时,为避免由于增发新股,可能会有新的股东加入公司中来,而打破目前已经形成的控制格局,原股东就会倾向于较低的股利支付水平,以便从内部的留存收益中取得所需资金。

3. 公司因素

企业资金的灵活周转,是企业生产经营得以正常进行的必要条件。因此企业长期发展和短期经营活动对现金的需求,便成为企业制定股利政策最重要的限制因素。具体来说主要包括以下几个方面:①盈利的稳定性。长期稳定的盈利是股利政策的重要基础,盈利相对稳定的公司有更好的财务能力,所以通常能支付更高的股利。②资产的流动性。企业资产的流动性越好,说明其变现能力越强,股利支付能力也就越强。③筹资能力。具有较强筹资能力的公司有可能采取更宽松的股利政策。④投资机会。有着良好投资机会的公司会将大部分盈余留存下来进行再投资。⑤资本成本。留存收益同发行新股相比,具有筹资成本较低的优点。因此,很多企业在确定收益分配政策时,往往将企业的净收益作为首选的筹资渠道,特别是在负债资金较多、资本结构欠佳的时期。⑥债务偿还的需求。如果企业考虑到需要通过经营积累偿还负债,会适当减少股利支付。⑦股利政策惯性等其他因素。

4. 其他因素

除了以上因素外,还有其他一些因素影响着公司股利政策的选择。①政策因素。如2004年12月起证监会明确将再融资资格与现金分红直接挂钩;2006年5月8日开始实施的《上市公司证券发行管理办法》第二章第八条第(五)点规定,上市公司发行新股必须满足"最近三年以现金或股票方式累计分配的利润不少于最近三年实现的年均可分配利润的百分之二十"。2008年,证监会进一步提高了上市公司申请再融资时现金分红的标准,由原来的不少于最近三年实现的年均可分配利润的20%提高至30%,且限定是以现金分红的方式。管理层将上市公司再融资条件与现金分红挂起钩来,也对相当多公司的股利分配行为产生了重大影响。②债务合同约束。一般来说,股利支付水平越高,留存收益越少,公司的破产风险就会加大,就越有可能损害到债权人的利益。因此,为了保证自己的利益不受损害,债权人通常都会在公司借款合同、债券契约,以及租赁合约中加入关于借款公司股利政策的条款,以限制公司股利的发放。③通货膨胀的影响。通货膨胀会导致货币购买力水平下降、固定资产重置资金不足。因此,在通货膨胀比较严重的时期,企业往往会考虑留用一定的利润来弥补由于货币购买力水平下降而造成的固定资产重置资金缺口。所以,在通货膨胀时期,企业一般会采取偏紧的股利分配政策。

二、贵州茅台股利政策

贵州茅台由于其产品的独特竞争力，一直走在中国高端白酒行业前列，且多年来产品也广受市场的认可，这为企业带来了丰厚的利润。从上市至今，公司的营业收入从 2001 年度的 161 804 万元增长至 2010 年度的 1 163 328 万元，年平均增长率为 24.50%；营业利润从 2001 年度的 61 014 万元增长至 2010 年度的 716 091 万元，年平均增长率达到 31.47%。在优良业绩支持下，公司历年来一直采取积极的股利分配政策，将利润回报给广大股东。表 9-1 是贵州茅台 2001—2010 年度的利润分配及资本公积金转增股本方案的详情。

表 9-1　　贵州茅台利润分配及资本公积金转增股本方案（2001—2010 年度）①

年度	方案（每 10 股）		派息（税前）（元）
	转增（股）	送股（股）	
2001	0	1	6
2002	1	0	2
2003	0	3	3
2004	0	2	5
2005	0	10	3
2006	0	0	7
2007	0	0	8.36
2008	0	0	11.56
2009	0	0	11.85
2010	1	0	23

从表 9-1 可以看出，从上市至今，公司一直执行着积极的收益分配政策。前期，通过多次资本公积金转增股本的实施，公司股本总额由原来的 25 000 万股增至 94 380 万股。近年来，公司的利润分配基本是以现金分红为主，10 年间公司年平均现金分红为 8.077 元，并且近年来增长迅速。2011 年 3 月 20 日贵州茅台公布的每 10 股派送红股 1 股、派发现金红利 23 元（含税）的 2010 年度股利

---

①　贵州茅台酒股份有限公司 2001—2010 年年度报告，上海证券交易所（www. sse. com）。

分配方案,被誉为迄今为止 A 股最"牛"利润分配方案。市场上更有人喊出了:"茅台不仅是黄金,而且超越黄金。"①从近年来 A 股市场上贵州茅台的股价表现,也体现出了市场对公司的大力认可。

三、贵州茅台 2010 年度股利政策分析

股利政策的实施应在保证企业财务状况稳健的情况下实现股东权益的最大化。从表 9-1 我们可以看到贵州茅台从上市以来一直实行着丰厚的股利分配政策。下面我们将结合贵州茅台的相关情况,从公司因素、股东因素、股价因素以及其他因素等四个方面,主要从财务的角度来分析贵州茅台实行 2010 年度股利分配政策的原因。

（一）公司因素

1.公司发展阶段

公司的发展存在着一个生命周期,分为初创期、高速增长期、稳定增长期、成熟期、衰退期。根据股利分配的生命周期理论,企业是否进行股利支付,取决于企业不同生命周期阶段的保留利润与分配股利的相对成本与收益的权衡②。公司在制定股利政策的时候,也往往会根据不同阶段的特点,使股利的支付符合该阶段的战略考虑。从贵州茅台目前的发展阶段来看,基本处于稳定增长期。由于公司所处的白酒行业的特点,市场需求不会在短期内出现很大幅度的增长。但随着消费者消费能力的日渐提高,对白酒特别是茅台酒这样的高端白酒的需求处于一个稳步上升的趋势。贵州茅台酒凭借其不可复制的核心竞争力,在高端白酒市场拥有很大的市场份额。虽然公司产品近期来多次提价,但从市场反应来看,公司产品仍处于供不应求的状况,这为公司利润的稳步增长奠定了坚实的市场基础。自公司上市以来,营业收入保持着年 25%左右的稳定增长,而利润更是保持着年 30%左右的增长速度。进入稳定增长期后,随着筹资成本的降低和筹资渠道的多元化,公司已具备支付现金股利的能力和时机。管理者也会尽量避免削减股利,并在条件允许的情况下增加股利的派发,向投资者传递其对公司未来前景信心的信息,树立公司良好的形象。贵州茅台在公司业绩持续稳定增长情况下,更是通过此次的每 10 股送 1 股、派发现金股利 23 元的股利政策给投资者打了一只强心剂,树立了对公司未来发展的信心。

---

① 赵军、巢枫.贵州茅台季报点评.湘财证券研究所,2010.
② 徐腊平.企业股利分配具有生命周期特征吗? ——基于中国上市公司的实证分析.南方周末,2009(6).

2.盈利能力

盈利能力是影响公司派发股利多少的重要因素之一。表 9-2 是 2001—2010 年度贵州茅台相关财务指标数据。

表 9-2　贵州茅台相关财务指标数据表(2001—2010 年度)①

指标 年度	2001 年	2002 年	2003 年	2004 年	2005 年	2006 年	2007 年	2008 年	2009 年	2010 年
营业收入(万元)	161 920	183 813	240 102	300 979	393 052	489 619	723 743	824 169	967 000	1 163 328
净利润(万元)	32 829	37 680	58 675	82 055	111 854	150 412	283 083	379 948	431 245	505 119
净资产收益率(%)	12.97	13.21	17.06	19.68	24.28	27.67	39.30	39.01	33.55	30.91
每股收益(元/股)	1.31	1.37	1.94	2.09	2.37	1.59	3.00	4.03	4.57	5.35
每股经营现金流量(元/股)	0.17	1.58	3.11	2.48	3.59	2.23	1.85	5.56	4.48	6.57

由表 9-2 可以看出,贵州茅台一直保持着良好的盈利能力。其净资产收益率逐年稳步提高,2007 年度达到最高点的 39.30% 后略有下降,但是仍然维持在 30% 这一高位之上。每股经营现金流量在多数年份均高于每股收益,保证了企业良好的盈利质量。

纵观 2010 年度基本财务数据,贵州茅台不管是营业收入还是净利润都实现了大幅提升。这一方面是由于 2010 年年初贵州茅台产品的提价,使贵州茅台主营业务的毛利率达到 90.95%,同比增长 0.78%;另一方面源于茅台酒不可复制的核心竞争力,其高端产品供不应求,每年放量 10%～15% 均能被市场吸收,具有良好的销路。贵州茅台 2010 年度良好的市场表现,为公司实现了盈利的大幅增长,是公司实行此次股利分配方案最重要的原因之一。

3.偿债能力

2010 年公司年报显示,贵州茅台资产总计 2 558 758 万元,负债总计 703 819 亿元,资产负债率为 27.50%,在白酒行业中处于中等水平,而与 A 股市场其他公司相比,明显偏低。股利发放对公司资本结构有直接影响。良好的股利政策有助于改善资本结构,使之趋于合理。鉴于贵州茅台较低的资产负债率,派发现金股利等方法并不会增加企业的财务风险,反而有助于使公司的资本结构更加合理,并且有助于实现股东权益最大化。另外,2010 年公司流动比率为 2.89：1,同比下降 5.0%,速动比率 2.10：1,同比下降 6.25%。两者较 2009 年都出现一定比率下降,但从绝对值上来看,都处于相对高位,说明公司短期偿债能力很强,遭受损失的风险很小。尤其是现金比率,高达 1.83：1,可见

---

①　贵州茅台酒股份有限公司 2001—2010 年年度报告,上海证券交易所(www. sse. com)。

其拥有着足以偿还全部债务的庞大的货币资金。同时,其经营活动又不断为公司带来足额的现金净流量,贵州茅台派发如此高的现金股利确实没有后顾之忧。

(二)股东因素

股利政策的制定必须与公司的财务目标保持一致,即最大限度实现股东财富最大化,这是任何公司制定股利政策的前提条件与根本出发点。贵州茅台也是基于此出发点,在财务状况允许的情况下,维持着一贯积极的股利政策。

截至 2010 年 12 月 31 日,贵州茅台共发行 94 380 万 A 股普通股。第一大股东是中国贵州茅台酒厂有限责任公司,持股比例为 61.76%;第二位贵州茅台酒厂集团技术开发公司持股比例仅为 3.05%,随后的几个大股东持股比例也都小于 2%,公司中小股东的股权分散,实际上处于"一股独大"的状态。原红旗(2001)从委托代理关系的角度出发,用实证结果显示上市公司股权集中度越高,大股东通过现金股利转移资金的动机越强,从而提出了"现金股利是大股东从上市公司转移现金的重要手段"[①]的观点。

2010 年末公司的资产负债率为 27.50%,流动比率为 2.89,速动比率为 2.10。根据公司发展战略规划和贵州省政府的要求,2011 年,公司计划投入约 25 亿元实施"十二五"万吨茅台酒规划发展的征地工作和二期技改项目、实施循环经济第二期项目的建设、土地资源储备、公司生态环境的整治及其他相关项目。而此项投资所需资金对于 2010 年末拥有 128.88 亿元货币资金、139.03 亿元未分配利润的贵州茅台而言,显然是可以通过自筹方式解决的。公司在这样一个资本结构合理,财务状况良好的情况下,每 10 股派发 23 元现金红利的股利政策,传递给股东公司最大限度保证股东财富最大化的理念,增强了投资者的投资信心。

(三)股价因素

贵州茅台由于其优良的成长性和持续稳定的利润增长,在 A 股市场中得到了广泛的认可。公司股价在最高峰时达到过 230.55 元,即使现在,在整个 A 股市场表现一般的情况下,公司股价也维持在 200 元左右。对于公司来说,稳定股价对其正常生产经营具有十分重要的意义。股价过高会影响股票的流动性,并给投资者造成股价可能急剧下跌的隐患;若股价过低,势必将影响公司声誉,不利于今后增资扩股或负债融资;而股价波动幅度过大且频繁,更将动摇投资者信心。公司股利政策是影响股票价格的一个重要的因素。一个有吸引力的股利政策将增强持股股东对公司的信心,有利于稳定公司股价。贵州茅台为了在目前

---

① 原红旗.中国上市公司股利政策的分析.财经研究,2001(3).

的市场氛围中维持公司的高位股价,除了需要一个良好的业绩作为支持外,更需要一个能鼓舞投资者信心的股利政策,而这正是公司 2011 年执行每 10 股送 1 股、派发现金红利 23 元的一个很重要原因。这样的股利政策给市场投资者打入一剂强心剂,增强了持股股东的信心,避免了由于股东大幅抛售而使得公司股价大幅下跌,从而影响公司声誉的惨剧。另一方面,由于公司股价绝对值偏高,每 10 股送 1 股的股票股利政策会使得股数增加而引起每股收益的下降,对股价存在一定稀释作用,从而将价格降低到一个风险更低的水平。这也从另一方面增强了股东的持股信心,避免股东由于认为股价过高而带来的大幅减持。同时这也为日后股价上涨提供了一个更大的空间,有助于一部分希望通过股价上升获取收益的投资者实现其目标。

(四)其他因素

2010 年是通货膨胀较严重的一年。统计数据显示,2010 年的 CPI 达到 5%,而 PPI 则为 6%。传统理论倾向于认为在通货膨胀的影响下,企业的盈余常会被当作由于购买力水平下降而弥补折旧基金的资金来源,所以通胀时期许多公司会采取更低的股利支付政策。但是,由于贵州茅台 2010 年计提的固定资产折旧为 26 781 万元,相对于其资产规模、盈利水平而言影响都很小,所以基于这一点所引起的股利支付减少可以不予考虑。在通货膨胀下,企业派发的现金股利,与上年同期相比,也应该考虑通货膨胀引起的货币贬值的因素。在 2010 年的通货膨胀水平下,现金红利从上年的每 10 股派发 11.85 元激增至 23 元,其实际已经包含了通货膨胀的影响。

贵州茅台 2010 年末总股本为 94 380 万股。按照每 10 股送 1 股派发 23 元现金股利的股利政策,公司的总股本从 94 380 万股增加到 103 818 万股,总计增加 9 438 万股;同时,公司拿出 22.65 亿元用于现金分配,股利支付率高达 42.99%。从资本市场反应来看,由于公司此次的大力度股利政策为 A 股市场上有史以来最"慷慨"的股利政策,超过市场预期,所以从各机构报告来看,都再次确认了贵州茅台的高成长性和"白马股"的地位,为公司在行业和整个市场中树立了良好的形象,并普遍对贵州茅台未来的利润持续增长和公司持续发展持乐观态度。公司宣布股利政策后,短期内股价波动较小。相对于目前公司的高股价,无疑起到了增强市场信心的作用。公司在保证财务状况合理的情况下,最大限度保证股东财富最大化,使得投资公司的股东都享受到了丰厚的报酬,赢得了广大投资者的信赖,为公司将来的进一步融资扩张打下了良好的基础。

思考与讨论

股利政策是上市公司在利润再投资和回报投资者之间的权衡性决策,是企业财务管理的重大决策之一。在我国上市公司股利分配行为不够规范;股利政策波动大,缺乏连续性与稳定性;上市公司忽视中小投资者收益分配权,不分配不分红现象普遍;现金股利分配过程中存在派发现金股利不高、股利收益率低,以及派发现金股利持久性不强的情况下,贵州茅台连续 10 年稳定并持续增长地分配现金股利无疑获得了市场的高度认可。

但是,企业股利政策的制定要与公司的发展战略相适应,与公司所处的各个阶段所需要的政策相协调,与公司的投资、融资决策相联系。公司的健康持续发展才是企业股利政策得以实施的源泉。贵州茅台的成长性决定了这一股利政策在未来的稳定性。纵观企业财务报表,在良好业绩的背后,也存在着一定的问题。

一、思考:企业发展中面临的问题

(一)茅台高增长遭遇三重外部压力

酒产品是快速消费品,但不是生活必需品。茅台酒的奢侈品特性,决定其受外部环境的影响较大。"成本上升、需求不足、增速放缓",正是贵州茅台目前面对的三重压力。

由于地方政府禁酒令的颁布和实施,政务酒的缩减带来以茅台为代表的奢侈品消费需求不振。同时,由于受到 2008 年金融危机的影响,出口下降,导致商务高端白酒需求下降。加之,随着人们生活水平的提高,健康消费成为人们的普遍共识。白酒在健康上给人更多的是负面印象,即使是高端白酒也是如此。另外,国内啤酒和葡萄酒产销量逐年上升,洋酒关税全面放开后国外品牌纷纷抢滩中国,挤占了部分高端白酒消费市场,也给茅台酒及其系列酒造成一定的冲击。

现今,白酒企业间的竞争更趋激烈。与国内外同行业相比,贵州茅台在能源、交通等方面条件较弱,市场竞争环境不容乐观。加上白酒消费税税负加重、原辅材料价格上涨等因素,都给公司生产经营造成一定的不利影响。

(二)其他系列酒对企业盈利贡献较小

2010 年度,其他系列酒的营业收入仅占全部营业收入的 6.73%,营业成本却占总营业成本的 26.59%,48.51% 的营业利润率明显低于高度与低度茅台酒

75％以上的营业利润率水平。贵州茅台因其拥有"著名的品牌、卓越的品质、悠久的历史、独有的环境、独特的工艺"所构成的自主知识产权的核心竞争力,在市场竞争中树立了良好的品牌形象和消费基础,从而几乎完全垄断了酱香型白酒行业。但是,贵州茅台基本是单一行业和品牌,在浓香型和清香型白酒市场中所占份额偏低,其他系列酒对企业盈利贡献较小。而其他系列酒可以在一定程度上填补茅台酒留下的市场空白,在茅台酒整体短缺的情况下,其他系列酒的价格提升将会比较显著,从而拉动企业的整体发展。因此,贵州茅台应该加大这类产品费用支持力度,将系列酒列入企业重要的发展战略。

（三）资金利用不充分

贵州茅台获利水平较高,现金流充裕,企业资金充足。截至 2010 年 12 月底,贵州茅台的货币资金存量高达 128.88 亿元,货币资金占流动资产比重为 63.49％,占全部资产的比重也超过一半。公司通过经营活动产生的现金净流量 2010 年度为 62.01 亿元,企业获取现金的能力很强。与此同时,企业不仅没有长期负债,也少有临时性借款,即有息负债为零。流动负债主要是经营性负债,其中占比较大的是经销商预付的企业预收账款,所以企业偿债压力不大。于是,企业将大量资金存在银行或投资于国债市场。2010 年,公司总体财务费用 -17 657万元,其中利息收入为 -17 686 万元。

我们认为,资金是有成本的,需要投入使用才能获取收益以抵偿成本。贵州茅台的资金是以货币资金形态存在,处于闲置状态,闲置资金所付出的机会成本是巨大的。贵州茅台表示,公司 2011 年计划投入约 25 亿元实施"十二五"万吨茅台酒规划发展的征地工作和二期技改项目、实施循环经济第二期项目的建设等项目。即便如此,企业仍有大量闲置资金缺乏合适的投资方向,无法寻找到合适的利润新增长点。企业只有不断地寻找新的利润增长点,才能壮大实力,实现可持续的长远发展。

很明显,贵州茅台的财务战略趋向于稳健发展型财务战略,财务风险和经营风险均较低。财务基本原理告诉我们,风险与收益是对等的,低风险的运作只能获取低收益,要获取较高的收益必然要承受一定的风险。这样的资金运作方式虽然财务风险较低,但同时也意味着企业不能获得债务利息的抵税效应,失去了进一步提高公司收益能力和放大股东财富的机会。对贵州茅台来说,在已有大量剩余资金的情况下,没有必要通过增加借款以获取增量资金,但可以通过股份回购或减少注册资本等手段完成资本结构的存量调整。

二、思考：加快我国资本市场建设

　　企业的股利政策具有个性，但是股利政策的制定离不开公司的发展。对于上市公司而言，选择合理的股利政策在有利于公司发展的同时能够向社会传递出对公司有利的信息，增强投资者对公司的信任，从而促进公司的发展。

　　无疑，我国上市公司的股利政策还存在一定的缺陷。我们应当从证券市场环境和上市公司两个方面来予以改进。随着我国证券市场的逐步规范和不断完善，投资者素质的不断提高，从根本上提高自身盈利能力，才能为派发高额现金股利，回馈投资者打下基础。上市公司应该真正从企业发展的战略角度制订合理的股利分配政策，从而加快我国资本市场的发展。

阅读文献

　　[1]黄娟娟.行为股利政策——基于我国上市公司股利"群聚"现象的研究.厦门大学博士论文,2009.

　　[2]陈信元,陈冬华,时旭.公司治理与现金股利:基于佛山照明的案例研究.管理世界,2003(8).

　　[3]吕长江,韩慧博.股利分配倾向研究.经济科学,2001(6).

　　[4]吕长江,王克敏.上市公司股利政策的实证分析.经济研究,1999(1).

第三篇

资产重组与投资

案例十 中技源专利城有限公司收购 Firecomms 案例研究

摘 要

本案例以深圳中技源专利城有限公司并购爱尔兰 Firecomms 公司这一案例为研究对象,深入解析了这一案例的战略动机,对其并购目标、并购时机、并购方式以及并购融资方式的选择作了相应评述,并对并购后整合风险作了简要思考和讨论,以期能总结出某些促成交易成功的经验或因素,为我国民营企业海外并购提供参考。

关键词

中技源;海外并购;并购战略;并购风险

案例资料

一、公司情况

深圳市中技源专利城有限公司(下文简称中技源)于 1994 年成立,是塑料光纤集成系统供应商和解决方案提供商。塑料光纤作为短距离通信网络的理想传输介质,在未来家庭智能化、办公自动化、工控网络化、车载机载通信网、军事通信网的数据传输中具有重要的地位。1995 年中技源进入(PS)SI-POF 塑料光纤应用领域,1996 年公司的(PS)SI-POF 塑料光纤产品即获得市场认可,并带动中国在(PS)SI-POF 塑料光纤产业迅速发展。1999 年中技源公司的(PS)SI-POF 塑料光纤产品稳定发展,成功打入国际市场,当年实现创汇达 1 000 多万美元。2004 年拥有全球(PS)SI-POF 塑料光纤圣诞彩灯 50% 的产品市场份额。同年,为适应科技发展和市场需求升级,中技源进行产品结构调整,进入塑料光纤在通信领域应用的研究。2005 年进入(PMMA)SI-POF 塑料光纤的研究。从 2006 年开始,公司与北京邮电大学电信工程学院光通信中心合作,研究(PMMA)SI-POF 塑料光纤在通信领域应用的可行性,并投资深圳市大圣光电技术有限公司,研制(PMMA)SI-POF 通信级塑料光纤自动拉纤生产线。此后,与国内外有关塑料光纤及设备组件的企业合作,搭建成功低成本塑料光纤接入网集成系统。2008 年,(PMMA)SI-POF 通信级塑料光纤及相关的产品实现商品化。自成立以来,公司生产了超过 1 000 万件的产品销往全球 100 多个国家和地区,沃尔玛、塔吉特、劳斯、百安居等世界著名企业都是公司的客户,产品通过了 GS、BS、UL、PSE、SAA、NF、ISO9000、ISO14001、ROHS 认证,是全球最大的塑料光纤系统设备制造商。

Firecomms 公司是爱尔兰的一家复合光学半导体器件的无工厂供应商,是世界顶级塑料光纤收发器制造商。于 2001 年 3 月份从爱尔兰国家微电子研究中心(NMRC)[①]剥离,并拥有 NMRC 开发的多项光学技术知识产权。2002 年 1 月份,获得了爱尔兰企业局(Enterprise Ireland)、曼托资本(Mentor Capital)、大西洋桥风投公司(Atlantic Bridge Ventures)和几位个人投资者 650 万欧元风投资金。2003 年 10 月份,Unirep、Lamtron Paltek 等公司成为 Firecomms 公司产品的代理商。Firecomms 公司的技术优势和经营管理能力受到了市场的极大认同。此后该公司又接受了原有投资者和新增的两位投资者(都柏林 ACT 风投公司和阿尔卑斯电气公司)风投资金 960 万欧元,用以拓展其半导体 VCSEL 器件和光纤维器件(包括使用在客户设备上的高速光纤维收发器和用于汽车信息娱乐系统的光纤维收发器)等产品线,以及支持市场营销。2005 年 Firecomms 公司推出业界首款基于高速谐振腔 LED 的 MOST 光纤收发器(FOT)。Firecomms 公司的塑料光纤收发器已获得美国和欧洲多国专利。其客户遍及全球,产品入围法国电信、美国 AT&T 的高端市场,塑料光纤大鳄三菱公司也是 Firecomms 的重要客户,中国大陆市场也是 Firecomms 公司产品的重要市场。

---

① NMRC 隶属于科克大学爱尔兰信息通讯技术研究小组,现在属于丁铎尔国家研究所的一部分。

二、事件回顾

2010 年 11 月份《爱尔兰时报》登出一则重要消息：来自中国的浙江民企飞尔康公司，全资整体收购全球顶级光纤收发器企业——爱尔兰 Firecomms 公司[①]。飞尔康通信技术有限公司收购 Firecomms 公司引起了爱尔兰政府和社会的高度关注，爱尔兰时报如此评论："在爱尔兰经济这段黑暗的日子里，中国飞尔康公司收购位于科克的 Firecomms 公司为爱尔兰带来了一道希望的曙光。这是中国公司第一次收购一家爱尔兰高技术公司。Firecomms 的事例是告知我们可以为爱尔兰研发公司建立一个智能型经济并带我们走出经济衰退的范例。"11 月 30 日，以深圳市中技源专利城有限公司为首组建的浙江飞尔康通信技术有限公司(ZJF)宣布对全球可视光收发器领先企业 Firecomms 公司整体收购。在 Firecomms 公司网站上也公布了这一交易。

这一并购事件在我国相关行业内引起了极大的轰动。业内都对 Firecomms 公司有所认识，Firecomms 公司被业内称为"光纤大鳄"，被光纤领域誉为"皇冠上的明珠"，很多媒体以"蛇吞象"来比喻这次并购。

实际上，在 2009 年初中技源就有入主 Firecomms 公司的意愿，据中技源执行董事郑徐平透露，他们希望以数百万美元参股 Firecomms 公司，但这一金额都不足以支付 Firecomms 公司 10％ 的股份，他们也曾想取得对方的生产许可，但也以失败告终。可见作为在光纤科技领域处于国际领先地位的 Firecomms 公司一直是其投资者十分看好的公司，Firecomms 公司对其战略合作伙伴也十分挑剔。因此，一年之后的这一并购交易确实是业界所没有预料到的，连郑徐平也承认是一个惊喜。这次并购的交易过程极其低调，直至交易完成并公告人们才获知这一信息。已有的公开信息也相当有限，只知道并购是以现金的方式购买 Firecomms 公司全部股权，具体金额并没有公布。据《爱尔兰时报》估计，交易金额是数千万欧元。这次并购要求并购后 Firecomms 公司的研发部门仍然保留在爱尔兰，并要保证 500 万欧元的支持，在未来 12 个月把其工程团队人数从 18 人扩充至 30 人。飞尔康将保留 Firecomms 品牌及原有的所有员工。

并购方式如图 10-1 所示。

---

① 浙江飞尔康通讯技术有限公司是中技源公司为此次收购在 2010 年 10 月和浙江民间资本共同设立的一家公司。公开信息都是浙江飞尔康通讯技术有限公司(ZJF)并购 Firecomms 公司，实际上并购方是中技源，这从 Firecomms 公司网站对并购方的介绍中可以明确这一点。

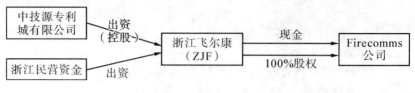

图 10-1　公司并购方式

分析与评述

一、跨国并购战略分析

(一)并购战略分析的理论基础

对于并购战略的分析通常是基于并购动因的理论展开的。并购动因理论的相关研究已比较成熟,针对跨国并购的动因理论也发展成了一个较为完整的体系。总体而言,跨国并购的动因理论由两个层面构成,一个是基于国际直接投资理论的动因分析,另一个是经济学中企业理论展开的动因分析。

跨国并购是国际直接投资最主要的方式,对其动因研究从国际直接投资理论入手顺理成章。针对这一问题展开专门研究并提出的理论观点主要有:美国经济学家斯蒂芬·海默在 1976 年的一篇论文中利用产业组织理论对美国近 40年对外直接投资的发展进行了分析研究,提出的垄断优势理论;英国学者巴克利和卡尔森(1976)提出的内部化理论;哈佛大学的 Vernon 教授(1966)提出的产品生命周期理论;日本学者小岛清 20 世纪 70 年代提出的边际产业扩张理论等。

垄断优势理论指出,现实中市场的不完全竞争性使得跨国公司能通过垄断或寡占优势来获得竞争优势。该垄断优势主要反映在:领先技术优势、先进管理优势、资金优势、信息优势、规模经济优势和营销渠道优势。垄断优势理论可以解释大多数西方国家的跨国公司进行的海外并购动机,但囿于研究对象的局限,这一理论对发展中国家日益增长的跨国并购事件的解释力不强。

内部化理论认为,跨国公司为追求利润最大化,通过权衡外部市场交易成本和内部资源配置流动成本,来决定是否外部交易实行内部化,从而提高经济效益,认为这是跨国并购的一个直观动因。

产品生命周期理论主要是对不同的产品生命周期进行动态分析,把产品的整个生命周期依次划分为导入期、增长期、成熟期和衰退期。Vernon 教授依此把不同的国家也做类似划分,分别划分为新产品创新国、较发达国家和发展中国家,不同的产品生命阶段将依次在不同类型国家之间转移生产。国际直接投资是这种产品周期转移生产更迭的必然结果,由此引发跨国并购行为。

边际产业转移理论从宏观的角度,利用比较优势理论考察不同国家在资源要素禀赋上存在差异,指出投资国通常都存在处于或即将处于劣势的产业,即边际产业,投资国从边际产业依次进行对外直接投资能够使投资国和东道国的贸易量增加,两国社会福利提高,实现合理国际分工。

此外,基于国际直接投资理论对跨国并购最具影响力的研究成果是英国经济学家邓宁(J. H. Dunning,1977,1981)提出的国际生产折中理论。邓宁于1977 年提出这一理论,1981 年在其论文《国际生产与跨国公司》中系统阐述了这一理论。该理论的核心内容:企业对外直接投资决策的决定因素在于企业本身所拥有的所有权优势(ownership advantage)、区位优势(location advantage)和内部化优势(internalization advantage)这三大基本因素,通过对这三大因素的综合分析,来选择企业进入国际市场的方式,又称之为 OLI 模式。其决策准则如下(见图 10-2):

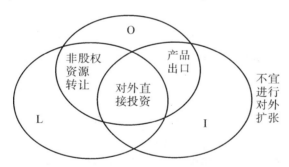

图 10-2　国际市场进入方式选择的 OLI 模式

企业只有在同时具备所有权优势、区位优势和内部化优势(即图 10-2 中三环相交区域),才选择对外直接投资;如果只拥有所有权优势和区位优势(即图 10-2 中 O 环和 L 环交叉区域),则选择非股权的其他资源转让的方式进行对外扩张,比如技术转让或许可等;如果只拥有所有权优势和内部化优势(即图 10-2 中 O 环和 I 环交叉区域),而没有区域优势,最佳的扩张战略是产品出口,待到对目标市场有了一定的知识和资源积累再选择进一步的扩张方式;如果这三项优势都不具备,则先注重企业自身和国内市场建设,不宜盲目对外扩张。

另一层面的公司跨国并购的动因理论是以企业理论为基础展开的。诸如规模经济理论(Demsetz,1973;Ellert,1975)、效率理论(或称为协同效应理论)、价值低估理论(Hannah、Kay,1977;Harris,1991;Vasconcellos、Kish,1998 等)、市场势力理论（Meek，1977 等）、交易费用理论（Coase，1937；Williamson，1975 等），以及基于委托代理理论的降低代理成本说（Fama、Jensen，1983）、自由现金流量说（Jensen，1986）和自大假说（Jensen，1986）等。相关的研究十分丰富，仍处在不断发展当中。

本文拟采用邓宁的国际生产折中理论来对中技源并购 Firecomms 公司的案例进行战略解析，故基于企业理论的跨国并购理论就不一一展开论述。

（二）并购案例的 OLI 解析

根据邓宁的国际生产折中理论，跨国并购战略的分析可以从所有权优势、区位优势和内部化优势来展开。所谓的所有权优势是指企业拥有或能拥有他国企业没有或自身难以获得的无形资产和规模经济优势。具体而言，是指技术优势、组织管理优势、规模优势和资本优势。区位优势是指国内外生产区位的相对禀赋对跨国经营的推动力和吸引力。这一优势取决于经营成本因素、生产要素因素、市场因素、政府因素和社会因素。而内部化因素是在市场不完全的前提下，把外部交易内部化来避免市场不确定性增加的成本，保持和利用企业的所有权优势，以获得最大收益。主要表现在市场交易成本的节约、外部不确定风险的规避、保证产品品质等方面。

1. 所有权优势

（1）产研结合，技术领先。中技源与北京邮电大学研究塑料光纤百米百兆系统集成，连续投入开发，申请了数十项专利，GEPON 塑料光纤 FTTD 全光接入网集成系统和塑料光纤 ONU 设备都是全球首创。Firecomms 公司的核心竞争力就在于其研发能力，依托爱尔兰库克大学大学的丁铎尔国家研究所一直是光纤科技领域研究的领先者，但 Firecomms 公司是一家无工厂企业，其产品都是外包生产，在制造资源上存在很大的不足。两者的合并可以实现技术互补和技术融合，可以强化合并后公司的技术领先地位。（2）产业链覆盖广，具备极大的市场广度和深度。中技源公司研发制造几乎覆盖了终端接入的所有设备，能够为我国光纤到户、三网融合提供低成本、高质量、易安装的系统解决方案。其塑料光纤交换机、路由器、PCI 网卡、USB 塑料光纤适配器、光电介质转换器、墙面信息盒、无源耦合器、带有塑料光纤接口的网络监控器和门禁系统以及 PON 接入设备，已成为海内外塑料光纤网络的主力军。Firecomms 公司的核心竞争力产品在于光纤收发器，而对于光纤设备领域的其他产品的研发和生产一直是其劣势，设备的生产制造一直受到其他企业的牵制，两者的合并亦可实现产品线上的互补，使得公司产品覆盖光纤网络集成系统的全产业链，提高企业资源的配置效率。（3）利用品牌资源，开拓国际高端市场。Firecomms 公司的产品在欧美高端市场有很大的影响，并购的成功有利于中技源开发国际高端市场。

2. 区位优势

区位优势是由不同国家的资源禀赋差异而形成的,有人才市场优势、公司业务市场优势以及经济环境优势等。显然,Firecomms 公司总部设于爱尔兰科克市,科克大学可以为公司提供光纤通讯技术领域的研发人才,也能够吸引全球相关领域的专业人才加入研发团队,例如 Firecomms 公司就曾吸引了美国硅谷的一些人才加入研发团队(Firecomms 公司的首席执行官 Declan O'Mahoney 就来自硅谷)。因此从区位上而言,Firecomms 公司具备人才市场优势。而中技源和国内一流高校的研发合作也具备一定的人才市场优势,在国内光纤行业中,中技源一直是技术领先者。不可忽视的一点是,中国大陆市场具有巨大的发展潜力。相对于铜材线缆的信息传输效率而言,塑料光纤在短距离信息传导上有很大的优势,且综合成本要低得多,为此,我国已提出了"光进铜退"的发展战略,这可以一定程度上缓解我国铜资源短缺的困局,光纤行业已成为国家重点扶持发展的行业,因此市场潜力极大。这也应该是 Firecomms 公司选择中技源的原因之一。并购前中国市场就已是 Firecomms 公司最大的业务市场。因此中技源具备很大的业务市场区位优势。可见,双方合并就区位优势理论来看,就具备很好的协同效应。

3. 内部化优势

内部化优势是以所有权优势为前提的,只有拥有了所有权,才能进行内部配置。主要包括研发资源内部化、中间产品等生产要素内部化和供应链内部整合。从所有权优势分析中可以看出,中技源可以把 Firecomms 公司的研发团队放到并购后的 ZJF 公司,这可以避免外部技术专利、知识信息市场的不确定性,节约交易成本。并购前,中技源就是 Firecomms 公司光纤收发器的主要客户,并购后能实现这一产品的内部配置,同样可以避免外部市场不完全带来的风险。从供应链整合的角度来看,并购了 Firecomms 公司的 ZJF 公司具备了全产业链的研发、生产和服务,实现 Firecomms 公司的技术资源和我国制造资源的整合,同时,ZJF 公司可以整合两家公司的全球营销网络,为公司的经营带来了极大的灵活性和成本控制能力,更好地满足客户需求,实现公司利益最大化。

由此看来,中技源和 Firecomms 公司的并购,从战略上来说,符合邓宁的国际生产折中理论,双方的合并具备了所有权优势、区位优势和内部化优势的战略选择,具备战略合并的正确性。

二、并购评述与启示

这一并购交易极其低调,相关的并购数据都没有公开,很难对其财务运作作出合理分析与评价,但这笔交易的运作仍具有很强的理论和现实意义。

(一)并购目标的选择

并购目标的选择和公司的战略密切相关。当今市场竞争已发展到了产业链竞争的阶段,公司的竞争力主要体现在公司整合所处行业的产业链的能力,占据产业链中的核心环节,拥有产业链中的关键资源,公司的市场竞争力才强。我国是制造业大国,虽然大多数制造业的产业链都被我国的大大小小的企业所控制,但产业链中的核心环节却很少能被我国的企业所控制。例如钢铁行业的铁矿石资源、计算机行业的芯片制造、电视机行业的平板屏幕以及电子行业的核心零部件等都依赖于进口,因此这些行业虽大量成品都是我国制造出口,但真正附加值高的环节都被外商控制,这就造成这些行业的发展受到了很大的制约,实际上市场竞争力很弱。因此,公司发展的战略必然要考虑公司所处行业的价值链或产业链的整合和调整,这是公司获得发展,进而形成核心竞争力的前提。

塑料光纤产业的发展相当迅速,我国也形成了相当庞大的光纤产业集群,但真正高质量的产品在国外,而且国外技术封锁很严重。但是塑料光纤产业涉及到标准、协议、芯片、光电子器件、高分子材料、工业设备、精密测量、测试认证等诸多方面,可以培育一个相当大的规模市场。我国在塑料光纤领域已经取得了非常好的开端,并且具备了突破产业关键技术的实力。在系统设备方面,中技源就建立了较为完备的产品体系,拥有多项专利技术,这是其市场竞争力的核心要素,但系统设备中的最核心部件——光纤收发器仍然依赖进口,因此,在技术上突破这一瓶颈是中技源进一步发展的关键。自主研发是解决问题的途径之一,但突破这一技术难题显然耗时耗力,研发也存在很大的不确定风险。购买技术就成为中技源重要的选择路径。因此,中技源的收购目标很明确,就是要收购一家具备这一技术的高科技公司。Firecomms 公司作为这一领域的领先者,是一家无工厂的研发型高科技公司,显然很契合中技源的战略需求。

"良好的开端是成功的一半",公司并购目标的选择,是公司并购成败的一个重要因素。"如果你在错误的路上,奔跑也没有用。"如果并购目标选择失误,后续的并购运作无论多完美,并购的风险都相当大,很有可能造成交易的失败。

(二)并购时机的选择

巴菲特曾指出:"我们唯有在可以以合理的价格买到吸引人的企业时才投资。"即投资目标应该是"有好价格的好公司"。公司并购交易也不能脱离这样的投资原则。选择并购目标实际上就是选择一家对自身而言是好的公司,而好公司没有好的价格,这样的投资未必会成功,只有好公司有了好的价格才能为你的投资带来好的回报。因此,并购交易有个并购时机的选择问题,实际上就是选择合理的交易价格。

　　中技源的这次并购是在全球经济危机的现实背景下达成的。这次金融危机在 2008 年就已传导并蔓延到实体经济,致使西方大量企业巨亏甚至破产,加之欧洲债务危机愈演愈烈,西方经济大都处于衰退的泥潭中难以自拔。爱尔兰是欧元区会员国,在这次全球金融危机中也惨遭重创。2010 年 11 月爱尔兰在庞大债务与赤字压迫下,曾濒临崩溃,被迫寻求欧盟与国际货币基金组织(IMF)850 亿美元的帮助来缓解困局。2008、2009 和 2010 年三年的经济都持续萎缩(2008 年萎缩 3.5%,2009 年重挫 7.6%,2010 年也下滑 1%。)。中技源的这次并购交易背景和一年前的交易背景出现了很大的差异。一年前,全球经济危机出现,欧洲债务危机还不严重,在技术上存在领先优势的 Firecomms 公司经营上所受影响有限,因此,中技源的交易要求对 Firecomms 公司没有吸引力。随危机的深入发展,欧债危机的频发,爱尔兰经济危机的爆发,Firecomms 公司的经营不可避免受到环境的影响。光纤技术研发耗资巨大,加之自身对光纤设备研发制造上的短板,在经济衰退的影响下,委外加工的产品成本不断上升,商业合作伙伴的经营也受环境影响而减少了业务量,在 2009 年 Firecomms 公司陷入了经营困境。由于爱尔兰经济危机不断加深,公司股东对公司未来发展难以把握,发出了寻求并购的信息。显然,交易双方的交易地位发生了改变。一年前的交易,中技源被看作是"袭击者",如果强行并购,通常并购成本会很高;一年后的交易中技源成为了"救助者"。霍德尼斯和汉舍(1985)的研究发现,被认为是救助者的并购会使得并购后公司获得显著的正面效应。因此,这种背景下的并购交易对并购方非常有利。

　　中技源的并购价格合理吗？ 没有具体的、翔实的财务数据,很难做出判断。但我们可以从另一个角度来做一个粗略的分析。公开信息显示这次并购交易金额达数千万欧元,我们不妨假设这一金额为 5 000 万欧元左右。由于 Firecomms 公司的财务数据无从获得,我们仅以其官网中公司获得权益风险投资来做一概算。公开已知的风险投资数额大概 1 610 万欧元。根据新汉普郡大学的风险投资研究中心 2010 年对新英格兰地区高科技行业的天使投资者[①]做的研究发现,在被调查的公司中,投资人理想的回报是 7 年内获取 7 倍收益,这里面的年均回报率是 32%。当然,不是所有的天使投资都能获得成功,调查公司中过半的天使投资因失败而血本无归,而成功的天使投资人内部收益率能达到 27%,但实际上过去 5 年成功天使投资人年均回报为 65.5%。爱尔兰和英格兰相互毗邻,同属欧盟,经济发展和文化特性相近,有很强的可比性。因此,我们不妨假

---

　　① 天使投资是风险投资的一种形式,实际上,两者的区别有时很模糊,这里我将两者看做等同。

设新汉普郡大学的这项研究对爱尔兰的风险投资回报率有一定的参考意义,基于保守的估计为 20%。如果风险投资 7 年时间,也有近 4 倍的回报。因此,Firecomms 公司 1 610 万欧元的风投资金要退出的话,购买者保守估计需要支付 6 440 万欧元,这还没有估计 Firecomms 公司的其他权益资本。因此,数千万欧元的交易金额应没有高估 Firecomms 公司的价值。[①]

（三）并购方式和融资方式的选择

公司并购类型很多,依不同的角度可作多种划分。以并购与被并购方的行业性质可划分为横向并购、纵向并购和混合并购;依并购方式划分,有直接资产收购、法定兼并、子公司并购、直接股票收购、法定反向并购、A 类并购、B 类并购、C 类并购、338 交易等。并购案例基于 ZJF 的角度来看,就是直接资产收购。这一方式的选择一方面是基于 Firecomms 公司的资金需求,另一方面,由于两家并购实体都是非上市公司,换股方式的前提基础不具备。实际上,假设两家公司都是公开上市公司,但由于两个资本市场的制度差异的存在,换股方式也会受到现实制约。这也是我国大量海外并购的交易支付多采用现金而非国际流行的换股支付的一个原因。

中技源的这一并购方式也是考虑了融资问题后的一个合理选择。我们知道,并购活动的融资一直是一个难题。自次贷危机以来,各国均逐步实施紧缩货币政策,我国的收紧措施从 2009 年 7 月份开始,2010 年下半年正式明确紧缩货币政策,这一政策背景对于中技源这样的非公开上市的公司而言,由于缺少资本市场这一重要融资途径,而显得更为困难。然而,中技源的并购方式的设计很好地解决了这一问题。从图 10-1 的并购方式可以看出,中技源并购的资金来自自有资金和浙江民营资本,通过成立子公司的方式实现现金收购。这一融资的设计具有很好的典型借鉴意义。首先,中技源很好地避免了大量借款从而恶化资产负债表的现象;其次,也解决了引入权益资本稀释股东股权之虞;最后,这也为浙江民营资本流向指出了一个很好的方向。

思考与讨论

诚然,中技源对 Firecomms 公司的并购从并购战略和并购交易的过程来看是成功的,但并购交易真正意义上的成功还取决于并购的整合。因此,中技源并购交易案例中一个值得深入思考的问题就在于其并购后的整合风险。

---

① 显然,囿于数据的可得性,这里的分析不是很严谨,但我认为无损分析逻辑。

　　并购风险阐释的相关文献很多,对于海外并购风险问题的研究主要集中在风险动因和风险类型方面。特别是在 2005 年以后,对海外并购风险的研究形成了一个研究热潮,学者们主要是结合宏观经济环境分析的规范研究为主,研究的侧重点在于海外并购风险的来源分析和相关对策研究(如孙加韬,2005;郑良芳,2005;孙讯,2005;周新军,2005;李东红,2005 等)。李东红(2005)研究了海外并购的风险类型,把海外并购面临的风险划分为财务风险、非经济因素风险、经营风险和整合风险,并提出相应的防范措施。温巧夫和李敏强(2006)分析总结了 2000—2006 年我国海外并购事件的特点,把海外并购的风险根据不同的并购阶段面临的不确定性划分为战略选择阶段风险、评估实施阶段风险和并购整合阶段风险,并购结合不同的阶段提出了风险规避的对策和建议。林源(2009)也对海外并购的风险管控问题进行了研究,认为当前中国企业海外并购面临的主要风险是国家风险、法律风险、利率汇率风险、产业风险、定价风险、融资风险和整合风险。

　　从文献的回顾中可以看出,海外并购的风险主要集中在并购过程中并购估价风险、并购融资风险、并购支付风险和并购后的整合风险上。针对中技源的这次并购,我们前面已经分析了其估价和融资问题。就估价而言,前文作了一个粗略的概算,确认了目标公司估价的合理性;而对于融资风险问题,由于中技源采用子公司来运作并购平台,规避了资本结构失衡的风险。而这一并购中存在一个更为重要的特有风险——并购整合过程中的人力资源流失风险,这也是需要中技源管理层深入思考和应对的关键问题。

　　哈特教授在其《企业、合同与财务结构》这一著作中指出,企业并购的资产范畴包括目标公司的所有实物或非人力资本,不包括在这个范畴内的是为目标企业工作的人力资本。"只要不存在奴隶制,这些工人的人力资本无论在收购前还是在收购后都属于他们自己。"[①]因此,并购交易中的交易对象只能是非人力资本。从公司概况中,我们知道 Firecomms 公司是一家无工厂的企业,这类企业的核心资产实际上就是公司的研发团队。并购后 Firecomms 公司的研发人员的稳定性是这一并购的最大风险。幸运的是,ZJF 的董事长郑徐平已经成功地说服了 Firecomms 公司核心团队,每个人都必须用与中国人相同的标准,以现金方式入股新的公司,这一激励牵制制度的设计就把 Firecomms 公司的研发人员的利益与公司的未来发展紧密联系在一起,很好地降低了这一重要风险。同样,并购后公司与爱尔兰丁铎尔实验室的关系,以及后续研发技术的知识产权问题都是必须理顺的重要问题。

---

①　O. 哈特. 企业、合同与财务结构. 上海:格致出版社. 2006 年第 35 页.

阅读文献

［1］Buckley，P. J. ＆ Carson，M. *The Future of the Multinational Enterprise*. London，Macmillan，1976.

［2］Dunning，J. H. Toward an eclectic theory of international production：some empirical tests［J］. *Journal of International Business Studies*，1980(11).

［3］李东红. 中国企业海外并购：风险与防范. 国际经济合作，2005(11).

［4］O. 哈特. 企业、合同与财务结构. 上海：格致出版社，2006 年.

［5］史建三. 跨国并购论. 上海：立信会计出版社，1999 年.

案例十一

统一集团有限公司重大资产剥离案例研究

摘 要

在对重大资产剥离案例进行研究中,本案例选取了统一集团剥离家乐福股份这一典型案例,在这一过程中,本文首先描述了这一资产剥离案例的整个过程,之后对其原因进行进一步的分析,总结我们所值得借鉴的经验;最后说明战略实施中所面临的亟待解决的问题,并提出了几点有效建议。

关键词

资产剥离;高额成本;互利共赢

案例资料

一、统一集团经营情况简介

统一集团有限公司是台湾最大的食品集团,公司致力于拓展全球市场,市场远及美国、加拿大、日本、欧洲数国及东南亚所有国家。企业近年来倾注全力服务大陆市场,成为台湾厂商在大陆投资额最高的企业之一,在上海、北京、天津等省、市、自治区设立独资或合资企业公司三十多个,总投资额高达 400 亿美元以上。统一集团在提供消费者最佳服务的同时,不忘记回馈社会,积极参与社会公益活动,因而连续多年被《卓越》杂志评为台湾地区企业形象最佳企业。其经营目标是掌握消费趋势,开发符合消费者与客户需求的商品和服务,以赢得消费者的喜爱,也得到合作伙伴、协力厂商和股东的完全信赖和全力支持。

二、统一集团资产剥离交易情况

2011年6月28日,台湾食品公司统一企业集团发布公告称,公司将作价人民币1.1亿元,位于天津、广州和重庆三地的合资公司的全部股权,出售给合资伙伴家乐福(中国)控股有限公司,以剥离非核心资产。数据显示,统一集团在这三家公司的持股比例分别为45%、20%和10%。统一称,预计将在2011年年底前完成上述交易,公司将获得311万美元的股权出售收益,但交易尚待监管部门批准。

统一集团出售家乐福股权存在受塑化剂风波影响而收回资金的原因,但除此之外,另一个令人无法忽视的原因应该是家乐福的发展不尽如人意。家乐福目前在中国处于前有"虎狼"沃尔玛,后有"追兵"大润发的境地,自从2009年以来,其门店数被沃尔玛超越,单店盈利能力也被大润发赶超。有鉴于此,作为家乐福合作伙伴的统一集团当然更愿意将资金投向食品加工等主业。

早在2002年8月,广州家乐福与广百集团就合资成立了广州家广超市有限公司,家乐福持股55%,广百集团持股25%,台湾统一集团与广州万盛分别占有10%的股份。其后在2008年,荷兰家乐福(中国)控股有限公司以4 000万元的价格收购了广百集团挂牌转让的广州家广超市有限公司25%的股权。2009年8月,统一集团购买其另一控股公司,即广州万盛,所持有广州家广超市有限公司剩余的10%股权,交易总金额为美金98.2万元。2011年6月23日,统一集团发布公告将20%的股权出售给荷兰家乐福(中国)控股有限公司,至此家乐福将对家广完成100%的控股。

至于另一个股权被转手的重庆家乐福,相关人士透露,20世纪90年代末,由于65%的股权投资限制,家乐福曾被政府相关部门责令整改,要求其将独资公司中另外35%的股份被迫出售给一些由政府"指腹为婚"的内资合作伙伴,从而换取在中国市场的生存权。这其中,江苏悦达与台湾统一都是家乐福在中国大陆相当重要的合作伙伴。2005年,江苏悦达从统一集团在重庆家乐福持有的45%股份中,接过了35%,当时的重庆家乐福商业有限公司包括3个股东:家乐福为55%,江苏悦达占股35%,统一集团占股10%。目前悦达集团仍然是家乐福在江苏、安徽、河南、山西等地的"伴侣",而统一集团在家乐福中国市场的拓展中似乎扮演着更重要的角色。

家乐福前任中国区总裁施荣乐曾表示,是台湾统一集团的老总教会了他如何在中国做零售。台湾地区家乐福近四成股权由统一集团持有,因此,统一集团的产品无论是进入台湾地区家乐福,还是大陆地区的家乐福,都比同类产品在进场费等合作方面更有优势。此次统一集团减持大陆合作公司股权,应该不会对统一集团产品进入家乐福网点产生负面影响。

根据统计,台湾岛内饮料市场过去三年每年复合年增率仅 2%～3%,2010年整体规模仅 510 亿元新台币,而最近发生的塑化剂风暴,无疑对饮料业造成了巨大冲击,该事件除了对销售额造成了直接影响,对统一品牌价值的潜在损害更是无法估量的。因此如果要弥补损失,就必须寻找新的市场增长点。统一集团虽然在台湾是食品业的老大,但在内地,其方便面、茶饮料等多个领域却输给康师傅,只是在果汁饮料方面稍有领先。现在的统一集团希望放弃内地不具控股权的零售和分销业务投资,而专注食品加工,因此,这次的资产剥离应该只是前奏。

三、统一集团资产剥离背景

近两年,统一集团在大陆的资本支出以饮料事业为主,自行扩充产能和委外代工双管齐下,2010 年仅自行扩充与设厂就投资超过 100 亿新台币。2011 年,统一集团首季税后纯收益 22.74 亿新台币。统一集团总经理罗智先表示,2011年,统一集团会继续推动在大陆的投资,并且投资金额将高于 2010 年。

公司计划撤回不具控股权的零售和分销业务的原因,在于希望集中精力发展中国大陆的食品加工业务。但有分析师指出,获利下滑或为统一集团出售股权的主要原因。2011 年 6 月 22 日,国家质检总局公布的"台湾受塑化剂污染的问题产品名单"显示,统一集团又有 4 款饮料产品上榜。统一集团受塑化剂影响较大,股市表现不佳,终端市场也在不断下挫,出售家乐福股份,或意在去除市场表现不佳的业务,收回资金。由于塑化剂风波正在对食品饮料行业造成严重冲击,往年同期果汁产量一般以每月 15%的速率递增,而 2011 年这一数据已达到了负增长,预计塑化剂事件对统一品牌在大陆市场的影响将持续半年左右。

并且在统一集团出售家乐福股份之前,已有数起家乐福合作伙伴退出合作的案例,包括广百股份(002187)出售家广超市有限公司 25%股份,浙江省经济建设投资有限公司将杭州家乐福超市有限公司 15%股权、宁波家乐福商业有限公司 20%股权打包转让。

分析与评述

一、统一集团资产剥离的必要性分析

对统一集团 2010 年 12 月至 2011 年 6 月的季度合并财务报表资料进行分析,可以帮助我们了解统一集团资产剥离的深层次原因。

表 11-1　统一集团相关财务数据(2010 年 12 月—2011 年 6 月)

单位:新台币 10 万

资产类	2010 年 12 月	2011 年 3 月	2011 年 6 月	负债及权益类	2010 年 12 月	2011 年 3 月	2011 年 6 月
流动资产	118 737	109 836	117 638	流动负债	111 645	96 323	103 927
基金及投资	41 225	44 533	43 530	长期负债	58 326	65 910	70 100
固定资产	108 281	102 247	104 110	其他负债	9 424	8 837	8 837
无形资产	5 903	5 584	5 788	负债合计	181 304	172 980	184 378
其他资产	21 924	20 470	21 014	母公司权益	70 928	66 977	66 421
				少数股权	43 837	42 713	41 280
				所有者权益合计	114 766	109 690	107 702
资产总计	296 070	282 670	292 080	负债及所有者权益总计	296 070	282 670	292 080

(一)偿债能力分析

能否到期偿债是企业生存的根本问题,偿债能力是决定集团财务状况的重要因素之一。统一集团的财务报表显示,虽然流动负债总量相对减少,但是长期负债处于增长态势,导致负债总量没有太大减少,甚至在 6 月达到了一个短期内的峰值。2010 年底,集团的资产负债率为 61.2%,整体保持相对稳健的资产负债率对统一集团具有重要意义;2010 年 12 月、2011 年 3 月统一集团的流动比率分别为 1.06、1.14,这主要是受台湾岛内食品业销售规模及发展速度限制,除一般性经营外,统一集团本身缺少大规模现金流入,再加上必须努力应对塑化剂事件带来的不利影响,统一集团对其未雨绸缪,及时实施了出售非核心业务、确保主业发展的策略,可见集团领导层的应对能力非同一般。

（二）盈利能力分析

统一集团的营业收入情况如图 11-1 所示。2010 年的营业收入比上一年度显示出整体性的上涨,除了业绩按月份呈现出淡、旺季节变化外,说明公司主营业务不仅总体份额稳定,并且依然有平稳的增长速度。对于在目前集团市场份额较大、营业收入额较高的情况下,保持在食品加工主业中的持续投入,通过研发或者销售开发新的收入增长点,显得尤为重要。从有利可图的方面来讲,放弃一些没有控制权的下游销售,抽回资金,以在自己的中心业务上进一步增强核心竞争力,无疑是正确之举。

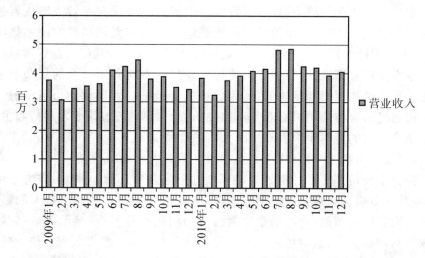

图 11-1　统一集团营业收入变动情况(2009 年 1 月—2010 年 12 月)　（单位:新台币）

在上述合并报表中,包括了被剥离的三家合资公司,目前这三家合资公司经过几年的努力,已经摆脱了亏损的局面,并开始实现盈利,2010 年天津福业商业有限公司、广州家广超市有限公司、重庆家乐福商业有限公司的获利合计人民币2 700 万元,为统一每股获利贡献 0.02 元新台币。虽然与统一集团在大陆总计 5 亿多的获利相比,其在家乐福超市中盈利占比不大,但对于一个正处于上升阶段的投资来说,此时经过开始几年的亏损、目前刚刚开始获益就选择套现退出也未免有些可惜。统一集团的公关负责人表示,此次股权转让之举是公司希望集中精力发展中国大陆的食品加工业务,这也是公司计划撤回对公司不具控股权的零售和分销业务投资的原因所在。股权转让也意味着统一集团将不再参与家乐福在中国内地超市的所有投资。

二、统一集团资产剥离案例的理论解释

通常情况下,资产剥离是企业为了适应环境的变化以及内部情况的转变而进行的战略调整,因此我们首先对统一集团的资产剥离进行深入的分析。

(一)回归主业,调整公司战略目标,满足经营环境变化的需要

公司为了适应经营环境的变化,其经营方向和战略目标也要随之作出调整和改变,而剥离则是实现这一改变的有效手段。上市公司运用资产剥离手段将部分资本从某些产业领域中退出,再将收回的资金用于重点经营战略或者进军新产业,使企业能够以新的面貌展开市场竞争。实行多元化经营的统一集团公司,其业务范围涉及广泛的领域,一方面使得公司难以有效地经营与管理自己不熟悉的零售业和分销领域;另一方面使得市场投资者对其所涉及的复杂业务可能无法做到正确地理解和接收信息,因此可能会低估公司股票的市场价值。因此该公司通过出售与公司核心业务不相关的资产,集中资源用于发展核心主业,将退出经营领域的资本集中发展中国大陆的食品加工业务。

(二)"塑化剂风波"对企业内在生存构成了不小的威胁

任何一个公司都是在一定的动态环境之下经营的,而统一集团作为上市公司,环境对其影响会导致其股价上下的波动,从而对其经营造成了很大的影响。在国家质检总局公布的"台湾受塑化剂污染的问题产品名单"显示,统一集团又有4款饮料产品上榜,这对统一集团来说是沉重的一击。股市表现不佳,终端市场也在不断下挫,这样会使得投资者对市场失去信心。因此,企业通过资产剥离可以收割过去投资的收获,来弥补现有企业持续低迷的市场状况。

(三)剥离不良资产,改善资产质量,提高资源利用效率

公司拥有一些不良资产时,不能通过有效使用获利的资产为企业带来可观的经济收入。在统一集团出售家乐福股份之前,已有数家家乐福合作伙伴退出合作的案例,包括广百股份(002187)出售家广超市有限公司25％股份,浙江省经济建设投资有限公司将杭州家乐福超市有限公司15％股权出售等,这足以证明家乐福股份已经不再是该公司的可获利资产,上市公司为改变其财务状况而不得不将部分资产剥离,至少可以挽回部分投资,换取现金,盘活资产,寻找新的投资机会。这无疑对统一集团来说是一个适时的战略决策。

在诸多的原因之下,形成了统一集团的这种资产剥离战略,通过出售对企业具有微薄价值的家乐福企业,使其所收回的净现金一部分弥补了股市持续不振的状况,给投资者增加了对企业的信心;另一部分资金用于研发自己本企业的核心饮料产品上,以达到长期吸引消费者关注的目的,从而给企业带来更大的利润

空间,为企业提供一个充分发挥其自身有效价值的平台。

三、统一集团资产剥离案例的理论意义

资产剥离是指在企业股份制改制过程中将原企业中不属于拟建股份制企业的资产、负债从原有的企业账目中分离出去的行为。剥离并非是企业经营失败的标志,它是企业发展战略的合理选择。它体现了企业的收缩型战略,在提高存量资产效率、调整产业结构以及实现企业价值最大化等方面发挥着重要作用。

企业通过剥离不适于企业长期战略、没有成长潜力或影响企业整体业务发展的部门、产品生产线或单项资产,可使资源集中于经营重点,从而更具有竞争力。同时剥离还可以使企业资产获得更有效的配置、提高企业资产的质量和资本的市场价值。

统一集团的资产剥离案例,对于我们了解资产剥离的特征是很有意义的。

(一)资产剥离是简单的公司紧缩的手段,不涉及公司股本的变化

按照有关规定,公司股本的变动需要得到股东大会和债权人的同意,因此,凡是涉及股本变化时往往需要复杂的手续,耗时比较长。而统一集团的资产剥离只是相当于母公司出售其一部分资产,公司管理层可以自主决定,一般情况下不需要征得股东大会和债权人的同意。因此,资产剥离对于公司来说,操作起来比较方便、快捷。

(二)资产剥离的适用对象比较广泛

资产剥离中所说的"资产"是指广义上的资产,其和会计核算中的资产概念是不同的。在会计核算中,资产通常指固定资产、流动资产、无形资产等具体的资产形式,比较强调资产的可计量属性和可辨认性等,而在公司紧缩中,资产剥离既可以用于对机器设备、厂房、无形资产等具体资产的剥离,也可以用于对子公司、分公司或者某个部门的剥离。在后一种情况下,所剥离出去的既有设备、材料等具体的物质资产,也包括了子公司、分公司、部门中的工作人员。正因为资产剥离的适用对象比较广泛,使其成为公司紧缩时应用最广的一种手段。在统一集团剥离的过程中,就是利用广义的剥离使其在家乐福的控股,从其名下中出售,达到资产剥离的效果。

(三)资产剥离可以直接带来大量的现金收入

在公司紧缩中,公司分立一般没有现金流量的变化而只涉及经营主体的调整。股票回购,不但不能使现金流入增加,反而会导致现金的流出。而资产剥离则不同,由于受到"塑化剂风波"的影响,导致统一集团在市场上一直处于低迷的

状态,随着资产剥离的实施,企业通常都会有相应的现金流入,这使得资产剥离比其他公司紧缩手段更加具有吸引力。这也是该公司乐意选择资产剥离进行公司紧缩的重要原因。

(四)资产剥离的方式比较灵活

在资产剥离时,既可以出售给公司之外的机构和个人,也可以出售给公司内部的管理层或职工,非常灵活。

思考与讨论

在前几年,"资产剥离"对我们来说还是个陌生的词,而这些年在经济活动中尤其是在企业体制改革中可频频看到剥离资产的消息。我国近年采用了企业收缩技术,尤其体现在上市公司、企业集团经营战略的调整上。我国经历了 20 世纪 80 年代后期的企业多元化扩张热潮之后,很多企业开始反思原先的战略,并通过资产剥离的方式重新回归到自己主业上面。而且伴随着我国资本市场的不断发展,上市公司通过资产剥离进行重组也屡见不鲜,已经同收购兼并、股权转让等一起成为上市公司资产重组的重要方式之一。

一、存在的主要问题

不容忽视的是,由于我国的市场经济和资本市场的运作都仍处于起步阶段,而且在很多层面上还无法完全解决计划经济的遗留问题,因此在统一集团的资产剥离活动中还存在着很多弊端和不足,其存在的问题主要表现在以下几个方面:

(一)零售渠道的高额成本问题

台湾地区家乐福有近四成股权为统一集团持有,双方长期处于互利共赢的关系,因此,如果统一集团突然撤资,可能会消除在销售渠道上的低成本优势,这对统一集团来说是又一沉重打击,使其在销售价格方面的压力会加大。

(二)资产剥离过程中资产价值的低估问题

统一集团在各方面的种种考虑之下,决定从中剥离出家乐福股份的资产,这部分资产的评估及其估价对企业的影响重大,在现代经济中,资产剥离作为资产重组的一个重要方式,对资产合理流动、提高资本使用效益有着积极的作用。如果滥用资产剥离,就会从根本上动摇会计信息的真实性,使信息使用者无法了解企业真实的财务状况、经营业绩和现金流量。

（三）可能出现的账外资产问题

在资产剥离的后续过程中，可能会存在"剥离资产"成为账外资产，被擅自挪作他用的问题。由于"剥离资产"已从企业净资产中分离出来，加之管理主体不明确，企业对"剥离资产"没有一套严密的核算手续和较为完善的管理办法，使"剥离资产"成为账外资产。有的被改作营业场所，有的资产结构被人为破坏，还有的资产被他人无偿占用。

（四）对资产剥离的认识误区

在企业界往往对资产剥离存在着较为严重的偏见，认为企业进行资产剥离都是被动的行为，是为了应对某种压力而采取的不得已的行为。因此，企业在剥离后，投资者会对企业失去信心，从而给消费者也带来了一定的误解。统一集团在剥离后如何应对种种的压力和状况已成为当前首要的问题。

二、对统一集团资产剥离的几点建议

（一）与家乐福企业继续保持良好的公共关系

虽然统一集团出售了家乐福股份，但这是在经过了一定时期的考察，从企业切身利益出发而得出的最可靠的资源配置的方式。因此，统一企业与家乐福企业没有什么尖锐的矛盾，故在这个供应价值链上，双方可以达成共赢的目标，使这个有利的供应链达到良好的传承。

（二）抓住剥离的最佳时期，实现剥离的最大价值

在正确看待剥离的基础上，企业应该把握最佳的资产剥离时间，不要等到该项资产严重阻碍企业整体发展时才想到剥离，一方面它已对企业造成了不可估量的影响，另一方面，在这样的情况下的剥离，势必使企业处于资产交易的不利方，失去了主动权，使资产剥离的经济利益受到影响。因此企业应当经常性地对其业务和资产进行评估，提高资产剥离的主动性和及时性。

（三）建立和完善"剥离资产"的会计核算制度

资产所有者与剥离企业均应建立账册，对剥离资产进行登记，并进行会计核算。同时，要对剥离资产的出售、变现、投资及变动情况予以反映。在工作中，年度产权检查和产权登记也要将剥离资产纳入工作范围。

（四）正确认识资产剥离

我们应该看到企业经济资源的分化和重组必然伴随着企业组织结构、人事结构、产品结构的调整，进而提高企业资源的整体配置质量，充分发挥经济资源的最大使用效能，提高企业整体的运作效率。资产剥离实为一种以退为进的发展思路。庞大臃肿的企业组织增加了内部管理成本，降低了企业对外界的反应

灵敏度,容易导致企业决策滞后,不利于企业的快速发展。因此剥离并非意味着企业走向衰退,而是能更加有效地进行资源组合,改善企业资本结构,提高企业的核心竞争力,保持企业持续健康地发展。

统一集团的资产剥离只是万里长征走完了第一步,虽然在剥离的过程中面临着重重的困境,但是统一集团能够达到现在的程度已是很令企业管理者感到欣慰的事情。接下来剥离之后的管理及后续支持需要统一集团与政府、投资者及消费者更好地协调,它的路还很长,而且一定很艰难。这一过程中,一方面需要坚持其创新之路;另一方面也需要各方面进一步的理解与支持。

阅读文献

[1]陈信元,原红旗.上市公司资产重组财务会计问题研究.会计研究,1998(10).

[2]陈玉罡.并购与剥离的市场反应预测.资本市场,2004(6).

[3]杜宁.我国企业资产剥离动机研究.齐鲁珠坛,2005(6).

[4]李怀祖.管理研究方法论(第2版).西安:西安交通大学出版社,2004.

[5]李相国,柳卓超.湖北省上市公司资产剥离实证分析.武汉理工大学学报(信息与管理工程版),2006.28(9).

[6]陆国庆.中国上市公司不同资产重组类型的绩效比较.财经科学,2000(6).

[7]毛蕴诗,舒强.以剥离为特征的全球性公司重构及其对中国企业的启示.华南理工大学学报(社会科学版),2003(12).

宁波华翔电子股份有限公司股票回购案例研究

摘　要

　　2011 年 5 月 17 日,宁波华翔公布了利用经营中富余资金,以集中竞价交易方式回购部分社会公众股份的预案并在以后的月份中予以积极实施。通过股份回购,宁波华翔在一定程度上达到了调整股权结构、提升股票价格、优化公司资本结构的目的。我国应建立健全有关股份回购的法律制度、完善股份回购信息披露机制并提高上市公司对股份回购功能的认识,以期上市公司能够结合企业实际,适时运用这一资本运作手段,实现企业的长期发展目标。

关键词

　　宁波华翔;股份回购;长期发展目标

案例资料

一、公司概况

　　宁波华翔电子股份有限公司(以下简称"宁波华翔")是 2001 年 8 月 22 日在原宁波华翔电子有限公司基础上,整体变更设立的股份有限公司。公司股票于 2005 年 6 月 3 日在深圳证券交易所挂牌上市交易。截至 2010 年末,公司注册资本为 56 714 万元,股份总数 56 714 万股(每股面值 1 元)。其中,有限售条件的流通股份 143 808 357 股(占比 25.36%),无限售条件的流通股份 423 331 643 股(占比 74.64%)。周晓峰作为公司实际控制人,持有宁波华翔 89 936 799 股 A 股股票,持股比例为 15.86%。华翔集团股份有限公司、象山联众投资有限公司分别持有公司 6.31% 和 5.15% 股份,位居公司持股股东前列。

公司属汽车制造行业。经营范围涉及汽车和摩托车零配件、电子产品、模具、仪表仪器的制造、加工;金属材料、建筑装潢材料、五金、交电的批发、零售;经营本企业自产产品的出口业务和本企业所需机械设备、零配件、原辅材料的进口业务,但国家限定公司经营或禁止进出口的商品及技术除外。主要产品有汽车内外饰件、汽车底盘附件、汽车电器及空调配件、汽车发动机附件等。宁波华翔是上海大众、上海汽车、一汽大众、一汽轿车、上海通用、天津一汽丰田、东风日产、福建戴姆勒等国内汽车制造商的主要零部件供应商之一。公司的主要产品汽车内外饰件配套车型包括"帕萨特新领驭"、"途观"、"朗逸"、"奥迪 Q5"、"奥迪 A6"、"速腾"、"高尔夫 A6"、"斯柯达"、"新君威"、"荣威"、"皇冠"、"锐志"、"卡罗拉"、"天籁"、"马自达"、"桑塔纳"、"捷达"、"奔腾"等。

宁波华翔自 2009 年退出军用改装车业务后,主业更加明确和集中,利润率稳定性增强,目前已在行业中成为定位清晰、初具规模的汽车零部件企业。2010 年,我国汽车工业延续了上年的发展态势,在购置税优惠、以旧换新、汽车下乡、节能惠民产品补贴等多种鼓励消费政策叠加效应的作用下,汽车产销量双双超过 1 800 万辆,再次蝉联全球第一。据中国汽车工业协会统计,2010 年全国汽车产销 1 826.47 万辆和 1 806.19 万辆,同比分别增长 32.44% 和 32.37%,乘用车(轿车)继续保持较快增长,共销售 949.43 万辆,同比增长 27.05%,产销再创新高。作为汽车主要零部件供应商之一的宁波华翔 2010 年实现营业总收入33.33 亿元,与上年扣除改装车业务后营业收入相比增长 48.19%,实现净利润 4.20 亿元,与上年扣除非经常性损益后的净利润相比增长 77.41%。而且,公司主要客户上海大众、一汽大众发展前景向好,公司发展环境稳定。此外,公司积极寻找新能源产业及国际并购的发展机会,为后期业务拓展做好准备。

二、事件回顾

2011 年 5 月 17 日,宁波华翔公布了关于回购部分社会公众股份的预案。公告称,由于目前的公司股权相对分散,估值处于低位等原因,依据相关规定,公司拟利用经营中富余资金,以集中竞价交易方式回购部分社会公众股份。本次股份回购,将有助于提高公司股权集中度,有利于维护公司资本市场形象,保护广大投资者的利益,增强投资者的信心,从而保持公司长期、稳定的发展。

该方案于 6 月 1 日经公司 2011 年第二次临时股东大会审议通过,6 月 24 日《关于回购部分社会公众股份的报告书》予以公布。本次公司回购期限为自股东大会审议通过回购股份方案之日起 6 个月内,即到 2011 年 11 月 30 日止。

2011 年 7 月 11 日,宁波华翔首次实施了回购部分股份的方案。此后,公司回购计划缓慢开展。8 月份未进行回购股份。9 月份,宁波华翔回购的步伐悄然加快。当月,公司回购的股份数超过回购计划的五成。截至 2011 年 9 月 30 日,公司已回购股份数共计 9 046 450 股,占公司总股本的比例为 1.60%,支付总金额约为 9 532.54 万元。

分析与评述

一、关于股份回购

股份回购(share repurchase)是指公司按一定的程序购回发行或流通在外的本公司股份的行为。上市公司利用盈余积累的资金或债务融资以一定的价格购回本公司已经发行在外的普通股,将其作为"库存股"或进行注销。相对于股票发行扩张股本而言,股份回购是通过减资来收缩股本。本公司股票一旦被公司回购,必然导致在外流通的股份数量减少。假设回购不影响公司的收益,那么剩余股票的每股收益会上升,每股市价也随之增加。被保留的库存股,仍属于发行在外的股票,但不参与每股收益的计算和分配。库存股在今后发行可转换债券、雇员福利计划等中可以使用,或在需要资金时将其出售。

上市公司通过把自己发行在外的股份重新购回,可以达到调节股票供应量、提高公司股价、提升公司股票的内在价值、改善公司资本结构、实施管理层与员工激励机制等目的。无疑,上市公司回购自己的股份也是在向广大投资者传递公司股价被低估,管理层对公司前景很有信心的信息。

(一)股份回购方式

股份回购方式有以下几种分类:

1. 按照股份回购的地点不同,可分为场内公开收购和场外协议收购两种

场内公开收购是指上市公司把自己等同于任何潜在的投资者,委托在证券交易所有正式交易席位的证券公司,代自己按照公司股票当前市场价格回购;场外协议收购是指股票发行公司与某一类或某几类投资者直接见面,通过在店头市场协商来回购公司股份的一种方式。很显然,与场内公开收购相比,场外协议

收购方式的缺陷就在于透明度比较低,有违资本市场"三公"的原则。

2.按照筹资方式不同,可分为举债回购、现金回购和混合回购

举债回购是指企业通过向银行等金融机构借款的方式来回购本公司股份;现金回购是指企业利用剩余资金来回购本公司股份;混合回购是指企业既动用剩余资金,又向银行等金融机构举债来回购本公司股份的行为。

3.按照资产置换范围,可分为出售资产回购股份、利用手持债券和优先股交换(回购)公司普通股、债务股权置换

出售资产回购股份是指公司通过出售资产筹集资金回购本公司股份;利用手持债券和优先股交换(回购)公司普通股是指公司使用手持债券和优先股换回(回购)本公司普通股;债务股权置换是指公司使用同等市场价值的债券换回本公司股票。

4.按照回购价格的确定方式,可分为固定价格要约回购和荷兰式拍卖回购

固定价格要约回购是指企业在特定时间发出的以某一高出股票当前市场价格的价格水平,回购既定数量股份的要约。为了在短时间内回购数量相对较多的股票,公司可以宣布固定价格回购要约。它的优点是赋予所有股东向公司出售其所持股票的均等机会。但是,要约价格存在高出市场当前价格的溢价,而溢价的存在也使得固定价格回购要约的执行成本较高;荷兰式拍卖回购指公司指定回购价格的范围(通常较宽)和计划回购的股票数量(可以以上下限的形式表示),而后由股东进行投标,说明愿意以某一特定价格水平(股东在公司指定的回购价格范围内任选)出售股票的数量;公司汇总所有股东提交的价格和数量,确定此次股票回购的"价格—数量曲线",并根据实际回购数量确定最终的回购价格。

5.可转让出售权回购方式

所谓可转让出售权,是实施股份回购的公司赋予股东在一定期限内以特定价格向公司出售其持有股票的权利。之所以称为"可转让"是因为此权利一旦形成,就可以同依附的股票分离,而且分离后可在市场上自由买卖。执行股份回购的公司向其股东发行可转让出售权,那些不愿意出售股份的股东可以单独出售该权利,从而满足了各类股东的需求。此外,因为可转让出售权的发行数量限制了股东向公司出售股票的数量,所以这种方式还可以避免股东过度接受回购要约的情况。

(二)股份回购的功能

一般认为,在一个成熟的资本市场股份回购具有以下功能:

1.作为反收购措施

股份回购在国外经常是作为一种重要的反收购措施而被运用。当公司以高

于收购者出价的溢价进行股份回购时,一方面提醒股东注意公司价值增长的潜力,另一方面因为回购减少了公司流通在外的股份,从而提高了公司股价,使收购方的收购成本增加,收购方要获得控制公司的法定股份比例变得更为困难。另外,通过对外界股东的股份回购,可以相应提高公司大股东或管理层持股比重,进一步加强公司的控制权。在反收购战中,目标公司将大量现金用于股份回购,使得公司流动资金减少,财务状况恶化,这也减弱了公司作为收购目标的吸引力。

2.调整财务杠杆,优化资本结构

股份回购是调整企业财务杠杆,优化资本结构的一个有效途径。企业无论用何种方式回购股份,都会导致股权资本在公司资本结构中的比重下降,从而改变公司的资本结构,提高财务杠杆比率。当企业管理当局认为,其权益资本在整个企业资本结构中所占比重过大,资产负债率过小时,就有可能利用留存收益或通过对外举债来回购企业发行在外的普通股。利用企业闲置资金进行股份回购,虽然降低了公司的实收资本,但是资金得到了充分利用,降低了公司加权平均资本成本,每股收益也得到了提高。所以,公司股份回购必须考虑优化其资本结构,合理发挥其财务杠杆效应。

3.稳定公司股价

股票价格决定于股票内在价值和资本市场因素。通常在宏观经济不景气时,股市陷入低迷状态,引发股票抛售,导致股价下跌,流动性减弱的恶性循环。公司在本公司股票被严重低估时,积极进行回购。一方面,收购价格传递公司价值的信号,具有一定示范意义;另一方面通过回购,减少每股净收益等指标的计算基数,在盈利增长或不变的情况下维持或提升每股收益水平和股票价值,以支撑公司股价,减轻经营压力。另外,在市场过度投机的情况下,公司可以释放先前回购形成的库存股进行干预,增加流通股的供应量,减少投机泡沫,使股价回归正常价格,避免了股票价格的大起大落,维护了公司在资本市场的形象。

4.作为实行股权激励计划的股票来源

股权激励计划是指企业对职工购买、持有本企业股票给予某种优惠或经济援助,奖励职工持股;给予高级管理人员优惠认购本企业股票权利的制度。其目的是提高管理人员的责任感,确保企业的优秀人才,维持企业控制权。如公司实施管理层或者员工股票期权计划,直接发行新股手续繁琐,程序复杂,成本较高,也会稀释原有股东权益。而公司选择适当的时机从股东手里回购本公司股票作为库存股,再将该股份赋予员工或直接作为股票期权奖励给公司管理人员,则既满足了员工的持股需求,又不影响原有股东的权益。

5.作为公司股利分配的替代手段

股东收益包括股票分红派息收入与股票转让的资本利得收入。一般来说，国家对前者课以较高的个人所得税，而对后者课以较低的资本利得税。而公司实行股份回购，股东则拥有选择权。具有流动性偏好的股东，转让股票获得资本利得；而继续持股的股东由于所持股票的每股盈余提升，使个人财富增加，并且相关的资本利得税可以递延到股票出售时缴纳，起到了分配超额现金的作用。因此，基于股东避税、控股等多种因素的考虑，公司常以股份回购替代现金红利的分配。

（三）我国股份回购的现状

对于股份回购，我国一直采取"原则禁止，例外允许"的立法模式。《公司法》第143条明文规定公司不得收购本公司股份。但是，有下列情形之一的除外：(1)减少公司注册资本；(2)与持有本公司股份的其他公司合并；(3)将股份奖励给本公司职工；(4)股东因对股东大会作出的公司合并、分立决议持异议，要求公司收购其股份的。公司因上述第(1)项至第(3)项的原因收购本公司股份的，应当经股东大会决议。公司依照上述规定收购本公司股份后，属于第(1)项情形的，应当自收购之日起十日内注销；属于第(2)项、第(4)项情形的，应当在六个月内转让或者注销。

我国上市公司股份回购始于1992年小豫园并入大豫园的合并回购。当年，大豫园作为小豫园的大股东，通过协议回购小豫园所有股票并予以注销。之后，因为响应国家"国有股减持"号召，很多企业利用股份回购对国有股进行减持。1994年陆家嘴协议回购国有股后增发B股；1996年厦门国贸回购减资；1999年底，申能股份以协议回购方式向国有法人股股东申能（集团）有限公司回购并注销10亿股国有法人股，所占比重高达总股本的37.98％。云天化、冰箱压缩、长春高新等企业也相继以股份回购方式达到了国有股减持的目的。这期间的股份回购基本为上市公司通过协议转让的方式回购企业非流通股。

2005年6月，证监会制定了《上市公司回购社会公众股票管理办法（试行）》。几乎就在同一时间，邯郸钢铁宣布回购不超过6 000万股社会公众股并将其注销。此后，郑州煤电、华海药业、九芝堂等多家上市公司也宣布了回购方案。2008年10月9日，证监会正式发布《关于上市公司以集中竞价交易方式回购股份的补充规定》，取消了以集中竞价方式回购股份的行政许可，推行完全市场化操作方式，只需备案即可回购股份。同时，不再对上市公司回购期间的现金分红做出强制性限制，明确提出通过加强信息披露和完善监管制度防范内幕交易等行为的发生。在证监会发布回购新规的同时，中国人民银行发布公告，允许上市公司发行中期票据，其所募集的资金可用于回购本公司股票。随着相关法律法规的陆续出台,我国的股份回购踏入了新的发展阶段。

2005 年《上市公司回购社会公众股票管理办法(试行)》实施以来,多家上市公司以提升股价、提高每股收益、传递企业发展的有利信号、维护公司形象、增强公众投资者对公司的信心,进而提升公司价值、实现股东利益最大化等为目的宣布进行股份回购,但其中只有华海药业、九芝堂、天音控股和宁波华翔等少数几家公司实际实施。比如海马股份,在 2008 年 12 月 3 日批准了一年期的不超过 3 000 万股社会公众股的股份回购方案,一时间成为佳话。然而,回购期限届满,海马股份却未能实施回购股份方案。这不禁让市场对其回购意图及股份回购本身意义发出质疑。

在我国,由于政府对资本市场干预过多、有关股份回购的法律制度还不够完善,加之上市公司对股份回购缺乏应有的认识,还不能做到用积极手段为广大投资者谋求长远利益。另外,由于在股份回购过程中需要大量闲置资金来支付回购成本、容易形成内幕交易、导致公司操纵股价从而损害中小投资者利益等原因,股份回购在资本市场并没有得到普遍应用。特别是上市公司对股份回购的功能认识不足,过多看重股份回购减少公司资本的功能,惧怕股份回购耗用大量现金而带来的资金问题。如果无特殊目的,大多数上市公司不会轻易实施股份回购。

二、宁波华翔股份回购过程

(一)回购预案的公布

2011 年 5 月 17 日,《宁波华翔电子股份有限公司关于回购部分社会公众股份的预案》公布。公告称,依据《中华人民共和国公司法》、《中华人民共和国证券法》、《上市公司回购社会公众股份管理办法(试行)》、《关于上市公司以集中竞价交易方式回购股份的补充规定》及《深圳证券交易所上市公司以集中竞价交易方式回购股份业务指引》的相关规定,宁波华翔拟定了回购部分社会公众股份的预案。

预案明确了本次回购股份的目的、回购方式、数量、价格、回购期限以及拟用于回购的资金总额及资金来源,预计回购实施后公司股权变动情况,并从管理层角度分析了本次回购股份对公司经营、财务及未来可能带来的重大发展影响。

首先,预案明确了宁波华翔回购股份的目的。①从历史看,目前公司的估值(市盈率)处于低位。公司本次使用经营中富余资金回购部分股份,将有利于维护公司资本市场形象,保护广大投资者的利益。②2009 年以来,公司进行了一系列的产业调整,出售了子公司"富奥汽车"部分股份和"辽宁陆平机器"的全部股份,扣除税款,回收资金 6.18 亿元。公司历年来都保持了良好的经营性现金流,截至 2010 年底,公司货币资金为 12.96 亿元,母公司无银行贷款。公司利用富余资金回购股份将有助于提升公司的收益,增强投资者的信心。③公司目前股权相对分散,本次股份回购的实施有助于提高股权集中度,有利于公司长期、稳定的发展。

预案决定,通过深圳证券交易所交易系统以集中竞价交易方式回购公司部分社会公众股。回购时,参照目前国内证券市场汽车零部件制造类上市公司平均市盈率、市净率水平,确定公司本次回购社会公众股的价格为不超过 14.50 元人民币/股。但是,如果公司在回购股份期内送股、转增股本或现金分红,自股价除权、除息之日起,将相应调整回购股份价格上限。公司将根据回购方案实施期间股票市场价格的变化情况,结合公司经营状况和每股净资产值,在回购资金总额不超过 2 亿元人民币、回购股份价格不超过 14.50 元人民币/股的条件下,预计回购股份不超过 1 379 万股,具体回购股份的数量以回购期满时实际回购的股份数量为准。以此计算,本次回购股份比例约占本公司已发行总股本的2.43%,具体回购股份的比例以回购期满时实际回购的股份数量占本公司已发行的总股本数量为准。

本次拟用于回购资金总额不超过 2 亿元人民币,全部来自公司自有资金。回购期限为自股东大会审议通过回购股份方案之日起 6 个月内。如果在此期限内回购资金使用金额达到最高限额,回购方案即实施完毕,则回购期限自该日起提前届满。公司将根据股东大会和董事会授权,在回购期限内根据市场情况择机作出回购决策并予以实施。

预案同时对本次回购股份对公司经营、财务及未来重大发展的影响进行了分析。公司管理层认为:经过多年、持续稳定的发展,公司主营业务盈利能力不断提高,市场竞争力和抗风险能力不断加强。截至 2010 年 12 月 31 日,公司总资产为 40.45 亿元,归属上市公司股东所有者权益为 26.43 亿元,归属上市公司股东净利润为 4.20 亿元,公司经营活动产生的净现金流为 3.35 亿元,公司货币资金余额12.96 亿元,资产负债率 26.67%。预计此次回购资金将不超过 2 亿元,按 2010 年 12 月 31 日经审计的财务数据测算,假设此次回购资金全部用完,拟用于回购的全部资金总额则约占公司总资产的 4.94%、约占公司归属上市公司股东权益的 7.57%、约占货币资金的 15.43%、约占流动资产的 8.04%。基于以上情况,①本次回购不会对公司正常的生产经营产生重大影响。本次回购部分股份,将使用公司经营过程中的富余资金。2009 年、2010 年公司净现金流分别为 24 924.23 万元和 73 944.89 万元,稳定的现金流保证了回购后仍可以满足正常的生产经营活动。目前公司正在回收 2010 年提供给控股子公司的借款,截至上年年底公司对控股子公司的借款总额为 15 148.50 万元,借款收回后,公司不会因此新增银行借款。②本次回购将有助于改善公司的资本结构。截至2010年年底,公司净资产为 264 304.93 万元,资产负债率 26.67%,资本来源中来自权益资本的比重较大。本次回购股份后,公司的权益资本将适当降低,使公司的资本结构趋于合理。截至 2011 年一季度公司资产负债率为 24.4%,流动比率为 2.54、速动比率为 1.97;回购股份后,资产负债率为 25.65%,流动比率为 2.33、速动比率为 1.77,公司依然具有较强的偿债能力,财务状况依然保持稳健,不会损害公司债权人的利益。③本次回购股份不会对公司业务战略的实施产生重大影响。依据宏观经济形势、行业的发展状况以及公司的实际情况,公司制定了清晰、明确的发展战略,本次回购所使用的资金额度,已充分考虑了公司未来战略实施中投资、收购和兼并等方面的资金需求,目前公司财务弹性较大,本次回购不会对发展战略产生影响。通过回购股份,将提升公司资本市场的形象,有利于公司今后的发展。④本次回购股份不会改变公司的上市公司地位。本次回购股份比例为不超过公司目前总股本的 2.4315%,因此,回购后不会改变公司的上市公司地位。

预案最后强调,公司董事、监事及高级管理人员在董事会作出回购决议前六个月应该不存在买卖本公司股份的行为;公司董事、监事、高级管理人员在董事会做出回购股份决议前六个月内应该不存在单独或者与他人联合进行内幕交易及操纵市场行为。本回购方案尚需报中国证监会备案无异议后方可实施。

(二)回购报告书的公布

6 月 24 日,《宁波华翔电子股份有限公司关于回购部分社会公众股份的报告书》公布。报告书首先对在 6 月 1 日召开的公司 2011 年第二次临时股东大会上审议通过的以集中竞价方式回购公司部分社会公众股份的相关议案进行了阐述;其次就债权人通知;回购账户的设立;相关信息披露;上市公司董事、监事、高级管理人员在股东大会作出回购决议前六个月是否存在买卖本公司股份行为,是否存在单独或者与他人联合进行内幕交易及市场操纵的说明;法律顾问对本次回购股份的结论性意见;以及因公司现金分红调整回购股份价格上限等进行了披露,并罗列了相关备查文件。

1.公司已就本次回购债权人通知履行了必要的法律程序,并作出了必要的安排。公司于 6 月 2 日在《证券时报》、《上海证券报》、《中国证券报》、《证券日报》和巨潮网(http://www.cninfo.com.cn)发布《宁波华翔电子股份有限公司关于回购部分社会公众股份的债权人通知的公告》,对公司所有债权人进行公告通知。根据回购方案,公司在回购资金总额不超过 2 亿元人民币、回购股份价格不超过 14.50 元人民币/股的条件下,预计回购股份不超过 1 379 万股,具体回购股份的数量以回购期满时实际回购的股份数量为准,回购股份将依法予以注销。本次回购完成后,本公司注册资本将根据实际回购的股份数量而减少。根据《中华人民共和国公司法》、《上市公司回购社会公众股份管理办法(试行)》等相关法律、法规的规定,凡本公司债权人均有权于本通知公告之日起45天内,凭有效债权证明文件及凭证向本公司要求清偿债务或要求本公司提供相应担保。债权人如逾期未向本公司申报债权,不会因此影响其债权的有效性,相关债务(义务)将由本公司根据原债权文件的约定继续履行。截至本回购报告书公告日,未有公司债权人要求向本公司清偿债务或者要求本公司提供担保。

2.根据《上市公司回购社会公众股份管理办法(试行)》、《关于上市公司以集中竞价交易方式回购股份的补充规定》及《深圳证券交易所上市公司以集中竞价交易方式回购股份业务指引》的规定,公司已申请在中国证券登记结算有限责任公司深圳分公司开立股票回购专用账户,未来所有的股票回购将在专用账户进行。专用账户接受证券交易所和登记结算公司的监督,只能买进不能卖出。该回购专用账户公司将在回购期届满或者回购方案实施完毕后予以撤销。宏源证券股份有限公司为本次回购的经纪券商,实施本次回购事宜。

3.根据《上市公司回购社会公众股份管理办法(试行)》、《关于上市公司以集中竞价交易方式回购股份的补充规定》及《深圳证券交易所上市公司以集中竞价交易方式回购股份业务指引》的规定,公司在下列情形履行报告、公告义务:①公司将在首次回购股份事实发生的次日予以公告;②公司回购股份占上市公司总股本的比例每增加1%的,将在自该事实发生之日起3日内予以公告;③公司将在每个月的前3个交易日内公告截至上月末股份回购进展情况,包括已回购股份总数、购买的最高价和最低价、支付的总金额等;④公司将在回购期间的定期报告中公告回购进展情况,包括已回购股份的数量和比例、购买的最高价和最低价、支付的总金额等;⑤回购期届满或者回购方案已实施完毕后,公司将在3日内公告股份回购情况以及公司股份变动报告,包括已回购股份总额、购买的最高价和最低价、支付的总金额等内容。

4.根据中国证券登记结算有限责任公司深圳分公司的核查结果,截至股东大会回购决议日(2011年6月1日)前六个月,公司董事、监事及高级管理人员不存在买卖本公司股份的行为。公司董事、监事、高级管理人员在股东大会做出回购股份决议前六个月内不存在单独或者与他人联合进行内幕交易及操纵市场行为。

5.上海市邦信阳律师事务所出具的《法律意见书》认为:公司本次回购符合《公司法》、《证券法》、《回购办法》、《补充规定》、《回购指引》等法律、法规和规范性文件中有关上市公司回购本公司股份的条件和要求,公司将本次回购的相关材料报送中国证监会和深圳证券交易所备案,同时公告《回购报告书》后,本次回购方案的实施不存在法律障碍。

6.公司 2010 年度权益分派方案已获 2011 年 5 月 31 日召开的 2010 年度股东大会审议通过,以现有总股本 56 714 万股为基数,向全体股东每 10 股派1.6 元人民币现金,除息日为 2011 年 6 月 28 日。依据相关规定,自 2011 年 6 月 28 日起,将调整本次回购社会公众股的价格为不超过 14.34 元人民币/股,在此价格条件下,预计回购股份不超过 1 394 万股,具体回购股份的数量以回购期满时实际回购的股份数量为准。

(三)回购的实施

2011 年 7 月 5 日,宁波华翔对关于回购部分社会公众股份进展情况进行了首次公告。公告称,因 6 月 24 日公告回购报告书后,公司还需在经纪券商、银行办理开户及三方存管等手续,截至 6 月 30 日,公司回购股份总数为 0 股,支付回购总金额为 0 元。公司回购期限为自股东大会审议通过回购股份方案之日起 6 个月内,即到 2011 年 11 月 30 日止。

2011 年 7 月 11 日,宁波华翔首次实施了回购部分股份的方案并于次日进行了公告。公司首次回购股数量为 813 600 股,占公司总股本的比例为 0.14%,成交的最高价为 12.39 元/股,最低价为 12.17 元/股,支付总金额约为 999.92 万元(含印花税、佣金等交易费用)。此后,公司回购计划缓慢开展。至 7 月 31 日,公司回购股份数共计 1 645 700 股,占公司总股本的比例为 0.29%,成交的最高价为 12.39 元/股,最低价为 11.85 元/股,支付总金额约为 1 999.93 万元。到了 8 月份,宁波华翔由于参股子公司富奥汽车零部件股份有限公司公告了拟通过新增股份吸收合并方式借壳"广东盛润"的预案以及公司公告 2011 年半年报等原因,公司未进行回购股份。

随着回购期限的临近,宁波华翔也悄然加快了回购的步伐。9 月份,公司回购了 7 400 750 股,超过回购计划的五成。截至 2011 年 9 月 30 日,公司已回购股份数共计 9 046 450 股,占公司总股本的比例为 1.60%(9 月 30 日当日实施回购后,回购股份总数超过总股本的 1%),成交的最高价为 12.39 元/股,最低价为 9.85 元/股,支付总金额约为 9 532.54 万元。

三、宁波华翔股份回购分析

股份回购既是一项重要的股利政策,也是完善公司治理结构、优化企业资本结构的重要方法。股票回购作为成熟证券市场上一项常见的公司理财行为,不仅对市场参与各方产生一定的影响,而且为上市公司本身带来显著的财务效应。

(一)股份回购前企业财务分析(数据见表 12-1)

表 12-1　宁波华翔主要财务数据及主要财务指标(2008—2010 年)①

项　目	2010 年度	2009 年度	2008 年度
总资产(元)	4 044 927 049.55	2 780 617 622.57	3 050 910 706.87
营业总收入(元)	3 333 110 387.32	2 813 599 528.03	2 683 072 661.73
归属于上市公司股东的净利润(元)	420 264 200.85	357 778 186.94	143 014 849.96
归属于上市公司股东的所有者权益(元)	2 643 049 263.05	1 424 105 321.57	1 100 842 025.90
股本(股)	567 140 000.00	493 740 000.00	493 740 000.00
经营活动产生的现金流量净额(元)	334 566 630.85	246 706 538.14	248 722 950.47
加权平均净资产收益率(%)	18.79	28.33	14.01
基本每股收益(元/股)	0.77	0.72	0.29
每股经营活动产生的现金流量净额(元/股)	0.59	0.50	0.50
归属于上市公司股东的每股净资产(元/股)	4.66	2.88	2.23
资产负债率(%)	26.67	38.89	53.96

1. 企业盈利能力分析

上市以来,宁波华翔各项业务发展迅速,市场拓展能力、研发能力和盈利能力大幅提高。2010 年,公司实现营业总收入 333 311.04 万元,同比增长 18.46%;实现归属上市公司股东的净利润 42 026.42 万元,扣除非经常性损益影响,同比增长 77.41%。公司看好中国汽车行业的未来发展,也面临着较好的发展机会。

根据公司发展的需要,2010 年宁波华翔向特定投资者定向发行人民币普通股(A 股)股票 7 340 万股(每股面值 1 元,每股发行价格 11.88 元),增加注册资本人民币 7 340 万元。通过此次发行,共募集资金净额 85 077.38 万元,其中 7 340 万元作为新增股本投入,余额 77 737.38 万元计入资本公积(股本溢价)。公司在归属于上市公司股东的所有者权益增长 85.59% 的情况下,净资产收益率由 2009 年的 28.33% 回落至 2010 年的 18.79%。公司已发行的股份数虽然

①　资料来源:宁波华翔电子股份有限公司 2008—2010 年年度报告.深圳证券交易所(www.szse.com.cn).

有所增加,但在公司良好业绩的支撑下,基本每股收益、每股经营活动产生的现金流量净额、归属于上市公司股东的每股净资产等指标仍高于上年同期水平,位于同行业前列。由此可见,宁波华翔一直保持着良好的盈利能力,为企业创造着高质量的收益。

2.企业偿债能力分析

2010 年宁波华翔资产总计达 404 492.70 万元,负债总计 107 884.62 万元,资产负债率为 26.67%。近几年,公司盈利能力增强,企业盈余公积与未分配利润逐年增加,加之 2010 年的定向募集资金,公司所有者权益增长迅速。与 2008 年和 2009 年相比,即使公司负债总规模变化不大,负债在总资产中所占比重也逐年降低,资产负债率已处于行业及整个 A 股市场较低水平。

与此同时,公司在 2010 年偿还了 1 亿元的长期借款和 1.44 亿元的短期借款,母公司再无银行贷款。这使得公司财务费用迅速减少,降低了公司的财务负担。2010 年公司流动比率为 2.33∶1,速动比率为 1.72∶1,现金比率为 1.21∶1,说明公司拥有着足够的货币资金来偿还全部短期债务,支付能力很强,遭受损失的风险很小。另外,其经营活动又不断为公司带来足额的现金流。即使 2010 年度公司实施每 10 股派发现金股利 1.6 元(含税)的股利分配方案,以总股本 56 714 万股为基数,共分配股利 9 074.24 万元,鉴于公司较低的资产负债率及公司 12.96 亿元的货币资金,派发现金股利并不会增加企业的财务风险,影响公司后续的经营能力,反而有助于使公司的资本结构更加合理,并且有助于实现股东权益最大化。

(二)股份回购对企业财务的影响

在企业财务状况良好的情况下,宁波华翔利用经营中富余资金约 2 个亿,开始了以稳定公司股价、树立公司形象、增强投资者信心、提高股权集中度为目的的股份回购活动。

1.对股本结构的影响

宁波华翔规定,本次用于回购的资金总额不超过 2 亿元,在回购股份价格不超过 14.50 元人民币/股的条件下,预计回购股份不超过 1 379 万股。如以此计算,回购完成后公司股本结构会发生以下变化:股份总数由现在的 56 714 万股减少至 55 335 万股。有限售条件流通股份数量保持现有不变,为 70 408 357 股,但是所占已发行总股本的比率由 12.41% 将降至 12.72%;无限售条件的流通股份将减少 1 379 万股,由现在的 496 731 643 股降至 482 941 643 股,所占比率也会有所降低,由 87.59% 降至 87.28%。而公司实际控制人周晓峰所持有的宁波华翔 A 股股票,持股比例将由 15.86% 提高至 16.25%。华翔集团股份有限公司等大股东的持股比例也会有所提高,这在一定程度上加强了公司的股权集中度,有利于公司的长期稳定发展。

2. 对股价的影响

一般来说,因为股份回购减少了总股本,在净利润及其他因素不变的情况下,可以增加每股收益,从而使股价上升。宁波华翔此次股份回购的主要目的系公司估值处于低位,而公司认为,从所处汽车行业来看,公司面临较好发展机会。数据显示,2011 年 4 月末,A 股市场整体市盈率为 18.3 倍左右,汽车零部件行业的整体市盈率约为 17 倍左右,宁波华翔以股价 12.95 元/股对应 2010 年收益情况,市盈率约为 16.8 倍,处于市场及行业的低位。在大盘形势持续低迷的一片"寒意"市况下,6 月公司公告进行股份回购后,该股放量大涨,宁波华翔的回购举动无疑给投资者带来了信心,也支撑了二级市场的信心。

近期,宁波华翔的股票价格一直维持在 10~11 元,这使得公司的回购成本大幅降低,回购股份可能有所增加。上市公司回购股票,一般来说会成为短期刺激股价上扬的因素,对于暂时稳定股价具有一定的意义。但股价的变动受到多种因素的制约,股份回购并不能改变公司股价的未来走势。

3. 提高负债比重,优化资本结构

宁波华翔资产负债率不高,企业债务负担较轻。当企业总资本报酬率高于借款利率时,充分利用财务杠杆,将提高公司净资产收益率水平。股份回购在一定程度上提高了宁波华翔的财务杠杆比率,起到了优化资本结构,实现公司价值最大化的作用。

思考与讨论

股份回购是发达国家成熟资本市场上一种常见的资本运作行为。现在,各国通过不断修改相关法律条文,强化由于政治、经济、社会环境的变化而被不断弱化的公司经营者控制权,实现企业的长期可持续发展。股份回购制度的改革成为公司经营者灵活调整股权结构、稳定股价等的重要手段。这对于我国上市公司未来股份回购制度的完善无疑具有积极的借鉴作用。

一、建立健全有关股份回购的法律制度

2005 年《公司法》的修订,扩大了股份回购制度的适用范围;2008 年发布的《关于上市公司以集中竞价交易方式回购股份的补充规定》,取消了对上市公司回购期间现金分红做出的强制性限制。这些规定在我国市场经济发展初期,起

到了保护债权人利益、保证股东权益的平等、防止内部交易和操纵股价等的重要作用,为上市公司进行股份回购提供了制度保障。然而,随着我国经济体制改革日益深化,证券制度逐步完善,资本市场逐渐走向成熟,这种规定已不能完全满足市场经济发展的需要。加之,经济的全球化以及最近世界各国主权债务危机的影响,包括我国在内的世界各国股市纷纷陷入低迷。放宽股份回购的限制、规范股份回购程序、建立健全有关股份回购的法律制度,有利于增强企业管理的灵活性,促进企业长期有效发展。

二、完善股份回购信息披露制度

股份回购制度的实施,往往由于股份回购程序的不规范,导致债权人的知情权和中小股东利益受到侵害。因此,公司在进行股份回购时,应严格执行信息披露制度,及时、准确和充分地对本次回购的目的、价格、方式、时间、数量等进行披露,公告股份回购的报告,确保利益相关人平等的知情权,消除债权人、中小股东与大股东之间的信息不对称。通过完善证券交易法,对公司股份回购的方式、价格、数量和程序等进行约束,对公司内部相关管理层人员的有关股票买卖行为进行控制,防止内幕交易的发生。

三、提高上市公司对股份回购功能的认识

在我国,上市公司进行股份回购开始之初,基本为通过协议转让的方式回购企业非流通股达到国有股减持的目的。这几年,随着相关法律法规的陆续出台,企业进行股份回购的目的也呈现出多样化的态势。但是,多数上市公司对股份回购的功能认识不足,甚至惧怕股份回购耗用大量现金所带来的资金短缺,如果无特殊目的,上市公司不会轻易实施股份回购,股份回购在资本市场并没有得到普遍应用。企业回购本公司股份,并适时进行注销,可以起到分配公司超额现金的作用;把持有的库存股进行合并重组或实行股权激励计划时作为交付用股票,既不会增加企业分红的负担,股东持股比率也不会发生变化,满足了公司管理的需要;通过股份回购,企业还可以提高资产负债率,改善资本结构,追求财务杠杆利益。当然,在股价低迷、管理层认为企业价值被低估的时候进行股份回购,可以起到稳定公司股价的作用,无疑也向投资者传递了企业未来发展信心的信号。对于上市公司而言,进行股份回购不再仅仅是为调整股权结构,上市公司应该结合企业实际,适时运用这一资本运作手段,用于调整资本结构、维持股价、防止恶意收购、配合公司的重组合并,以及建立股权激励机制等多方面。

阅读文献

[1]石涛.股份回购的市场效应和财务效应——基于华海药业、九芝堂和天音控股的案例研究.财务与会计·理财版,2011(4).

[2]杨莉.我国上市公司股份回购问题分析.改革与开放,2010年(20).

[3]赵丽萍、高文娟.股份回购信息及其披露现状研究——基于沪市上市公司股份回购数据分析.北京工商大学学报(社会科学版),2010(4).

[4]刘增学.上市公司股份回购问题研究.浙江金融,2010年第9期.

[5]林英.对上市公司股份回购的思考.西南财经大学博士论文,2006年.

案例十三　浙江吉利控股集团有限公司重大资产重组案例研究

摘　要

　　在对重大资产重组案例进行研究中,本案例选取了吉利并购沃尔沃这一典型案例,在这一过程中吉利遵循了战略管理的三个核心流程。本案例首先通过SWOT分析法对吉利并购前所面临的内外部环境进行战略分析;其次,阐述了吉利汽车公司是如何对战略所进行选择的,以及我们所值得借鉴的经验;最后说明战略实施之后所面临的亟待解决的问题。

关键词

　　股权收购;SWOT分析;战略选择

案例资料

　　2010年8月2日,吉利收购沃尔沃的最终交割仪式在伦敦举行,吉利完成了对福特汽车公司旗下沃尔沃轿车公司的全部股权收购,总价约为18亿美元。至此,中国民营企业最大规模的海外并购案走完法律程序,并购成功后的吉利集团成为中国第一家跨国汽车企业。

　　该起收购使中国拥有具备国际竞争力的世界知名汽车品牌,可以一举进入国际高端汽车市场并占有一定份额,同时可以掌握部分国际先进汽车制造业的核心技术。因此,这起交易对中国从世界上最大的汽车消费国变成汽车强国具有重要意义。同时,这起案例也代表着中国制造业企业实施国际化战略的一个典型路径。

一、公司情况

(一)吉利汽车公司

浙江吉利控股集团有限公司是中国汽车行业十强企业。1997年进入轿车领域以来,凭借灵活的经营机制和持续的自主创新,取得了快速的发展,现资产总值超过340亿元,连续8年进入中国企业500强,连续6年进入中国汽车行业十强,被评为首批国家"创新型企业"和"国家汽车整车出口基地企业"。

浙江吉利控股集团总部设在杭州,在浙江临海、宁波、路桥和上海、兰州、湘潭、济南等地建有汽车整车和动力总成制造基地,在澳大利亚拥有DSI自动变速器研发中心和生产厂,已形成年产60万辆整车、60万台发动机、60万台变速器的生产能力。

浙江吉利控股集团现有帝豪、全球鹰、英伦等三大品牌30多款整车产品,拥有1.0L~1.8L全系列发动机及相匹配的手动/自动变速器。

浙江吉利控股集团在国内建立了完善的营销网络,拥有近千家品牌4S店和近千个服务网点;在海外建有近200个销售服务网点;投资数千万元建立国内一流的呼叫中心,为用户提供了24小时全天候快捷服务;率先实施了基于SAP的销售ERP管理系统和售后服务信息系统,实现了用户需求的快速反应和市场信息快速处理;率先实现汽车B2B、B2C电子商务营销,开创汽车网络营销新渠道。截至2010年底,吉利汽车累积社会保有量超过180万辆,吉利商标被认定为中国驰名商标。

(二)沃尔沃汽车公司

沃尔沃汽车公司原是沃尔沃集团旗下子公司,是北欧最大的汽车企业,也是瑞典最大的工业集团,世界20大汽车公司之一。它的目标是制造世界上最安全的汽车。

沃尔沃汽车公司以质量和性能优异在北欧享有很高的声誉,特别是安全系统方面,沃尔沃汽车公司更有其独到之处。美国公路损失资料研究所曾评比过十种最安全的汽车,沃尔沃荣登榜首。沃尔沃汽车公司下属商用车部、载重车部、大客车部、零部件部、汽车销售部和小客车子公司等。沃尔沃公司的产品包罗万象,但主要产品仍然是汽车。沃尔沃公司除了大客车、各种载货车在北欧占绝对统治地位外,它的小客车在世界上也小有名气。沃尔沃小客车以造型简洁、内饰豪华舒适而闻名。最近推出的沃尔沃740、760、940、960小汽车,已出口到100多个国家和地区。

（三）旧东家福特汽车公司

福特汽车公司不仅是世界超级跨国公司，而且是世界上最大的汽车企业之一，总部设在美国密歇根州迪尔伯恩市。1999年4月1日，福特汽车在其全盛时期，花费了64亿美元收购了沃尔沃，让这个总部位于瑞典的豪华乘用车品牌成为福特旗下一个全资的子公司。在收购后的几年来沃尔沃汽车销售额一直下滑，2008年全球金融危机的蔓延，使福特汽车出现巨额亏损，不得不卖掉那些不挣钱的品牌。在把捷豹和路虎两个品牌卖给印度塔塔汽车集团后，到年底，该公司汽车业务债务为258亿美元，即使减债成功，仍然有100多亿美元的缺口，12月福特汽车又决定出售沃尔沃业务，目的是缩减生产成本，全力保证福特品牌的开发及运营工作。卖掉沃尔沃能迅速回笼资金，避免福特进一步陷入困局。这是福特汽车降低成本、减少债务、改善财务状况、重新实现盈利的重大战略决策之一，也是福特要全心全意经营好福特这个正宗血统品牌的决心，并为此还提出了"一个福特，一个团队"的口号。

二、并购背景

在金融危机肆虐的2008年，沃尔沃轿车公司的总收入出现了大幅下滑，由2007年的约180亿美元跌至约140亿美元。沃尔沃公司还预测，2009年欧洲及北美重卡市场将减30%到50%，不过需求下滑趋势似乎已开始走平。首席执行官雷夫·约翰森在发表的声明中说："在第二季度，需求继续疲软，几乎出现在了所有的沃尔沃集团的市场。在未来的几年内，重点是要加强盈利能力。"他还表示，由于受到金融危机严重影响，全球市场需求仍未复苏，是导致该集团出现巨额亏损的主要原因。他认为，欧洲、北美和日本等主要市场的需求形势在今年下半年依然严峻。也有业内人士分析，二季度的亏损是因为沃尔沃主要市场深陷衰退，需求遭到遏制，因此导致众多厂商削减产能，同时全球金融危机又导致潜在卡车买家手头资金短缺，无力购买。

然而，随着中国汽车产业的发展以及百姓消费水平的提高，2008年是吉利控股集团迅速发展壮大的一年，经营规模迅速扩大，总资产也持续大幅攀升。吉利战略转型的成功并在市场上发挥越来越重要的作用，在消费者心中形象得到很大程度的改观，其知名度也在逐步提升，这充分反映了吉利在汽车产业发展道路上的一片光明。2009年国内市场份额的进一步扩大，还要归功于政府推出的刺激经济型轿车销售的政策，加之中国轿车市场即使在2008年经济危机中也处于强劲的状态，为吉利这样的汽车企业提供了很好的市场环境。

尽管当前经营环境充满挑战，吉利认为，公司整体流动资金及财务状况依然稳健。对汽车业务未来前景仍抱正面态度,并相信于全球金融危机减退时,公司将可凭借本身之优势及竞争力,以最佳状态为公司股东带来更丰厚之财富。吉利的经营状况是值得肯定的。从吉利工作重心转移和 2008 到 2009 年底持有现金的大幅增加,加之高盛投资的引入,可以看出吉利不论是从经营财务能力方面还是融资方面都在为收购做着充分准备,而且达到了一个值得肯定的收购基础。

三、事件回顾

在经历了曲折的两年,最终在国家发改委和商务部的审批下,浙江吉利集团与福特汽车在瑞典正式签署最终股权收购协议,吉利集团出资 18 亿美元,其中包括 2 亿美元的债券以及现金余额。成功收购后者旗下沃尔沃汽车公司 100% 的股权。这是中国民营车企首次成功抄底海外整车资产。

收购事件的主要进程如下:

2008 年 1 月,吉利向美国福特提及收购沃尔沃的意向。

2008 年 12 月 1 日,福特宣布考虑出售沃尔沃。

2009 年 1 月,底特律车展上,福特高层会晤吉利汽车管理层。

2009 年 3 月,国家发改委相继批准奇瑞、吉利参与收购沃尔沃。

2009 年 3 月中旬,吉利聘请英国洛希尔公司竞购沃尔沃。

2009 年 12 月 23 日,双方就出售沃尔沃轿车项目一事达成框架协议。

2010 年 3 月 28 日,吉利与福特签署最终股权收购协议。北京时间晚 9 点,吉利汽车在瑞典哥德堡与福特汽车公司签署了正式收购沃尔沃的协议,从而为这场历时一年多的并购"马拉松"画上了句号,同时 18 亿美元的收购价也创造了中国民营企业至今为止金额最大的海外汽车收购案。收购将在三季度完成。

2010 年 6 月—7 月,吉利控股收购沃尔沃相继通过了美国和欧盟的反垄断审查。

2010 年 7 月 15 日,吉利宣布李书福将担任沃尔沃轿车公司董事长。

2010 年 7 月中下旬,吉利收购沃尔沃通过国家发改委的审批。

2010 年 7 月 26 日,吉利收购沃尔沃通过了商务部的审批。

2010 年 8 月 2 日,吉利控股集团董事长李书福和福特首席财务官刘易斯·布思在英国伦敦共同出席交割仪式。中国浙江吉利控股集团有限公司 2 日在伦敦宣布,已经完成对美国福特汽车公司旗下沃尔沃轿车公司的全部股权收购。吉利集团希望借此一改生产廉价车的形象,跻身豪华车阵营。

四、市场表现

直至 2008 年沃尔沃离最糟糕的时候已越来越远了。公司亏损程度正在收窄,从 2008 年第四季度到 2009 年第四季度,单季亏损分别为 7.36 亿美元、2.55 亿美元、2.31 亿美元、1.35 亿美元和 3 200 万美元。扣除非经常性项目后,2009 年全年沃尔沃税前亏损 6.53 亿美元,较 2008 年的 14.56 亿美元减少 55%。

2010 年是沃尔沃汽车实现变革的一年。自 8 月 2 日吉利与福特汽车公司完成对沃尔沃汽车公司的交割后,沃尔沃汽车每个季度保持自去年第一季度开始的良好增长势头,2010 年扭转了过去两年以来的下滑趋势,全年汽车销售量达到 37.4 万辆,比 2009 年增长 11.2%,公司实现了全年盈利。沃尔沃电动汽车 C30 安全碰撞也取得了与普通内燃机汽车相媲美的安全指标,把沃尔沃在安全方面的全球领先地位继续引向未来。第三方进行的员工满意度调查达到 84%,是历年来最高。沃尔沃汽车在中国形成了一个全新的业务架构,已经从一家全国性销售公司,发展壮大成为一个全职能的业务集团,业务范围从产品开发、制造、质量控制、采购、销售、市场与客服,到投资者关系、财务、法律、人力资源与公共事务等各个领域。

吉利汽车公司 2010 年的年报显示,公司 2010 年实现销量 41.58 万辆,同比增 27%。其中中国市场销量为 39.53 万辆,同比增长 29%;2.05 万辆为外销,同比增 6%。展望未来,考虑到国内和全球经济的不明朗因素,吉利汽车将 2011 年销售量目标定为 48 万辆,较 2010 年上升 15%,略高于中国汽车工业协会预测的中国轿车市场增长速度。

从年报公布的数据来看,吉利控股几项财务数据均取得了增长。其中,销售收入同比增长 43%,至 201 亿元(人民币);股东应占利润为 13.7 亿元(人民币),同比上涨 16%,拟每股派息 0.026 港元。财务数据大幅攀升,与销量大幅增长以及高端产品推出有关。其负债率由 2009 年的 67% 降至 2010 年的 52%,财务状况正在转好。

2011 年 2 月 25 日,沃尔沃汽车公司在北京宣布并启动该公司未来 5 年在中国的发展战略,其中包括在中国建立成都和大庆两个生产基地和上海总部基地,2015 年达到 20 万辆车销量和 20% 中国豪华车市场份额的目标。沃尔沃汽车公司全球董事长李书福先生说:我们将继续严格执行"吉利是吉利,沃尔沃是沃尔沃"的方针。经过集思广益,认真研究和广泛论证,我们制定出了非常正确的中国商业战略。接下来的任务是放"虎"归山,尽快恢复沃尔沃汽车往日雄风,进一步提升其"北欧设计、全球豪华品牌"的传统,坚持其"安全、低调、高品位"的核心理念。一个更加全球化、更加豪华、更加高档的沃尔沃汽车,在实现"零伤亡、零排放"的伟大愿景的同时,将继续为世界汽车工业文明的发展贡献力量。

分析与评述

和国有企业海外并购主要集中在对资源矿产类企业并购不同,民营企业的海外并购集中在对拥有先进技术和知名品牌企业上的并购。这也深刻地反映出了民营企业突出的全球战略意识。而据麦肯锡的研究,在过去20年,中国有67%的海外收购不成功,其中以获得先进技术为目的的海外收购大多都没能实现。海外并购的高损失和高失败率值得中国企业警醒。

因此,我们对这一并购事件不单单从其财务方面进行分析,而更多地应该从企业整体战略流程中思考,一般来讲,战略管理流程包括企业战略的三个核心领域:战略分析、战略制定和战略实施。其中,战略分析是整个战略流程的起点,对企业制定何种战略具有至关重要的作用。

一、战略分析

首先,我们利用SWOT分析法对吉利并购沃尔沃这一行为进行战略分析。

(一)S——优势

1. 强大的专业人才资源

吉利从一开始就重视专业人才的培养。正因为有了北京吉利大学、海南大学三亚学院、浙江吉利技师学院等大专院校不断地培养和输送大批人才,才保证了吉利事业的飞速发展。"人人是学生,人人是老师"是吉利人才战略上的最大创新。这种创新的人才战略其实是中国汽车产业由大到强转变中的最基础储备。为了完成汽车的技术工作,吉利专门成立了已拥有1 300名研发人员的汽车研究院。

2. 成本优势

吉利在低成本研发方面有着巨大的优势,它的成本要比沃尔沃低很多。这种"低"不是简单指工程师工资低,而是在集成创新、让世界的资源为我所用等方面都比沃尔沃要强很多。可以通过并购把沃尔沃的成本降下来,比如研发组装在瑞典工厂不变,把生产制造和零部件采购放到中国,把豪华车的人工成本降下来,但是质量不能降下来。另外,通过规模化来降低成本,并利用中国市场加大销售、低价销售来补贴瑞典工厂,达到不亏或微利。

3. 先进的科研优势

在吉利生产的汽车中全球鹰、帝豪、上海英伦等全新的三个系列车型正蓄势待发,相继开赴市场。这些车型装备着吉利自有的涡轮增压缸内直喷技术、全铝缸盖、塑化进气歧管、自动变速器、CAN 总线技术、轻量化技术、BMBS 爆胎检测与制动系统等等先进技术。另外,还有正处于研发和样车试制阶段中的插入式混合动力车、双燃料车、太阳能纯电动车等各种新能源车。现有吉利豪情、美日、优利欧、SRV、美人豹、华普、自由舰等七大系列 30 多个品种的轿车;拥有 1.0L(三缸)、1.0L(四缸)、1.3L、1.5L、1.6L、1.8L 等六大系列发动机;拥有 JLS160、JLS160A、JLS110、JLS90、Z110、Z130、Z170 等七大系列变速器。上述产品均通过国家的 3C 认证,达到欧Ⅲ排放标准,其中 4G18、4G10 发动机已经达到欧Ⅳ标准;吉利拥有上述产品的完全自主知识产权。

4. 完善的营销网络

浙江吉利控股集团有限公司在国内建立了完善的营销网络,现拥有 286 个 4S 店、489 家品牌经销商和 569 家服务站。投资数千万元建立了国内一流呼叫中心,为用户提供 24 小时快捷服务;率先在国内汽车行业实施了 ERP 管理和售后服务信息系统,实现用户需求的快速反应和信息快速处理。集团在海外建有近 200 个销售服务网点,在乌克兰、俄罗斯和印度尼西亚等国家设厂进行 SKD/CKD 组装生产和销售,累计实现海外销售十几万辆,位居中国轿车出口前列。

5. 对并购方深入的了解

吉利研究沃尔沃这个企业已经有 8 年多了,正式跟福特进行沟通,讨论这个问题,也将近 3 年多了。对于沃尔沃这个企业的理解和对汽车行业的理解,以及吉利本身这个企业的核心竞争理念等等,这一切都是福特要选择沃尔沃新东家的非常重要的元素。

(二)W——劣势

1. 无差别的产品或服务

吉利造车的思路,从模仿奔驰开始,吉利的汽车就闹出过"前面看像皇冠、中间看像奔驰、后面看像凯迪拉克"的笑话。如今收购沃尔沃,拥有一个响当当的豪华车品牌,可以摆脱国内汽车"模仿秀"的形象,获得国外企业的现今核心技术,缩小与市场经济国家技术水平的差距。为民营汽车企业树立好的标杆。沃尔沃具有 4 000 名高素质研发人才队伍,能够实现原有企业的研发人员定期交流,提高原有研发人员的水平,实现从新技术学习到新技术创新。沃尔沃系出名门,不仅安全性能誉满天下,在最热门的汽车环保方面,沃尔沃也处于全球领先水平。其拥有满足欧Ⅴ和欧Ⅵ排放法规的 10 款整车和 3 款发动机的完整产品线。据悉,2009 年沃尔沃推出了 7 款高效柴油汽车,这些车型在各自的级别中都是效率较高、二氧化碳排放量较低的,并且在欧洲市场持续热销、好评如潮。在今年4月的北京车展上,沃尔沃又以C30纯电动车惊艳全场——C30完全依靠电力行驶,零尾气排放,并且行驶里程可达150公里。根据计划,在实际交通测试结束后,沃尔沃的C30纯电动车将于2013年正式投入量产。

2. 品牌和声誉优势略显不足

"中国制造"享誉全球,中国产品以物美价廉闻名国内外,这就影响了中国对外直接投资多瞄向"低端"品牌。第一产销大国背后,却是自主品牌所占比例只有可怜30%左右的残酷现实,而核心技术的缺失、零部件制造和研发能力的严重不足等原因更加使中国产品的品牌和声誉处于劣势。在长远来看,像吉利这种低端品牌不是主流消费者的选择,如何冲击高端品牌,形成自己的品牌成为海外并购所面临的难题。而沃尔沃和奔驰、宝马是齐名的品牌,它是一个强势的品牌,在车辆安全和环保领域拥有独特的技术,强调安全、节能和环保。沃尔沃的品牌价值接近百亿美元,收购沃尔沃这么一个大的品牌,不仅可以推动吉利更加国际化,也会推动中国更加国际化。

3. 核心竞争力低下

中国汽车市场的现状是:自主品牌在性能、技术、质量上与国外品牌的差距较大,中高端汽车市场已经被国外品牌占据,而为了开拓市场,外资品牌也纷纷开始进入低端市场。因此,提高自身的核心竞争力成为一个在汽车行业脱颖而出的必要条件。而沃尔沃是世界汽车顶级品牌,具有悠久的历史,雄厚的技术实力,尤其在安全与环保技术方面引导着世界汽车技术潮流。通过收购,吉利会得到沃尔沃在汽车安全等方面的技术,对加强自身产品研发能力有极大帮助。福特和沃尔沃近十年来花费了上百亿美元研究新能源技术。新能源车是世界汽车工业的未来,一旦收购沃尔沃成功,吉利可能搭乘新能源这班列车,在未来的汽车业竞争中占据一席之地。并且通过利用沃尔沃成熟的汽车技术,提高自有品牌如帝豪和全球鹰的质量。

4. 资金风险

吉利这次收购资金是18亿美元,加上后续运营资金是27亿美元,而其中吉利自有资金仅4.5亿美元,其他全部来自融资。在这么纷繁的资金来源里面,吉利汽车是否能够保证资金流的通畅与安全?90%的收购款是靠借的,而借钱是要还的,这等于将资金风险转嫁到融资机构上了。所以说,这里面的资金风险还是非常大的,生产上、市场整合与推广上的资金需求,一旦发生融资危机如何获得新的通道?这是必须先行系好的一条安全带。

(三)O——机会

1. 发展中的新兴市场

由于全球经济的下滑以及汽车销量的大幅缩水,迫使福特不得不重新考虑是否要继续保留沃尔沃品牌。2008年全球金融危机的蔓延,使福特汽车出现巨额亏损,不得不卖掉那些不挣钱的品牌。卖掉沃尔沃能迅速回笼资金,避免福特进一步陷入困局。在全球豪华车市场大幅萎缩中,奔驰、宝马、奥迪等一线豪华品牌车年销量均出现了较大幅度的下滑,与此同时,中国豪华车市场却以超过40%的增速高速增长,其中,沃尔沃轿车2009年在中国的销量增长了80%以上。因此,给正在发展中的吉利汽车创造了一个收购的良好条件。

吉利汽车收购沃尔沃后,沃尔沃变为中国企业的品牌,会在中国享受到更宽松的政策支持,打开通向中国市场的大门。作为本土企业,吉利汽车非常了解中国汽车的发展与销售,沃尔沃被收购后的销售量可能会受益于快速增长的中国汽车市场。

2.旧东家急于脱手

自1987年开始,福特公司先后收购了阿斯顿马丁、捷豹、沃尔沃和路虎,花费十多年的时间创办了自己的汽车集团,旗下拥有数款欧洲顶级的汽车品牌。然而,随后的事实证明,这种分散精力的做法的代价是巨大的。1999年,福特公司以64.5亿美元的价格,收购沃尔沃轿车公司。沃尔沃轿车被福特收购后,自1995年以来,其在全球豪华车市场的份额从14.9%一路下降到8.2%,自2005年至今更是连续5年亏损,每年的亏损额均在10亿美元以上。金融危机爆发后,沃尔沃亏损加剧。2008年沃尔沃轿车亏损14.65亿美元,2009年虽然有好转,但也亏损高达6.53亿美元。对福特而言,其构建以欧洲品牌为主导的高档车型的计划既劳神又费钱,并且以失败告终。

福特要卖掉沃尔沃的全部股权,这是福特汽车降低成本、减少债务、改善财务状况、重新实现盈利的重大战略决策之一,不会轻易改变。在国际金融危机之下福特急于轻装上阵,重建其美国核心市场;推进名为"一个福特"战略——在为数不多的公共平台上生产该公司全球范围内的全部车型。

3.政府规则放宽

由于政府推出的刺激经济型轿车销售的政策,吉利近几年来飞速发展,尤其是2009年国内市场份额的进一步扩大,加之中国轿车市场即使在2008年经济危机中也处于强劲的状态,为吉利这样的汽车企业提供了很好的市场环境。

2009年以来政府主管部门对待海外并购的态度正悄然变化,由上半年谨慎对待海外并购转为酝酿出台扶持政策。2009年11月15日,在第三届中外跨国公司CEO圆桌会议上,商务部副部长陈健指出,商务部将研究出台新的政策措施,鼓励有条件的中国优势企业积极开展对外投资和跨国经营,不断拓展对外投资合作的新领域、新途径。在扶持政策出台前,主管部门已经制订了走出去的宏伟目标。2009 年 11 月 11 日,商务部、发改委、工信部、财政部、海关总署和质检总局等六部委联合发布了关于促进中国汽车产品出口持续健康发展的意见,明确提出了汽车及零部件出口目标,即从 2009 年到 2011 年力争实现年均增长10%;2020 年实现中国汽车及零部件出口额占世界汽车产品贸易总额 10%。12月 16 日,在商务部例行新闻发布会上,商务部新闻发言人姚坚在回答关于商务部是否会为吉利沃尔沃提供帮助时表示,吉利收购沃尔沃可以有效利用中国的外汇储备,在必要时,商务部将为吉利提供海外法律咨询等服务,支持其顺利收购。2010 年初国家出台的《汽车产业调整和振兴规划》明确指出:"以结构调整为主线,推进汽车企业兼并重组。"兼并重组有多种形式,不仅是国内企业之间的兼并重组,也要利用国际金融危机带来的机遇并购海外的汽车企业。

4.相关利益方的支持

英国著名投资银行洛希尔公司(Rothschild)是吉利集团的智库之一。洛希尔是一家在法国注册成立的公司,总部设在巴黎,由洛希尔家族控股,目前以私人银行和资产管理为主要业务。洛希尔家族发迹于 19 世纪初,是欧洲乃至世界久负盛名的金融家族。吉利与洛希尔的合作始于 3 年前吉利入股英国锰铜公司。在 2009 年 3 月,吉利并购澳大利亚 DSI 变速器公司中,洛希尔作用开始显现。由洛希尔牵线,吉利以最短的时间与贝克 & 麦肯兹(Baker & McKenzie)律师事务所和安永会计师事务所这样的知名顾问公司签署了服务合同,保证了对 DSI 的闪电收购。相信此次的收购案中,该投行会助吉利公司一臂之力。

(四)T——威胁

1.企业所处的市场出现新的竞争对手

当吉利忙于筹钱的时候,一个新的竞争对手出现了,打了他一个措手不及。美国皇冠财团出来搅局,以低于吉利的报价收购沃尔沃,发起者为一帮汽车界的元老们,包括福特汽车前董事丁曼和曾在福特汽车及克莱斯勒担任高管的拉什文。如何应对竞争者也成为企业必不可少的技能。

2.市场的认同度

吉利全新引进的沃尔沃车型能否受到中国消费者的青睐还是未知数。沃尔沃进入中国的时间非常早,当年的 740、960 都是可以与奔驰 SEL、宝马 7 系相提并论的豪华轿车。然而由于车型设计风格和品牌建设等原因,沃尔沃在与"M-B-A"(梅赛德斯奔驰—宝马—奥迪)等德系豪华车的竞争中逐渐掉队,从销量来看已经逐渐成为豪华车市场的二线品牌,长安沃尔沃生产的两款豪华车 S40 和S80L 不温不火、差强人意的业绩就是佐证。吉利收购沃尔沃后,除了继续引入新车型的工作,还肩负着整合长安沃尔沃的重任,而这也关系到吉利能否取得事半功倍的效果。

3. 文化差异

能否克服文化差异将左右吉利和沃尔沃未来的成功。由于不同的心态和立法背景,在欧洲,作为维护工人权益的组织,工会一般不会太多地考虑企业的发展,而是更关注自身职工的利益和权益保障。工会明确界定了员工和合同义务工作者的责任,任何与工会对抗的事都会引发罢工事件。中国的廉价劳动力和地方政府的优惠政策,都能让李书福省下不少成本,而瑞典是一个出了名的高福利国家,民众的福利"从摇篮到坟墓"。而沃尔沃另一个工厂在比利时,同样也是一个高福利国家。每年的员工与福利都带给自己相当大的成本,沃尔沃现在的困境就陷在高成本里,只有5亿美元市值的吉利汽车企业是否能够掌控30亿美元的企业,令人产生疑虑。

二、战略选择

其次,在对企业进行充分的战略分析之后,我们可以感受到吉利汽车公司所处大环境之下的机会与威胁,以及其自身内在的优势与劣势。那么该公司在整个并购中又是怎样去落实战略的,值得我们去进一步的学习与借鉴。

(一)安全技术与低成本优势的相互融合

吉利是中国本土土生土长的民营企业,充分地享受到了中国劳动力的廉价以及低成本的优势。而沃尔沃的安全性能是它享誉全球的主打产业,为了保持世界先进的技术水平,每年要投入大量的研发费用,和同为高档车的宝马、奔驰不相上下,但是由于产量的缩减,导致摊销到每辆车的研发费用过高,从而导致亏损。故吉利已经计划在中国内地选址建厂,利用中国的劳动力生产沃尔沃轿车,考虑到针对生产资源的互补利用,通过劳动力的价格优势和高产量带来的研发成本摊销来降低生产的平均成本。与此同时,李书福早已抛弃了过去"四个轮子、两个沙发"的那种对技术藐视的态度,沃尔沃是生产豪华轿车的,吉利通过100%的股权来收购沃尔沃,利用沃尔沃瑞典设计师为吉利汽车设计新型低价车。这样,让吉利汽车技术前进一步,但是价格不要前进。并且通过学习沃尔沃的技术与生产运营管理,使其把吉利也引入中高档车的行列。吉利富有年轻人的梦想和危机感,那种敬畏、警醒、敏锐、灵活是中老年的福特所无法比拟的。

(二)对沃尔沃品牌的尊重

"尊重沃尔沃的核心价值理念"。此次收购案中,在对沃尔沃品牌独立运行的问题上,其表现出了对沃尔沃核心技术和品牌的尊重,也显示出吉利的成熟和稳重。收购之后,"沃尔沃还是沃尔沃,吉利还是吉利",还是两个完全独立运作的品牌,"只是老板换成了李书福"。沃尔沃来自北欧,离开了这个特定的土壤,沃尔沃将成为没有根基的品牌,自然就失去了生存的价值。沃尔沃将保留自己的鲜明特点,在瑞典哥德堡的团队运营下和新的董事会的领导下,继续追逐在顶级豪华汽车领域的发展。

（三）增强双方的核心竞争能力

沃尔沃是个创新能力很强的企业,为世界汽车工业的发展作出了巨大贡献,特别是安全技术、环保技术方面都走在全球同行前列,是受人尊敬的汽车企业。吉利并购沃尔沃后可以学习后者的先进管理方式、人才培养机制及其有竞争力的创新机制和部分产品技术。沃尔沃拥有品牌和技术,吉利会凭借对中国国情的深刻理解帮助沃尔沃降低制造成本、扩大在中国的市场份额;而吉利拥有良好的成本控制能力,如果再增添上沃尔沃的技术优势,会大幅度提高其竞争力。

（四）资金风险的应对

为了防止若以吉利作为贷款担保,一旦沃尔沃出现较大亏损,吉利就有承担巨额债务被拖下水的风险,吉利为自己打造了一条风险隔离带,专门成立吉利万源、吉利兆元作为融资平台实施交易。吉利在融资方略上实现了国内外联合融资,集合了各方面的资源,包括地方政府融资、并购贷款融资等其他中国企业海外并购中较少采用的融资方式。

（五）市场互补机制

李书福的话非常有底气:"提供中国市场,就可以给沃尔沃提供一个更独立、自由的空间,让它在安全技术上完全发挥自己的能力。目前沃尔沃在中国的市场占有率不到1%,如果能把份额做到10%就不得了,等于有了两个本土市场。"沃尔沃的前途维系于中国市场。这是真正的高端,真正的市场高地。把这个高地明确起来,把这个高地烘托出来,才是真正吸引人的地方。

并购沃尔沃后将其补充到吉利的中高档产品的空白中,扩大其在国内市场的销售。通过这种互补机制,吉利很可能会将福特时期沃尔沃的亏损循环扭转为盈利循环。另外,沃尔沃在国外市场还有较大空间的,国外也曾经做到过45万辆,现在才30万辆,这就是很大的空间。沃尔沃的产品线也要进一步丰富,这本来也是增长点。并且,吉利收购沃尔沃买到的不仅仅是技术、专利等知识产权和制造设施,还获得了沃尔沃在全球的经销渠道。要充分利用双边的销售渠道,让双边汽车进入对方的销售渠道,可以迅速提升销售量。这样会把吉利国内目前的蛋糕做大,也加速沃尔沃在华的销售。

（六）与工会保持良好的沟通

解决当地沃尔沃职工的担忧,吉利承诺将保留沃尔沃目前的工厂、研发中心、工会协议和经销商网络。西方的工业文明,西方的工业进步,西方企业的竞争力、生命力,完全是靠工会形成的。吉利把工会理解成支持企业发展,形成企业强大竞争力和强劲生命力的一个非常重要的组织系统。并且与工人能否保持良好的协调,亦完全取决于工会。沃尔沃的工会真正代表工人的利益,吉利虚心听取工会的意见,并且对企业政策的不足之处进行改进。

思考与讨论

作为一个民营企业的吉利来说,能够这么顺利地通过并购,离不开政府对此次事件的大力支持。就国家层面上来看,国家副主席习近平虽未出席签字仪式,但坐镇哥德堡。国家工信部部长李毅中和瑞典首相 Maud Olofssen 双双出席了吉利和福特的关于沃尔沃汽车 100% 最终股权协议的签字仪式。这也象征着改革开放以来中国民营企业的壮大,以及国家对其成长的支持。这对于饱受质疑的民营企业的海外收购,无疑是来自官方的最大的支持,相对于大型国企的海外收购,民营企业得到的呵护显然是少了一点,但李毅中的出席,还是令人非常欣慰。但是在顺利的并购之后,为以后的发展整合却留下了不少亟待解决的问题:

1. 产能日益过剩

在吉利收购沃尔沃这个协议当中,我们忽略了一个很大的问题:产能日益过剩,尤其在成熟的企业当中亦是如此。事实上,不论福特出售是旗下的哪个品牌,这都无法改变欧洲产能过剩的情况,而是把这个棘手的问题推给了新兴市场的竞争对手,而福特则通过其"一个福特,一个团队"的口号专心扩大其在发达市场中的份额。并且沃尔沃品牌的本土市场是在瑞典,市场规模相对于美国、英国等老牌汽车强国太小,福特自身高档车品牌也和沃尔沃有冲突,导致其在美国市场销售受到了很多挑战。因此,沃尔沃之后的销路是否能像李书福想的那么乐观,不免让人产生担忧。

2. 知识产权的使用权

除了股权收购,吉利集团和沃尔沃的协议还涉及了沃尔沃轿车、吉利集团和福特汽车三方之间在知识产权、零部件供应和研发方面达成的重要条款。在知识产权使用支配方面,吉利集团与福特汽车公司也达成了协议。协议中,沃尔沃将保有其关键技术和知识产权的所有权以及为实施既定商业计划所需要的所有福特知识产权的使用权。吉利集团将通过沃尔沃拥有其关键技术和知识产权的所有权,并有权使用大量知识产权,包括沃尔沃安全与环保方面的知识产权,但相关技术只能用在沃尔沃品牌,而不能用在吉利品牌上。这也许说明了吉利集团并没有完全的使用权。但汽车分析师贾新光却表示,吉利很难收购沃尔沃所有的知识产权,因为福特、马自达和沃尔沃存在平台技术的相互借用。同时他表示,这是中国车企对外收购知名汽车品牌时,都将面临的一道难题。

3.沃尔沃高端品牌形象的保持

不得不承认沃尔沃和吉利是两个存在较大品牌差异的企业,吉利如何保持沃尔沃高端的品牌形象显得至关重要。沃尔沃的品牌管理必须采取与中国品牌不同的方式,将两个企业独立分开进行经营管理,同时,吉利还要做好对身处欧洲的沃尔沃员工的人员管理工作。在中国,吉利要努力确保沃尔沃员工对该品牌的承诺,从而激发品牌的全部潜力。沃尔沃需要一个极具国际管理经验,并且认真执行未来企业战略的团队来领导,中西合璧的管理方式将是成功的关键。从品牌运作角度看,目前最急迫的,可能是怎么发挥沃尔沃的"安全车"效应,这个问题对吉利可能是把双刃剑。沃尔沃当年兴盛,打的是安全牌;后来走向衰落,也是受安全这张牌的拖累。每年在安全上的投资,已经到了沃尔沃无法支撑的地步。

4.确保低成本高质量

由于吉利声称沃尔沃将在 2011 年扭亏为盈,因此本土采购将会迅速展开,这就要求吉利确保沃尔沃的汽车质量和做工水平一如既往,并为沃尔沃所有车型在中国的本地化生产做好准备。在如此短的时间内扭亏为盈,其中存在的最大隐患可能就是在降低成本的同时其产品的质量是否能够达到以往的标准。如果出现类似丰田大规模召回之类的事件,将对沃尔沃品牌的核心价值如安全(世界上安全性最高的车)等造成致命打击,有可能将最终导致高端客户抛弃沃尔沃。因此,确保沃尔沃生产的质量成为至关重要的问题。

5.高福利下的困境

中国是一个增长的市场,沃尔沃进入中国第一步是将生产迁往中国,因为这样可以保持较低的成本。如果这样的话对于瑞典和比利时的就业是不利的,但要保持在瑞典和比利时的工厂,每年的员工与福利都会产生相当大的成本。因此,吉利所要做的就是怎样在短时间内把低成本与高福利能够有效的协调起来,才能使其既不会损害沃尔沃原工厂的工人,又可以使它尽快地摆脱亏损的困境。

吉利收购沃尔沃只是万里长征走完了第一步。虽然在并购之后还面临着重重困难,但是吉利的这一并购事件依然功不可没,吉利集团的成功收购不仅对中国汽车行业进入欧洲市场有非常重要的意义,也对其他企业今后进行跨国交易提供了宝贵的经验。但是吉利今后的路还很长,而且一定很艰难。这一过程中,一方面需要吉利坚持其创新之路;另一方面也需要各方面进一步的理解与支持。

阅读文献

［1］文殇.并分天下:中国并购的游戏.北京:科学出版社,2010.

［2］吴迎秋.世界向东——聚焦吉利收购沃尔沃案.广州:广东经济出版社,2010.

［3］马光远.李书福完成一个里程碑式的收购.21世纪经济报,2010年3月29日.

［4］TNS中国.包亦农评吉利收购沃尔沃.市场研究,2010(5).

［5］王珏.博文聚焦吉利收购沃尔沃.国际融资,2010(5).

［6］艾学蛟."抄底"收购沃尔沃.中国中小企业,2010(2).

［7］周锦尉.调结构也要勇敢走出去——由吉利收购沃尔沃想到的.文汇报,2010年4月9日.

［8］范璟.福特CEO首度披露:我为什么要卖掉沃尔沃.中国经济和信息化,2010(10).

案例十四　新疆屯河股份有限公司公司重整案例研究①

摘　要

2004 年德隆危机发生后，银行对德隆旗下的公司只收不贷，新疆屯河投资股份有限公司为此陷于严重的财务危机之中。在各级政府和中国华融资产管理公司的支持下，中粮集团不仅提供经营资金以保证新疆屯河正常的生产经营，并且运用债务展期与债务和解、受让股权和债转股等多种重整方式，成功完成了公司资产负债表重整，重塑了公司诚信的形象，使公司从财务危机的阴影中走出来，免于退市或破产。公司成功的重整，不仅为中粮集团、公司原股东、客户、供应商和职工等相关利益人创造了价值，还成就了今天这家全球知名的番茄和杏酱生产企业及全国最大的甜菜糖生产企业。

关键词

财务危机；公司重整；价值创造；创新

---

① 重整是指不对无偿付能力的债务人的财产立即进行清算，而是与相关利益人协商，进行公司债务、资产或股权的整合，以摆脱财务困境、重获经营能力的行为。公司重整是公司重组的一种特殊表现形式，是对财务危机公司的重组。本案例借用破产法中重整概念，表述财务危机公司的重组。

案例资料

一、公司基本情况

中粮屯河股份有限公司(原新疆屯河投资股份有限公司)是国家农产品加工重点龙头企业,为全球第 2 大番茄酱和最大的杏酱生产企业、全国最大的甜菜糖生产企业,也是我国领先的果蔬食品生产供应商。中粮屯河的番茄制品生产量占中国的 50%,世界的 15%。

公司的前身为新疆昌吉州头屯河水泥厂,成立于 1983 年。1993 年 7 月由昌吉州屯河建材工贸总公司、新疆钢铁公司新疆八一钢铁总厂、新疆昌吉金汇实业发展公司、广州海珠区穗海物资公司联合发起,以定向募集方式进行股份制改组,并更名为新疆屯河股份有限公司。1996 年 7 月 4 日,公司以每股 5.78 元价格向社会公开发 1 750 万股,并于 7 月 31 日在上海证券交易所上市交易,股票代码为 600737。2000 年 11 月,公司更名为"新疆屯河投资股份有限公司"。

2004 年,受实际控制人德隆集团危机的影响,公司陷于资金链断裂的严重困境。2005 年 6 月,中粮集团成功重组新疆屯河。之后,公司进入快速、健康、持续的发展轨道,盈利能力、产业规模、行业地位、客户认可度、社会声誉、国际影响力得到全面的提升。2008 年进入上证 180 和沪深 300 指数样本股。中粮屯河的发展模式已入选哈佛大学商学院案例库。公司主要会计数据与行业排位情况见表 14-1。

表 14-1　中粮屯河主要会计数据与行业排位表[①]

单位:亿元;位

项目	2010 年 12 月 31 日	行业排名	2009 年 12 月 31 日	行业排名	2008 年 12 月 31 日	行业排名
资产	79.76	8	70.13	7	60.85	8
负债	52.76	4	39.47	8	31.38	9
股东权益	26.99	12	30.67	12	29.47	9

[①]　资料来源:金融界(http://stock.jrj.com.cn/share,600865.shtml)。

续表

	2010 年	行业排名	2009 年	行业排名	2008 年	行业排名
营业收入	29.37	23	28.79	20	34.3	16
净利润	−0.57	83	2.82	17	3.19	11
息税前利润	0.62	60	3.62	18	4.73	12
息税折旧摊销前利润	3.41	17	6.09	7	6.76	4

中粮屯河是一家主营农业种植、番茄、食糖、林果、罐头、饮料加工及贸易业务的上市公司。公司旗下的"番"牌系列调味酱产品、"新阳光"牌系列果蔬饮料产品以其高度的专业水准和健康自然的形象在国内市场居于领先地位,发展迅速。目前,公司正向着全产业链的知名品牌食品供应商迈进:构建从种子研发、种植、采收拉运、加工到销售及物流、品牌推广、食品销售的完整产业链体系,覆盖"从田间到餐桌"的各个环节;并加快品牌业务发展速度,使品牌业务成为公司支柱产业之一。

（一）主要股东和实际控制人

截至 2010 年 12 月 31 日,公司股份总额为 100 560.42 万股,其中无限售股80 560.42 万股,占 80.11%,有限售条件股份 20 000 万股,占 19.89%(为 2008年 4 月 22 日定向增发的股份,限售 36 个月)。公司主要股东的持股情况见表 14-2。

表 14-2 中粮屯河主要股东持股情况表[①]

名次	股东名称	持有数量（股）	持股比例（%）
1	中粮集团有限公司	599 319 200	59.6%
2	中国工商银行—诺安平衡证券投资基金	22 599 177	2.25%
3	中国银行—华夏行业精选股票型证券投资基金（LOF）	19 710 553	1.96%
4	全国社保基金——零组合	19 523 690	1.94%
5	中国太平洋人寿保险股份有限公司—传统—普通保险产品	11 000 000	1.09%
6	全国社保基金六零四组合	10 007 699	1.00%

① 资料来源:中粮屯河股份有限公司 2010 年年度报告.上海证券交易所(www. sse. com. cn)。

公司控股股东为中粮集团有限公司,实际控制人为国务院国有资产监督管理委员会。公司与实际控制人的产权和控制关系如图 14-1 所示:

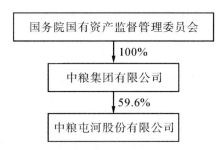

图 14-1　公司与实际控制人的产权和控制关系方框图

(二)财务危机前公司的发展与业务转型

从 1995 年到 2003 年,新疆屯河的主营业务收入、净利润、资产和股东权益呈逐年上升趋势①,每股收益和净资产收益虽有波动,但基本保持在每股 0.15 元和 10% 以上,相关会计数据见表 14-3。

表 14-3　新疆屯河主要会计数据表(1995—2003 年)②

单位:万元;元/股;%

项目	1995	1996	1997	1998	1999	2000	2001	2002	2003
收入	10 583.04	13 363.73	14 542.94	21 062.78	31 176.60	45 407.55	76 726.15	194 351.74	217 379.97
净利润	1 892.14	2 694.60	4 019.66	8 080.22	8 875.02	9 185.79	5 066.58	11 262.99	11 926.10
资产	22 492.37	41 255.01	55 934.37	70 279.20	103 012.22	191 091.78	429 768.50	632 021.88	380 506.55
股东权益	7 456.13	19 639.28	23 658.94	43 011.49	52 303.87	83 629.59	88 446.01	100 999.49	111 648.13
每股收益	0.31	0.39	0.26	0.47	0.52	0.24	0.13	0.20	0.15
每股净资产	1.42	2.81	1.57	2.50	3.04	2.18	2.31	1.76	1.39
净资产收益率	26.05	13.72	16.2	18.79	16.97	10.98	5.73	11.15	10.67

新疆屯河原是一家从事水泥及水泥产品生产、开发和销售的公司。1996 年 IPO 和 1998 年配股募集的资金均用于水泥项目投资。1996 年新疆德隆国际实

---

①　2003 年年末总资产大幅下降,主要是由于当年 12 月将持有的北京汇源饮料食品集团有限公司 51% 的股权出售给汇源集团所致。

②　资料来源:凤凰网(http://app.finance.ifeng.com/data/stock/dqbg.php? symbol＝600737)。

业总公司受让部分集体股成为公司第三大股东。1998年德隆集团控股新疆屯河的母公司新疆屯河工贸集团有限公司,成为公司的实际控制人。在德隆集团的主持下,新疆屯河由一家水泥生产企业,转型为立足新疆特色农业资源优势进行番茄加工、果蔬加工和甜菜糖生产的综合性农产品加工企业。1999年开始涉足番茄酱的生产和销售。2000年用配股募集资金(包括部分自有资金和银行贷款),投资兴建了多个番茄制品生产项目,成为亚洲第一、世界第二大的番茄酱生产企业。2000年主营业务收入中,虽然水泥产品仍占55.86%,但番茄制品的比例已由1999年的15.63%上升至41.45%,详细数据见表14-4。

表 14-4　新疆屯河主营业务结构数据表(1999—2003年)[①]

单位:万元

项目	1999	2000	2001	2002	2003
主营业务收入	31 176.60	45 407.55	76 726.15	194 351.74	217 379.97
其中:水泥产品	24 836.03	25 364.35	2 507.11	17 561.97	1 673.48
番茄制品	4 871.83	18 819.40	37 171.95	69 600.65	73 507.01
农副产品			7 531.12	26 333.36	35 938.84
果汁产品			29 515.92	80 855.75	106 260.63

　　2001年,公司的业务结构再次发生重大变化,即由以水泥产品和番茄制品为主,变更为以番茄制品和果汁产品为主。造成这种变化的主要原因:一是以7 463万元水泥实物资产与新疆天山水泥股份有限公司共同设立新疆屯河水泥有限责任公司,公司占49%的股份,水泥收益以投资收益体现;二是以现金方式出资51 000万元(折股比率1.2:1)与北京汇源果汁饮料集团总公司合资组建了北京汇源饮料食品集团有限公司,公司占51%股份。汇源果汁以40 836万元实物资产出资,持有49%的股份。

　　2001年12月,新疆屯河收购了焉耆、额敏和奇台食品公司全部经营资产,拓展了制糖业务。2002年4月又收购了新疆屯河集团所属的古城、沙湾五宫等新疆屯河集团旗下的一些水泥经营资产、新疆金波水泥有限公司60%和新疆凯泽番茄有限公司98.68%的股权,水泥和番茄制品的生产能力均有较大的提高。

　　2002年新疆屯河入选上证180指数,一度成为新疆最优良的上市公司之一。

---

　　① 资料来源:新疆屯河投资股份有限公司2000—2003年年度报告.上海证券交易所(www.sse.com.cn)。

2003 年,公司出售了北京汇源饮料 51% 的股权和于 2002 年购入的 5 家水泥厂的经营资产,主营业务又转为番茄的加工、番茄制品的制造销售、白砂糖以及果蔬的加工与销售。

二、事件回顾

(一)德隆危机中的新疆屯河

2004 年初,德隆集团因资金链断裂而崩溃。2004 年 8 月,德隆国际战略投资有限公司、新疆德隆(集团)有限公司和新疆德隆有限责任公司与中国华融资产管理公司签署《资产托管协议》。中国华融资产管理公司西安办事处副总经理胡建军 2004 年 11 月起担任新疆屯河董事长,中国华融资产管理公司第一重组办公室高级经理白国红 2004 年 9 月起担任新疆屯河副总经理,中国华融资产管理公司乌鲁木齐办事处副总经理马肯、贵阳办事处副总经理孙双锐、第一重组办公室副总经理杜畅担任公司董事。

1. 新疆屯河与德隆集团

在"德隆危机"之前,一直由屯河水泥厂原厂长何贵品出任公司的董事长,公司的控股股东为新疆屯河集团,实际控制人为唐万新。公司与实际控制人的产权和控制关系如图 14-2 所示:

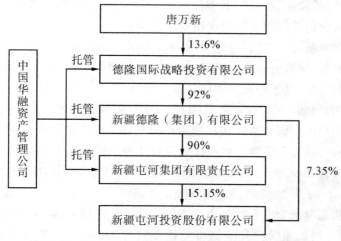

图 14-2　公司与实际控制人的产权和控制关系方框图①

---

① 资料来源:中粮屯河股份有限公司 2004 年年度报告. 上海证券交易所(www. sse. com. cn)。

当时,新疆屯河 6 家法人股东持有公司 49.56％的股份。公司法人股东及持股情况见表 14-5。

表 14-5　2004 年新疆屯河法人股东及持股情况表[①]

名次	股东名称	持有数量(股)	持股比例(％)	质押或冻结情况
1	新疆屯河集团有限责任公司	522 058 720	15.15	冻结
2	新疆八一钢铁集团有限责任公司	61 145 280	7.59	未知
3	新疆三维投资有限责任公司	59 640 000	7.40	质押或冻结
4	新疆德隆(集团)有限责任公司	59 240 160	7.35	质押或冻结
5	上海创基投资发展有限公司	58 800 000	7.30	质押或冻结
6	新疆维吾尔自治区石油管理局	38 435 040	4.77	未知

其中第一、第三、第四和第五大股东均为"德隆系"旗下企业,存在关联关系。新疆德隆集团、新疆三维投资是新疆屯河集团的股东,上海创基投资的实际控制人为德隆国际战略投资有限公司。

2.德隆危机对新疆屯河的影响

作为一家"德隆系"控制的上市公司,受其危机的波及在所难免。德隆集团的财务危机对公司的影响主要表现在以下几个方面:

一是资金链断裂。受"德隆危机"影响,各债权银行对新疆屯河采取了只收不贷的信贷政策,导致公司资金匮乏,无法偿还到期债务,部分借款逾期,生产经营受到严重的影响,处于停产的边缘。截至 2004 年 12 月 31 日,公司共有11.68亿元贷款逾期,16.94 亿元资产被抵押,陷于无法偿付到期债务的财务危局中。

二是违规担保。德隆集团在对新疆屯河成功实施产业转型的同时,也要求公司为其关联公司银行借款提供担保或股权质押。截至 2004 年 12 月 31 日,公司担保金额合计 86 323.76 万元,占净资产的 241.82％,其中为控股股东及公司持股 50％ 以下的其他关联方提供担保金额 61 600.86 万元,占净资产的172.91％。新疆屯河为实际控制人旗下的公司——新疆生命红科技投资开发有限公司、新疆三维矿业股份有限公司贷款提供的 3.7 亿元定期存单质押担保,2005 年 5 月被乌鲁木齐市商业银行划转抵偿了两公司贷款。鉴于"德隆"公司

---

① 资料来源:中粮屯河股份有限公司 2004 年年度报告.上海证券交易所(www. sse. com. cn).

的整体情况,上述担保金收回的可能性不大,公司分别于 2004 年和 2005 年对上述两家公司往来款项计提了 30％和 70％坏账准备。

三是严重亏损。2004 年公司归属于母公司股东的净利润为－66 600.78 万元,年末未分配利润为－55 667.56 万元。公司之所以巨亏,一是受"德隆事件"影响,计提了 17 733.62 万元坏账准备,导致管理费用蹿升;二是投资的德隆系关联单位因德隆事件影响,或停业整顿,或经营业绩下降,投资收益由上年的 6 160.59 万元下降至－37 838.73 万元;三是债务沉重,财务费用高达 15 817.15 万元;四是"德隆"危机对公司生产经营的冲击和北京汇源的出售,导致主营业务收入由上年的 224 651.77 万元[①]下降为 109 764.49 万元,主营业务利润也大幅下降。2005 年由于其他应收款坏账准备和长期投资等资产减值准备计提等诸多原因,公司继续亏损,归属于母公司股东的净利润为－72 123.33 万元。在用 100 171.42 元资本公积和 8 370.20 万元盈余公积弥补亏损后,年末未分配利润才没有继续跌落,回升至－18 712.42 万元。

公司为"德隆系"相关企业融资提供担保等行为既没有履行必要的审批和决策程序,也没有及时对外披露。2004 年 6 月 24 日,上海证券交易所对公司董事何贵品、王毅民、刘国山、张国玺、郭立群、王德乐、刘建新、孙力生、江建林、李凤春、独立董事魏杰、罗云波、郭春亮、牛新华以及公司原董事唐万里、高蕴健、刘涛、董事会秘书金涛予以公开谴责。

2004 年 7 月 26 日起,上海证券交易所对新疆屯河股票交易实行特别处理,简称变更为"ST 屯河"。因 2005 年公司仍然亏损,财务状况持续恶化,自 2006 年 4 月 19 日起,上海证券交易所对新疆屯河股票实施退市风险警示特别处理,公司股票简称变更为"＊ST 屯河"。

3.新疆屯河的财务危机

"德隆危机"给公司的信誉和生产经营外部环境造成了极大的负面冲击,经营资金严重匮乏,大量银行贷款逾期,陷于严重的财务危机中,面临退市及破产清算的风险。2004 年公司每股经营活动现金流量为－0.43 元,每股收益为－0.82 元,每股净资产仅为 0.45 元,虽然尚未陷于资不抵债的境地,但资产负债率已高达 90％。2004—2006 年公司主要财务指标见表 14-6。

---

① 公司 2003 年年度报告披露的主营业务收入为 217 379.97 万元,在 2004 年年度报告中,将 2003 年主营业务收入调整为 224 651.77 万元。

表 14-6　新疆屯河主要财务指标数据表（2003—2006 年）[①]

项目	2003	2004	2005	2006
主营业务收入（万元）	217 379.97	109 764.85	136 399.29	178 459.20
净利润（万元）	11 926.1	−66 600.78	−72 123.33	9 581.5
每股经营活动现金流量（万元）	0.34	−0.43	−0.07	0.33
每股收益（元/股）	0.15	−0.82	−0.90	0.12
每股净资产（元/股）	1.39	0.45	0.85	0.98
资产总额（万元）	380 506.55	394 350.49	303 288.43	322 547.53
负债总额（万元）	266 265.72	354 980.70	230 609.34	237 326.33
资产负债率（%）	69.98	90.02	76.04	73.58
审计意见	标准无保留意见	保留意见	标准无保留意见	标准无保留意见
公司股票价格（元/股）	14.62	1.69	2.72	6.22[②]

　　由美国经济学家爱德华·奥特曼创立的 Z 分数模型，被广泛用于财务危机预警。制造业上市公司的 Z 分数计算模型为：

$$Z 分数 = 1.2X_1 + 1.4X_2 + 3.3X_3 + 0.6X_4 + 0.999X_5 [③]$$

　　一般来说，Z 分数值越低，破产的可能性越大。如果 Z 分数值大于 2.99，公司破产的可能性很小；Z 分数值小于 1.81，公司破产的概率很高。2004 年和 2005 年新疆屯河 Z 分数值分别为 −0.63 和 −0.25（见表 14-7），说明公司已陷于严重的财务危机中，濒临破产的边缘。

---

　　① 资料来源：新疆屯河投资股份有限公司 2003—2006 年年度报告.上海证券交易所（www.sse.com.cn）。

　　② 因股改停牌，为 2006 年 10 月 31 日价格。

　　③ X_1 为营运资本与总资产比值，X_2 为留存收益与总资产比值，X_3 为息税前利润与总资产比值，X_4 为权益市场价值与负债账面价值的比值，X_5 为营业收入与总资产比值。

表 14-7　新疆屯河 Z 分数值计算表（2003—2006 年）[①]

指标	2003 年	2004 年	2005 年	2006 年	2007 年
X_1	−0.21	−0.38	−0.34	−0.33	−0.25
X_2	0.08	−0.11	−0.04	−0.02	0.03
X_3	0.09	−0.13	−0.18	0.07	0.08
X_4	2.44	0.24	0.63	1.23	4.51
X_5[②]	0.57	0.28	0.45	0.55	0.63
Z 分数	2.18	−0.63	−0.25	1.08	3.35

（二）重整公司的路径与过程

为解决生产经营中出现的严重困难，摆脱危机状态，让公司继续生存下去，在各级政府和中国华融资产管理公司全力支持与促进下，中粮集团及时出借资金，使其日常生产经营得以正常进行，免于落入停业状态，并成功进行重组，将其从死亡的边缘拉回来，"涅槃"重生。

中国粮油食品（集团）有限公司是国务院国有资产监督管理委员会直接管理的国有特大型企业集团，为中国最大的粮油食品进出口公司和实力雄厚的食品生产商，享誉国内粮油食品市场。在农产品贸易、生物能源、食品生产加工、地产、物业、酒店经营及金融服务领域成绩卓著。1994 年以来，一直名列美国《财富》杂志全球企业 500 强。新疆屯河危机爆发后，中粮集团于 2004 年 7 月派员赴新疆商谈屯河重组事宜。2005 年 6 月，中粮集团与华融资产管理公司及公司原股东签署了《股权转让协议》，并成为管理过渡期公司实际控制人。2004 年 8 月，中粮集团总经济师郑弘波、实业管理部总经理覃业龙、电子商务部副总经理余天池和和河北国际贸易集团财务总监葛晓谦分别出任新疆屯河董事长、总经理、副总经理和总会计师，并开始着手重整公司。其重整的路径与手段主要是：

1. 提供资金：保证公司经营，避免停业清算

要使公司不因德隆危机而停业，前提是要解决生产经营资金。一方面，相关各方促成德隆集团债权人委员会成员同意：在公司正常支付利息，违约利息挂账的情况下，不追偿本金，对逾期贷款不收取罚息，债权银行同意对到期贷款办理

① 依据新疆屯河 2003—2006 年年度报告提供的相关数据及中粮屯河股票价格整理计算。

② 鉴于研究年份，我国股市非流通股无市场价格及其他因素，该指标中市场价值采用每股市价乘以流通股数加上每股净资产乘以非流通股数求得。

展期或以新还旧;另一方面,中粮集团通过委托贷款的方式提供最高额不超过 4 亿元人民币的资金支持,专项用于收购番茄以及番茄酱的生产销售①。2004 年 8 月,中国华融资产管理公司委托接管德隆系全部资产,派员进入新疆屯河,主持公司日常经营管理工作,并于 2004 年 11 月提供给公司 2 亿元过桥贷款,专项用于收购甜菜。为缓解公司资金紧张局面,2005 年 7 月,中粮集团又提供 5 亿元委托贷款。

2. 出售非核心资产:获得资金,提升资产质量

陷于危机后,公司资金紧缺,影响原材料收购和生产经营的正常进行。除依靠中粮集团和华融公司提供的委托(过桥)贷款外,公司还通过出售一些非核心资产筹集资金。2004 年 6 月与中国非金融材料总公司签署协议,将持有的新疆天山水泥股份有限公司 5 100 万股(占股本 29.42%),以 26 010 万元价格转让给后者。获得的股权转让款主要用于杏子、甜菜等农副产品的收购。

为使公司专注农副产品深加工业的经营和发展,于 2005 年 6 月 30 日以净资产 1 255 万元为作价基础,将持有的张家港屯河制罐有限公司 91.2% 股权作价转让给中粮(BVI)第 86 有限公司②。

此外,在保留核心资产的前提下,公司对一些不良资产,或出售(转让),或计提了坏账准备(减值准备)。

3. 债务重组:减轻债务,降低风险

债务问题能否得以顺利地解决,是财务危机公司成功重整的关键一环。通过贷款展期和债务和解,公司成功完成债务重组。2005 年,债务人(新疆屯河及所属相关公司)、中粮集团和债权人(中国银行、工商银行、建设银行、农业银行、交通银行、乌鲁木齐市商业银行、中信实业银行等)签署了《新疆屯河债务重组协议》。债务人、中粮集团和债权人三方商定:截至 2005 年 5 月 31 日(债权债务核实日)的 227 163 万元直接债务,债权人同意削减 40%,并由债务人于 2005 年 12 月 13 日(协议生效日)起的 6 个月分 3 期偿还总偿付额。其中在生效日起的 1 个月内偿还总偿付额的 30%、在生效日起的 3 个月内偿还总偿付额的 30%、

---

① 中粮集团向公司提供最高额不超过 4 亿元人民币额度的资金支持,双方同意以委托贷款方式进行,用于收购番茄以及生产和销售番茄酱成品,公司依据委托贷款合同的规定支付利息,利率为一年期基准贷款利率上浮 10%,委托贷款产生的费用由新疆屯河承担,屯河向中粮集团提供价值不少于所使用资金额 120% 合格的成品番茄酱作为抵押,并在中粮集团及其选定的金融机构新疆昌吉州工商银行的控制下封闭运行。中粮集团为此派驻两名副总经理和一名财务副总监,监督资金使用。

② 中粮(BVI)第 86 有限公司是中国粮油食品(集团)有限公司的全资子公司中国粮油食品集团(香港)有限公司在英属维尔京群岛设立的全资子公司。

在生效日起的 6 个月内偿还总偿付额的 40％。这一债务重组方案,削减了新疆屯河贷款本金 90 613.27 万元,免除了 2005 年 1—5 月罚息 1 187.35 万元和 2005 年 6—12 月利息 9 578.99 万元。2005 年 11 月 19 日,国务院批复同意银监会、财政部、人民银行三部委提出的公司债务意见。

在中粮集团的担保下,新疆屯河分别于 2005 年 12 月 30 日、2006 年 3 月 27 日、2006 年 6 月 13 日分 3 期向中粮集团财务公司借款 44 450 万元、40 500 万元和 54 000 万元,用于债务的偿还。

3. 股权转让:摆脱德隆阴影,重塑公司信用

2005 年 6 月,中粮集团与华融资产管理公司及公司原股东签署了《股权转让协议》,以 1.54 亿元价格(溢价 15％)受让原德隆系新疆屯河集团、新疆三维投资、新疆德隆(集团)和上海创基投资所持新疆屯河 37.2％的社会法人股。由于德隆系公司所持有的新疆屯河股份均被质押或冻结,股权过户的难度很大。经过一年多的不懈努力,2006 年 11 月 22 日,这四家公司所持的社会法人股经司法划转给中粮集团。股权过户后,中粮集团成为新疆屯河的第一大股东①。自此,新疆屯河成为中粮集团旗下从事番茄、糖和果汁等农副产品加工的上市公司。

2007 年 1 月,中粮集团以其所持有的中粮新疆四方糖业有限责任公司 100％的股权和朔州中粮糖业有限公司 100％的股权赠送给公司作为股权分置改革的对价安排,以获得其所持有非流通股的流通权。公司非流通股股份自获得上市流通权之日起,36 个月内不上市交易。2007 年 2 月 27 日,公司名称由“新疆屯河投资股份有限公司”变更为“中粮新疆屯河股份有限公司”。

2007 年 3 月,中粮集团又受让了新疆八一钢铁集团和新疆石油管理局持有的公司法人股 6 114.53 万股(占股本总额 7.59％)和 3 843.50 万股(占股本总额 4.77％)。此次股权受让后,中粮集团合计持有 39 931.92 万股,占总股本的 49.57％。

4. 债转股:减轻债务,轻装上阵

新疆屯河因债务重组而形成的对中粮财务的 138 950 万元巨额负债,其中的 78 000 万元通过中粮集团、中粮财务和新疆屯河三方签订《债权转让协议》由中粮财务转让给中粮集团。加上中粮集团委托中粮财务公司向公司提供的 36 000万元贷款,中粮集团合计直接持有新疆屯河债权 124 000 万元。

2007 年 2 月 6 日,中粮屯河发布公告,拟以非公开增发董事会决议公告前

---

①　2007 年 3 月,股权受让获得国务院国有资产管理委员会等有关部门批准,并完成股权过户手续。

20 个交易日公司 A 股收盘价的算术平均值,即 6.14 元/股的价格,向中粮集团定向增发。中粮集团以其持有的公司债权中的 122 800 万元,认购增发的 20 000万股股份。2008 年 4 月 8 日,定向增发方案获证监会核准。2008 年 4 月 24 日在中国证券登记结算有限公司办理完成了此次资产认股的股权登记相关事宜。定向增发完成后,公司的股本总额为 100 560.42 万股,中粮集团持有 59 931.92万股,占 59.60％。

三、公司重生

通过一系列运作,笼罩在公司头顶的财务危机阴影基本散去。公司的 Z 分数值由 2004 年和 2005 年的负值上升至 1.08(见表 14-7)。虽然公司尚未完全从财务危机中走出来,但至少也已摆脱财务危机的重警状态。2006 年度合并报表净利润达到 9 581.50 万元,扣除非经常性损益后的净利润为 9 382.09 万元,2006 年末股东权益为 79 085.07 万元。天职国际会计师事务所为公司 2006 年度财务报告出具了标准无保留意见的审计报告。自 2007 年 3 月 7 日起,上海证券交易所撤销对公司股票交易实行退市风险警示,公司股票简称由"＊ST 屯河"变更为"中粮屯河"。2009 年 9 月 14 日,公司名称变更为"中粮屯河股份有限公司"。

债务重组方案实施后,公司的资产负债率下降至 76.04％,2006 年又降至 73.56％,2008 年完成债转股后又进一步下降至 51.56％,财务状况回归常态。2007 年公司未分配利润由负转正,资产负债表已由过去三年的"Y 型"变为"X 型"。公司资产、负债和股东权益数据见表 14-8。

表 14-8 中粮(新疆)屯河财务状况数据表(2007—2010 年)①

单位:万元

项　　目	2010 年 12 月 31 日	2009 年 12 月 31 日	2008 年 12 月 31 日	2007 年 12 月 31 日
流动资产	412 380.97	317 245.33	293 587.02	205 231.38
非流动资产	385 204.17	384 078.15	314 902.15	268 832.51
资产总计	797 585.14	701 323.47	608 489.16	474 063.89
流动负债	518 366.79	383 236.24	294 645.32	322 754.78

① 资料来源:新疆(中粮)屯河 2007—2010 年年度报告,上海证券交易所(www.sse.com.cn)

续表

项　　目	2010 年 12 月 31 日	2009 年 12 月 31 日	2008 年 12 月 31 日	2007 年 12 月 31 日
非流动负债	9 280.82	11 428.04	19 107.81	18 106.46
负债合计	527 647.61	394 664.28	313 753.13	340 861.25
归属于母公司股东权益	263 139.02	299 113.83	288 144.15	127 419.01
股东权益	269 937.53	306 659.19	294 736.04	133 202.64
负债及股东权益总计	797 585.14	701 323.47	608 489.16	474 063.89

在中粮集团带领下,公司处置了不良资产,变革了经营管理模式,重新走上健康良性发展的轨道,并成功地为贯彻低成本战略和专业化、精细化管理打下了坚实的基础。完成重组后,公司主要经营业绩数据见表 14-9。

表 14-9　中粮(新疆)屯河经营业绩数据表(2007—2010 年)[①]

项　　目	2010[②]	2009	2008	2007
营业总收入(万元)	293 658.37	287 948.67	343 041.72	297 668.48
毛利(万元)	71 781.05	86 055.70	106 165.37	89 412.11
营业利润(万元)	− 6 580.63	26 365.20	27 426.49	23 695.95
利润总额(万元)	− 4 214.01	28 351.13	31 443.32	24 194.93
净利润(万元)	− 5 732.09	28 208.54	31 901.78	24 647.29
每股收益(元/股)	− 0.05	0.27	0.33	0.31

新疆屯河股票价格曾于 2000 年 9 月到过每股 46.15 元历史高位,2003 年 12 月 31 日收盘价为每股 14.62 元。德隆危机发生后,公司股票价格急剧“跳水”,至 2004 年 4 月 30 日,每股仅 4.62 元。2005 年 2 月曾到达每股 1.58 元的历史低位。完成重组后,公司股票价格也步入上升轨道,2006 年年末的收盘价为每股 6.22 元,2007 年底达到每股 19.1 元。完成债转股后的 2008 年 4 月 30 日,公司股票价格收盘在 25.2 元。2004 年 1 月—2008 年 4 月公司股票价格月 K 线见图 14-2。

---

① 资料来源:新疆(中粮)屯河 2007—2010 年年度报告,上海证券交易所(www.sse.com.cn)。

② 公司 2010 年年度报告—董事会报告—管理层讨论与分析显示,2010 年亏损的主要原因是番茄酱市场的持续低迷、国内原材料及劳动力成本的大幅上涨。

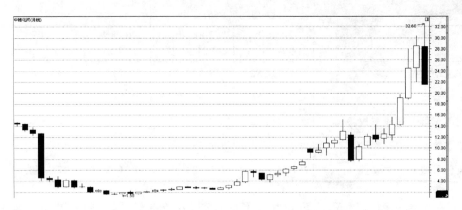

图 14-2　重组期间公司股票 K 线图(2004 年 1 月—2008 年 4 月)

分析与评述

一、财务危机根源：实际控制人惹的祸

　　公司陷于财务困境,大多是因为经营或管理失败。但不少中国上市公司的财务危机并非缘于自身的经营管理问题,而是控股大股东或实际控制人惹的祸。新疆屯河财务危机是受累于实际控制人的典型,但又有其特殊性。其之所以陷于财务危机,主要是因为其为德隆系控制企业产生的信誉危机埋单以及为德隆集团旗下公司融资违规担保或抵押,控股股东新疆屯河集团和实际控制人新疆德隆集团并没有通过"隧道行为"直接占用上市公司的资金,也没有通过股利分配等合法手段从上市公司获取资金。公司被投资单位和其他关联方占用资金38 761.57万元(其中新疆生命红科技公司 21 592.31 万元,新疆三维投资公司15 000 万元),也是缘于为德隆系公司融资担保。

　　此外,我们还关注到:虽然 2004 年和 2005 年是巨亏,营业利润也为负,但剔除因德隆危机而计提的坏账准备,公司正常的经营利润亏损不多,或仍有盈利(见表 14-9)。公司经营利润传递的信号是:尚未濒临破产的边缘。当然,如果公司的亏损不能得以扭转,仍然会使公司最终走向破产清算。

表 14-9　公司经营利润数据表(2004—2006 年)[①]

单位:万元

项　　目	2004 年	2005 年	2006 年
一、主营业务收入	109 764.85	136 399.29	178 459.2
减:主营业务成本	79 225.77	105 171.24	125 805.51
营业税金及附加	559.08	941.33	1 054.35
二、主营业务利润	29 980.00	30 286.72	51 599.34
加:其他业务利润	1 681.30	1 171.88	71.18
减:营业费用	13 663.96	16 163.21	20 493.43
管理费用	31 357.59	48 967.46	10 391.44
财务费用	15 817.15	17 383.63	11 190.55
三、营业利润	−29 177.40	−51 055.70	9 595.10
四、经营利润[②]	−13 360.25	−33 672.07	20 785.65
减:其他应收款坏账准备	14 217.87	33 003.32	0.00
五、正常经营利润	857.62	−668.75	20 785.65

二、新疆屯河的主要价值:番茄制品和甜菜糖的经营价值

　　虽然德隆集团使新疆屯河陷于财务危机,但我们也不能因此而否认其对于公司实业经营与重组的贡献与成效。正是在德隆集团的主导下,一家普通的西部地区水泥类上市公司,发展成为立足于新疆特色农业资源、以生产番茄制品和甜菜糖为主业的知名上市公司。在中国资本市场上,不少财务危机上市公司的价值主要体现在上市这个"壳"上,但新疆屯河不完全是。

　　新疆屯河是亚洲最大、世界知名的番茄制品生产贸易商,也是中国重要的甜菜糖生产企业,其核心经营资产番茄制品和甜菜糖加工能力,之于重组者中粮集团意义重大。新疆屯河陷于危机后,中粮集团积极参与公司重组,能在公司股权正式过户前先后投入约 20 亿资金,帮助其维持正常生产并偿付债务,其主要的目的并非是为了谋取"新疆屯河"上市"壳",而在于可以通过这个平台,立足新疆

---

　　①　资料来源:新疆屯河投资股份有限公司 2003—2006 年年度报告.上海证券交易所(www. sse. com. cn)。

　　②　经营利润＝主营业务利润＋其他业务利润－营业费用－管理费用。

丰富的农业资源优势,拓展番茄制品生产与经营,扩大甜菜糖规模,整合新疆乃至整个西部地区的农副产品加工业,发展成为中国领先的果蔬食品生产供应商。

三、公司重组方法:维持生产经营并重整资产负债表

对于一家拥有优质经营资产的财务危机公司来说,保护公司的经营资产不陷于被查封或占有,并维持正常生产经营,是至关重要的。为此,重组者中粮集团和托管者华融资产管理公司通过委托贷款和过桥贷款为公司收购番茄和甜菜提供资金。有了资金的支持,公司的生产经营得以正常进行,稳住了几年来建立起的市场,维护了公司信誉,保护了广大中小投资者的利益,也为今后"红色"产业的继续发展奠定了基础。

公司走出财务危机的关键是要重整资产负债表。虽然新疆屯河并未陷于资不抵债的境地,但其资产负债表已由正常状况"Y"型蜕变为"Z"型[①],见表 14-10。

表 14-10　　新疆屯河股东权益数据表(2004—2006 年)[②]

单位:万元

项　　目	2006 年 12 月 31 日	2005 年 12 月 31 日	2004 年 12 月 31 日
实收资本(或股本)	80 560.42	80 560.42	80 560.42
资本公积金	6 370.61	4 935.52	3 830.30
盈余公积	3 498.24	3 012.48	11 247.49
公益金	0	2 719.25	3 148.71
未确认的投资损失	− 1 727.53	− 1 446.51	− 3 979.34
未分配利润	− 9 616.68	− 18 712.42	− 55 667.56
归属于母公司所有者权益合计	79 085.07	68 349.49	35 991.32

资产负债表重整的实质是资产、股权和债务的重组。对于财务危机公司来说,债务重组是关键。通过艰辛的谈判,新疆屯河、中粮集团和公司金融债权人达成债务和解,使公司近 10 亿债务得以免除。要使债权人同意和解的关键是通

---

① "Y"型是指公司未分配利润为负值,但尚未将盈余公积、资本公积和股本全部覆盖,股东权益合计仍为正值;"Z"型是指负值的未分配利润已将盈余公积(包括公益金)和资本公积全部吞蚀,也已将股本的一部分侵蚀掉。

② 资料来源:新疆屯河投资股份有限公司 2004—2006 年年度报告.上海证券交易所(www.sse.com.cn)。

过和解收回的债权额要大于公司破产清算所收回的数额。新疆屯河破产清算，债权人能收回资金是否低于 60%？对公司资产和负债数据（见表 14-11）进行分析不难回答这一问题。

表 14-11　　新疆屯河资产和负债数据表（2004—2006 年）

单位：万元

项　　目	2006 年 12 月 31 日	2005 年 12 月 31 日	2004 年 12 月 31 日
流动资产	131 587.76	127 798.23	163 402.74
其中：货币资金	7 707.68	21 539.6	7 458.93
长期投资净额	25 292.55	24 660.14	48 080.70
固定资产合计	155 377.95	140 609.61	171 190.56
无形资产及其他资产合计	10 289.27	10 220.44	11 676.49
资产总计	322 547.53	303 288.43	394 350.49
短期借款	110 650	190 877.79	185 084.13
经营性流动负债	120 405.62	34 304.61	98 754.84
预计负债	6 079.07	5 364.07	0
一年内到期的长期负债	0	0	27 683.00
流动负债合计	237 134.67	230 546.47	311 521.70
长期借款	0	0	42 631.00
经营性长期负债	191.66	62.87	828.00
长期负债合计	191.66	62.87	43 459.00
负债合计	237 326.33	230 609.34	354 980.7

　　从表面上看，2004 年新疆屯河拥有 394 350 万元资产，扣除 99 582 万元经营性负债，仍有 294 768 万元资产，足够偿付 255 399 万元的金融债务。为什么新疆屯河债权人会接受削减 40% 的债务重组方案？主要是缘于公司破产时资产不可能按账面价值变现，通常仅为其 50% 左右。因此，对于金融债权人来说，资产变现价值扣除 99 582 万元经营负债后，受偿率低于 40%。

　　正是在减债的承诺下，中粮集团以溢价 15% 受让"德隆系"公司持有的公司股权，成为公司第一大股东，使公司摆脱"德隆系"的阴影，信用得以重塑。

　　虽然公司与债权人达成债务和解，削债 40%，但公司仍然需要大量资金以偿付剩余 60% 的债务。在中粮集团担保下，新疆屯河向中粮财务再度举借

138 950万元资金。然而,这一举措只是将债务由原金融债权人转至中粮财务,公司仍然背负沉重的债务负担。为此,公司于2008年通过向中粮集团发行股份购买中粮集团持有公司债权(资产),完成债转股,使公司股东权益增加,债务减少,财务状况得以改善。

同时,公司也对资产进行了重组:在保留番茄制品和甜菜糖等核心业务经营资产前提下,对非核心资产进行剥离,对不良资产进行处置。出售了水泥等一些非核心经营资产,对德隆企业关联公司的债权全额计提坏账准备,对德隆集团关联公司的长期股权投资全额计提了减值准备,应收账款、存货和固定资产等经营性资产也计提了坏账准备(减值准备)等。公司资产的重组,除获得部分维持生产经营资金外,还在一定程度上提升了公司资产质量。同时,德隆系公司占用资金问题得以彻底解决,消除了其对公司未来的生产经营造成新的损失和影响的可能[①]。

由此可见,公司重整实质上是一项包括资产、负债和股权的综合性重组工程,其中债务重组是核心,资产重组是公司持续经营和债务重组的保障,债务重组则是股权重组的前提。

新疆屯河的成功重整,也表明公司重整没有固定的模式,不必拘泥于资产重组—债务重组—股权重组前后秩序。在未持有公司股份的情况下,中粮集团先后投入公司约20亿资金,这是需要相当大的勇气和魄力的。也正是这一重要举措,使中粮集团在公司股权转让时赢得了竞争对手,获银行大幅减债,并与新疆政府建立了良好的关系。

四、公司重整的价值意义:股东、债权人、职工与社会

新疆屯河的重整是成功的,这不仅体现在公司相关利益人的利益上,也使公司免于退市或破产,并获得持续发展能力。

对公司债权人来说,如果公司破产,金融债权人实际能够收回的资金将低于60%。而通过公司资产、债务和股权重整,新疆屯河的资产质量得到了实质性的提高,也使公司经营负债的债权人的安全程度提高许多。

对于公司流通股股东来说,公司成功重整后,公司股票价格基本上在每股10~20元区间波动,2010年年末收盘于15.85元,已恢复至危机爆发前水平,财

---

① 新疆屯河已于2005年7月向德隆资产托管方华融资产管理公司申报债权,同时在2004年和2005年两个会计年度全额计提了坏账准备。公司仍将保留对上述资产的追诉权,直至整个德隆系问题的最后处理和资产清偿。

富得以保全与升值。如果退市或破产，其财富将会大幅缩水，甚至归零。

对于重整者中粮集团来说，以13.5亿资金(1.5亿元股权转让款和12亿元债务转股)和两家糖业公司股权〔股权分置改革中注入的中粮新疆四方糖业(集团)有限责任公司100%的股权和朔州中粮糖业有限公司100%的股权〕换来了屯河59.6%的股权。按2010年年末公司股票收盘价计算，市值高达949 920.92万元[①]，约为其投入成本的6倍。

对于职工和社会来说，新疆屯河的成功重整，使3 000余名公司职工免于失业(2004年末公司有在职员工3 784人，2005年末公司在职员工3 570人)，还另为3 000余人提供了就业岗位(2010年公司在职员工达6 545人)。更为重要的是：几十万以种植番茄和甜菜为生的新疆农民当年的收入得以实现，也使其种植番茄和甜菜的生计得以持续存在，维护了社会的稳定。这也是新疆各级政府为什么全力促成中粮集团重整新疆屯河的一个极为重要的因素之一。

思考与讨论

一、是破产重整，还是非破产重整？

解决财务危机的基本方法有两条路径：一是清算；二是重整。新疆屯河之所以陷于财务危机，并不是因为公司自身主业出了问题，而是实际控制人惹的祸。公司经营资产价值优良，也未进入资不抵债的状态。更何况，一旦其倒闭，不仅会使几千工人失业，还会使几十万农民失去生计，因此，重整是必然的考虑。

公司重整又有破产重整和非破产重整两种选择。破产重整是指通过向法院申请破产的方式，对公司进行重整；非破产重整是指不进入法律程序，通过债务公司、股东与债权人等相关利益人的协商，完成利益调整，对公司进行重整。非破产重整主要优点在于：一是可以避免履行正式法律手续所需发生的大量费用；二是可以减少重整所需时间，使公司在较短的时间内重新进入正常经营的状态，避免因漫长的正式程序使公司正常经营遭受影响而造成资产闲置和资产回收推迟等现象；三是非破产重整的谈判更加灵活，有时更易达成协议。不过，非破产重整也存在一些弊端：一是债务人仍然控制着公司，可能产生债务人经营资产不断受到侵蚀而引起的种种问题；二是当债权人人数很多时，可能很难达成一致；

---

① 其中20 000万股有限售条件的股票，已于2011年4月22日获得流通权。

三是由于没有法院的正式参与,协议的执行缺乏法律保障。

　　新疆屯河选择非破产重整是否合适?一方面,由于当时公司已由华融资产管理公司托管,重组人中粮集团也已介入公司的经营并随后控制了公司;另一方面,公司债权人主要是10家金融机构,数量有限。因此,选择非破产重整是其合适的选择。不过,这也是当时公司能得以重生的唯一选择。① 如果这一案例放到今天,我们认为仍然应该选择非破产重整,而不是其他。

二、重整公司的价值创造,更有赖于后续的经营与管理

　　公司重整的成功并不代表公司的经营管理必然会走上持续增长和盈利的轨道,价值的创造更有赖于成功重整后的管理与经营创新。成功重整后,大股东中粮集团和公司管理层对公司的内外部环境进行了分析,明确公司的核心竞争力在于凭借建立在对原料资源有效控制基础上的低成本、高品质的非粮农产品加工供应能力。并以此为基础,明确公司发展战略为:以高质量的番茄酱产品、杏产品与新疆特色的林果资源为基础,发展番茄调味品、果蔬汁饮料、干鲜果业务,促进果蔬原料转化为国内知名品牌消费品,推动产业升级,提升产业效益。

　　正是本着奉献绿色营养食品,使客户、股东、员工价值最大化的使命和诚信、团队、专业、创新的企业精神,公司不断扩大以番茄制品和食糖为主业的农产品加工与贸易,向农产品深加工发展,做食品果蔬行业的领导者(愿景)。这几年,在中粮集团、公司管理层和全体员工努力下,公司的经营业绩不断提升,股东财富持续增长。

　　我们关注到:2010年公司亏损,归属于母公司股东的净利润为-5 514.94万元,每股收益为-0.05,是受累于行业环境的影响,还是白糖期货远期合约期货交易"惹"的祸,有待进一步的追踪分析。2010年,公司的资产负债率上升至66.12%,流动负债超过流动资产105 985.82万元,经营活动净现金流量为-58 561.39万元,这是否预示着财务危机会再次来临?还是经营业务的一时波动?虽然管理层认为:公司负债与所有者权益的比例为1.95∶1,由于在经营活动中能产生足够的现金流入,与主要商业银行维持着良好的关系,在进行银行额度审批时未遇到任何困难,且于2010年12月31日尚未使用的银行授信额度超过净流动负债及可满足公司目前计划资本性支出的资金需要,确信公司于未来一年内有足够的资金偿付到期的债务,并不存在影响持续经营问题。但我们还

---

　　① 引入破产重整制度的新《破产法》,是于2007年6月1日起才实施。如果公司或公司债权人向法院申请破产,按当时的法律,公司将会进入破产清算的轨道。

是感到一丝担忧。

中粮屯河的创业、发展、重整与新生的历程，无不透现着公司创新的基因，无论是德隆控制下的新疆屯河，还是今天中粮集团控制下的中粮屯河，没有创新就没有今天的屯河。"创新是一个无止境的过程。只有创新才能发展成为一个硬道理。屯河是一个创新的尝试，今天的屯河是以往创新的结果，今后的屯河应该做创新的代表、创新的摇篮；屯河的历史应该是一个创新的过程，屯河的未来应该是通过不断创新带来无限光明"，就让我们用中粮屯河现任董事长郑弘波先生这一段非常富有哲理的话作为本案例的结束语。

阅读文献

[1]戴娟萍.高级财务管理.杭州:浙江人民出版社,2008.

[2]竺素娥,诸耀琼.中国首届 MBA 管理案例评选百优案例集第 4 辑:浙江海纳的财务危机.北京:科学出版社,2011.

[3]李秉成,李梦.席梦思的重组之谜及启示.财务与会计,2010(11).

[4]高升.浙江海纳的财务失败与重整.中国乡镇企业会计,2010(12).

[5]张秋艳.锌业股份财务危机的成因与化解研究.会计之友,2010(13).

[6]熊回.ST 国药重组道路分析.现代商贸工业,2010(11).

案例十五　南方航空股份有限公司金融衍生品投资案例研究

摘　要

　　全球一体化进程逐渐深化,区域市场的融合,使企业竞争日趋激烈;国际资产市场波动加剧,金融市场巨幅震荡,使得企业经营风险和财务风险日益增大。在此经营背景下,如何管理企业的经营风险和财务风险,是企业生存和发展的一个重要课题。金融衍生品的投资作为一种重要的风险管理手段,就成为我国企业参与国际竞争,降低或规避经营或财务风险的一个必然选择。航空业经营是涉及国际业务、参与国际竞争的一个典型行业,为规避外汇收支和航油价格波动的风险,采用金融衍生品套期保值是其进行风险管理的重要手段。我们以南方航空股份有限公司的金融衍生品投资为例,展开了对其使用的衍生品的技术分析,并对其使用衍生品交易的动机进行了简要评述,指出企业使用金融衍生品交易的必要性和制定套期保值策略目标的重要性,并指出了进一步思考的问题。

关键词

　　南方航空;金融衍生品;套期保值策略

案例资料

一、公司情况

　　南方航空股份有限公司(后文均简称为"南方航空")于 1995 年 3 月 25 日注

册成立,1997年7月分别在香港联合交易所和纽约证券交易所上市,共发行1 174 178 000股H股,2003年7月在上海证券交易所上市并发行1 000 000 000股每股面值1元的A股股票。南方航空是中国最大的航空运输企业之一,主要从事国内、地区和国际定期及不定期航空客、货、邮、行李运输业务,通用航空业务,航空器维修服务,国内外航空公司的代理业务以及航空配餐服务。①

二、金融衍生品投资情况回顾

南方航空的经营过程涉及了大量的外币交易业务。例如2010年的境外营业收入达13 938 000 000元,占总营业收入的18.16%,此外,公司持有大额的外币现金和大量的外币应收应付款项。因此汇率的波动会对公司的财务状况和财务成果产生很大的影响。另一方面,航空业的经营成本中,很大的一块成本在于航油的消耗上,据有关统计资料显示,航油成本占比已超过经营成本的30%。因而国际航油在近年来的巨幅震荡显然会在航空业经营成本中显现出来,进而影响其经营业绩。为此,南方航空采用了一系列金融衍生工具来管理相应的风险,取得了良好的财务效应。

我们查阅了近8年来南方航空的年报资料②,资料显示,南方航空进行风险管理为目的的金融衍生品有两种,一种是为管理外币票款收入的外币期权,另一种是为减少航油波动对经营成本产生影响的航油期权产品。

由于航油价格的单边上扬,给南方航空的经营成本造成了很大压力。2004年公司航油成本达604 997万元,和上年比增长了56.5%;2005年航油成本增长将近翻番,有98.2%的增长。因此,为控制航油价格风险,在2006年和2007年南方航空公司与境外银行达成航油期权交易合约。2006年达成了以每桶43美元到60美元的合约价格购买原油12 300 000桶的期权合约;2007年达成了以每桶42美元到64美元的合约价格购买原油3 300 000桶的期权合约,另一方面,还向对手方售出了燃油认沽期权合约7 800 000桶,合约价格每桶40美元至54美元,合约已于2008年了结。此后由于航油价格开始走低,公司停止了航油期权的交易。

另一方面,为管理公司因海外办事处的客票销售收入扣除有关费用支出后的日元净现金流入而产生的外汇风险,从2007年开始签订了若干外汇期权合同。根据公司年报披露的信息,相关合同条款规定,"……需在合同列明的未来各月交割日,分别按约定的汇率卖出日元以购入1 000 000美元及1 500 000美

---

①　南方航空股份有限公司.南方航空股份有限公司2010年度报告.上海证券交易所(www.sse.com).

②　目前上海证券交易所可收集查阅的年报资料只有2003—2010年的年报。

元,若交割日的即期美元兑换日元汇率低于合同列明的某一特定汇率,则按约定的汇率卖出日元以购入 2 000 000 美元及 3 000 000 美元。于 2008 年 12 月 31 日,本集团尚有 2 份未到期外汇期权合同,合同金额约为 64 000 000 美元至 128 000 000美元(2007 年:35 000 000 美元至 70 000 000 美元)。这 2 份合同的到期日均为 2011 年,并附提前终止条款,即当某一交割日的即期美元兑换日元汇率高于合同列明的某一特定汇率,合同则自动终止,交易双方无需执行剩余的交易。"[1]"2010 年 12 月 31 日尚有 2 份未到期外汇期权合同。根据合同条款规定,本集团需在合同列明的未来各月交割日,分别按约定的汇率卖出日元以购入 1 000 000美元及 1 500 000 美元,若交割日的即期美元兑换日元汇率低于合同列明的某一特定汇率,则按约定的汇率卖出日元以购入 2 000 000 美元及 3 000 000 美元。上述外汇期权合同已分别于 2011 年 1 月及 2011 年 2 月到期并结算。"[2]

三、财务数据

南方航空持有的外币期权合约和燃油期权合约在其持有期间,按企业会计准则的要求均确认为交易性金融资产或交易性金融负债,并于期末重新确认公允价值。表 15-1 总结了南航持有金融衍生工具期间由于公允价值变化产生的损益情况。

表 15-1 南方航空衍生金融工具收益影响表[3]

单位:百万元

	2006	2007	2008	2009	2010
交易性金融资产					
本年公允价值变动	—	69	41	—	—
终止确认而转出至投资损益	—	—67	—43	—	—
交易性金融负债					
本年公允价值变动	—26	21	—165	45	—30
终止确认而转出至投资损益	—	—	54	27	61
合计	—26	23	—113	72	31

---

[1] 南方航空股份有限公司.南方航空股份有限公司 2008 年度报告.上海证券交易所(www.sse.com).

[2] 南方航空股份有限公司.南方航空股份有限公司 2011 年上半年度报告.上海证券交易所(www.sse.com).

[3] 资料来源:南方航空股份有限公司 2006—2010 年度报告.上海证券交易所(www.sse.com).

南方航空 2006—2010 年的营业收入、成本费用和利润情况见表 15-2。

表 15-2　南方航空利润表(2006—2010 年)①

单位:百万元

项目	2006 年	2007 年	2008 年	2009 年	2010 年
营业收入	47 257	55 772	56 427	56 043	77 788
减:营业成本	40 805	47 384	54 248	49 197	62 567
营业税金及附加	1 310	1 574	1 386	1 591	1 957
销售费用	2 958	3 529	3 576	4 256	5 694
管理费用	1 949	1 831	1 873	1 814	2 182
财务净收益	632	(456)	(594)	1 396	(456)
加:公允价值变动(损失)/收益	(26)	23	(113)	72	31
投资收益	142	373	340	347	1 214
其中:对联营企业和合营企业的投资收益	122	180	157	282	167
营业(亏损)/利润	(446)	2 094	(5 908)	(1 849)	6 869

分析与评述

一、衍生金融工具使用效果分析

本文以南方航空持有的燃油期权合约为例来加以分析,外汇期权合约的财务效应从理论上来说和前者没有什么本质不同。

众所周知,航油成本是航空公司最大的成本消耗,我国航空业航油成本已经超过了总成本的 30%。因此,航油价格的上涨将直接增加航空公司的成本。为规避航油价格的波动带来的成本变化的风险,对航油进行套期保值是航空业的必然选择。从南方航空的历年年报中我们可以看出,其参与燃油期权合约交易的动机就在于对航油不断上涨带来的经营风险进行套期保值。从 2007 年年报

---

① 资料来源:南方航空股份有限公司 2006—2010 年度报告.上海证券交易所(www.sse.com).

披露的相关信息可以看出,南方航空签订的是一个期权合约组合。该组合中南方航空买入了看涨期权,同时又卖出了看跌期权,这就等同于南方航空持有一个空头"范围远期"(range forward),又称为"领子期权"(collars)。这一组合的收益状况如图 15-1 所示。这一衍生金融工具的套保策略是:在一家公司持有一笔受险的资产(或未来收入)时,持有多头的"范围远期";持有一笔受险的债务(或未来成本费用支出)时,持有空头的"范围远期"。

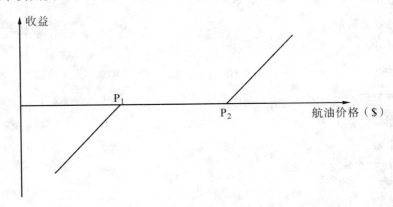

图 15-1 期权组合收益状况图

由图 15-1 可以看出,南航持有的燃油期权在航油价格上涨时可以获得收益,从而抵补航油成本上升的损失,航油下跌时会带来不利的后果。然而值得注意的是,南方航空售出看跌期权合约的选择权在合约的对方,在航油价格下跌时,南方航空只能被迫行权,可能会带来巨大损失,这是该期权组合的一个最大的弊端。因此,该期权组合在航油价格走高时是有利可图的。从国际航油的走势来看,国际航油价格从本世纪初开始了一轮单边上涨行情,这轮上涨行情于2008 年 7 月份突然逆转,国际航油价格从每桶 147.25 美元(2008 年 7 月 11 日最高价,也是历史最高价)开始快速下挫,在 2009 年 5 月份破每桶 40 美元(见图 15-2)。南方航空在燃油期权合约上的损益也和国际原油的价格走势相吻合。2006 年国际油价有个阶段性下跌,当年南航在期权合约上的损失为 2 600 万元;2007 年油价走势先抑后扬,油价突破 100 美元整数关口,南航当年的期权合约弥补上年的损失后还有 200 万元的公允价值上升的收益。幸运的是,2008 年南方航空结清了所有的燃油期权合约,不然巨额亏损不可避免。例如,东方航空持有和南航类似的期权组合,2008 年因此造成了累积 64.01 亿元的损失。因此,从南方航空参与金融衍生品交易进行套期保值的后果看,应该是起到了风险降低的效应。但是相对于 2007 年燃油成本(183.16 亿元,环比增长了 13.1%)而言,其对成本控制的影响显然是微不足道的。

图 15-2　布伦特原油价格周线走势图①

二、衍生金融工具使用评述

(一)衍生金融工具的必要性

衍生金融工具是指从传统金融工具中派生出来的新型金融工具,其价值依赖于标的资产价值变动的合约。它具有很强的杠杆效应,且具有不确定性和高风险等特征。随着金融国际化和自由化的发展,由传统金融衍生工具衍生出来的金融衍生工具不断创新,交易量迅速增长,市场规模急速扩大,交易手段日趋多样化、复杂化。20 世纪 90 年代以来,金融衍生工具已成为国际金融市场上频繁运用的交易手段,金融衍生工具市场已成为国际金融市场的主角。我国也有许多企业参与这一产品的交易。其目的是基于风险管理的需要,对自身受险资产进行套期保值。然而 2008 年次贷危机开始,国际大宗商品开始大幅下挫,国际金融市场动荡,使得我国很多企业在金融衍生品交易中遭受巨额损失。2008 年三季报中,国航套保损失 37 亿元,东航套保损失 18.3 亿元,江西铜业套保损失 13.51 亿元。2009 年 6 月底,中国远洋的远期运费合约公允价值损失近 2 亿元。由此引发了公众对参与衍生金融工具交易的质疑,为此也引起了学界的广泛思考。

---

① 资料来源:美国能源署(http://www.eia.gov/dnav/pet/hist/LeafHandler.ashx? n ＝pet&s＝rbrte&f＝w)。

关于套期保值风险管理的文章很多,我国在期货市场创立之初学界就有了相关的研究。王建(1993),朱世武、李豫、董乐(2004),郑尊信(2008),宋军、吴冲锋、毛小云(2008)等对在我国期货市场上进行套期保值的策略进行研究;包晓林(1995)对套期保值进行了经济学上的分析;林孝贵(2002),刘列励、黄鹏(2006),王赛德(2006),杨万武、迟国泰、余方平(2007),刘京军(2008),王玉刚、迟国泰、杨万武(2009)等对套期保值模型和最优比率进行了分析与实证;齐明亮(2004),王骏、张宗成(2005),方虹、陈勇(2008),梁权熙、欧阳宗旨、廖焱(2008),刘京军、曾令、梁建峰(2009)等实证了套期保值的有效性;袁卫秋(2006),郭玲、阴永晟(2009)等对上市公司套期保值的动机进行了深入分析;李毓(2006),曹中红(2008),付胜华、檀向球(2009),孙才仁(2009)等都肯定了套期保值在风险管理中的作用。

此外,窦登奎和卢永真(2010)还对我国企业运用衍生金融工具套期保值进行了系统的调查研究。他们对我国上市公司使用衍生金融工具进行了盈亏分析,认为运用衍生金融工具总体净亏损是由少数企业造成的,衍生金融工具风险被过度夸大了。如果是有效套期保值,即使衍生金融工具发生浮亏,与其对应的基础资产也会发生增值,所以不会降低企业的总价值。运用衍生金融工具对企业的价值只以盈亏为判断标准是有失偏颇的,通过衍生金融工具套期保值对企业还有其他重要经济效用和价值。

因此,使用衍生金融工具进行套期保值并不存在理论上的问题。在当今国际市场上商品价格大幅波动、金融动荡时期,我国企业在经营风险管理中适当使用金融工具不仅是必要的,还是必需的。从图15-2中布伦特原油的走势中可以看出国际油价的波动幅度达400%。在南方航空的2010年年报附注中披露,"假定燃油消耗量不变,燃油价格上升10%,将导致本集团本年度运营成本上升人民币2 349 000 000元。"如果南方航空不进行航油的套期保值,任由航油价格波动,势必对经营成本产生巨大风险。

(二)衍生金融工具使用与套期保值策略

公司使用衍生金融工具的战略动机有两个,一个是为公司的受险资产进行套期保值,另一个动机是从金融衍生品的价格波动中获利。

成功的套期保值需要建立一套可操作的目标。Alan C. Shapiro在其所著的《跨国公司财务管理》中认为,在外汇风险管理中企业套期保值的目标或显或隐地包括6个目标:(1)会计风险最小化;(2)由于汇率变动而造成的收益波动最小化;(3)交易风险最小化;(4)经济风险最小化;(5)外汇风险管理成本最小化;(6)避免意外大额损失。显然,这6个目标也是所有其他资产价格波动风险的管理实践中或显或隐存在的。然而,一个成功的套期保值策略应该以减少企业的经济风险为目标,其他任何一个单个的目标都不够完备,在具体的操作指导中都难以有效管理企业的风险,有时会造成风险失控,甚至带来更大的风险,产生巨额损失。

从对南方航空采用的套期保值工具的分析中,我们可以看出,这一组合对公司航油成本的风险控制在航油上涨时有不错的效应,但在航油下跌时会侵蚀公司利润。对这一风险管理方式深入分析可以发现,上述期权组合中两个期权都说明,签订合约时南方航空对航油市场油价作出看涨的研判。组合中的买入看涨期权就能很好地对航油成本实现套期保值作用,然而同时卖出看跌期权,这不仅不能降低风险,而且抵消了原套期保值的作用。作此安排的原因无非是减少或抵消期权交易费用,在航油持续上涨中获利,问题在于南方航空对航油市场油价作出看涨的研判是否正确,如果市场走势相反,就会造成巨额损失,显然,这种依靠预测市场走势的投资安排就是一种投机行为。因此,我们可以看出南方航空的套期保值策略目标是:降低合约成本和市场投机获利。这样的策略不仅套期保值目标不佳,反而增加了市场风险。

正如有些学者所指出的,简单的套期保值技术就可以实现风险控制的目标,问题在于如何根据企业风险类型和所处的市场环境来选择何种技术。而我们上述分析可以看出,套期保值风险管理的有效性保障,核心的问题在于套期保值策略目标的正确性,然后才是具体的套期保值技术的适用性。实际上,我国也不乏利用套期保值成功规避风险的实例。中石油在国际原油市场上的套期保值业务与现货贸易挂钩,并未在这项业务上出现损失;中国最大的棕榈油进口加工企业天津聚龙集团通过套期保值锁定利润的原则,最终在国际棕榈油价格的暴跌中站稳了脚跟。这些企业套期保值的有效性保障并不在于采用了更好的技术,而在于策略目标的明确与正确。因此,不同的目标会影响不同技术的选择,不同技术会产生不同的套期保值效果,但首要的核心问题在于策略目标。南方航空的外汇期货合约就很好地对其日元收入进行了套期保值。

思考与讨论

可以这么说,南方航空使用衍生金融工具进行套期保值的策略是不明晰的,或者说其策略目标是套期保值与投机套利并行。显然,为投机套利而参与金融衍生品交易对于非金融投行专业机构而言是风险极大的、是不明智的理财策略。遗憾的是我国很多企业基于这样的目的投入衍生品交易市场(当然,可能有些企业根本就没有相应的策略目标,而是盲目投机而已),这也是我国很多企业在

2008 年遭受巨额亏损的原因之一。然而,这样不理智的策略目标能得以制定并实施,不得不引起我们的警觉与思考。我们认为,其中最值得思索与探讨的核心问题应在于公司治理与风险管理相关问题。对此,我国的相关研究还很鲜见。在国外,这已是一个研究热点。

在风险管理理论中,研究者认为代理冲突使得企业套期保值活动受治理机制的影响。比如管理者风险厌恶、保护个人偏爱的项目等都会影响公司风险管理策略(Stulz,1984;Tufano,1998 等)。国外的研究视角主要在于这几个方面:公司治理如何影响企业套期保值时金融衍生工具的使用?衍生金融工具使用是为了对股东财富最大化进行套期保值,还是对管理者效用最大化套期保值,或者是为了投机?为此,国外学者进行了大量的实证研究(Froot et al,1993;Bodnar et al,1998 等)。一致的结论是公司治理水平对企业套期保值策略目标、使用的衍生金融工具、套期保值对公司价值的影响均有显著影响。此外,国外还关注国家水平的公司治理机制(country level governance mechanisms)问题对风险管理的影响(Berkman and Bradbury,1997;Bartram、Brown and Fehle,2003 等)。

可见企业风险管理水平和公司治理水平以及国家水平的公司治理机制都是密切相关的。我国企业的公司治理机制不完善已得到很多研究结论的证实,然而这种不完善的公司治理机制对企业风险管理策略目标会产生怎样的影响,对企业选择套期保值技术的影响又如何,都是有待深入研究的课题。

阅读文献

[1]窦登奎,卢永真.我国企业运用衍生金融工具套期保值的调查研究.国有资产管理,2010(12).

[2]齐明亮.套期保值比率与套期保值的效绩——上海期铜合约的套期保值实证分析.华中科技大学学报(社会科学版),2004(4).

[3]包晓林.套期保值的经济学分析.世界经济文汇,1995(8).

[4]刘京军,曾令,梁建峰.境内外人民币远期市场套期保值效率研究.上海财经大学学报,2009(8).

[5]郭玲,阴永晟.我国上市公司金融性套期保值决策的动机研究.财经科学,2009(8).

[6]孙才仁.科学利用套期保值策略,提升企业风险管理水平.中国证券报,2009 年 9 月 3 日.

案例十六　北京弘毅投资顾问有限公司私募股权投资案例研究

摘　要

　　私募股权投资是指通过私募形式对非上市企业进行的权益性投资,通过上市、并购或管理层回购等方式,出售持股获利。本案例以弘毅投资收购中国玻璃一例,阐释私募股权投资成功运作过程。

关键词

　　弘毅投资;私募股权投资;中国玻璃;对赌协议

案例资料

一、公司情况

(一)公司概况

　　北京弘毅投资顾问有限公司(英文名称 Hony Capital Ltd.,以下简称弘毅投资)成立于 2003 年,是联想控股有限公司成员企业中专事股权投资及管理业务的公司。

　　弘毅投资是中国起步较早、参照国际 PE 公司惯例设立、业务聚焦在中国本土规范运作的专业投资公司,弘毅投资团队对国际规范的基金组织管理模式有丰富经验,对中国本土化的基金投资业务有深刻理解和成功实践。

弘毅投资管理着美元和人民币两类基金,截至 2010 年,总资金规模超过 300 亿元人民币。弘毅人民币基金的投资人由中国领先的金融机构和著名民营企业家构成,联想控股为基金发起人,全国社保基金为主要投资人;弘毅美元基金的投资人包括来自北美、欧洲、亚洲、澳洲的全球著名投资机构。

弘毅投资专注中国市场,以"增值服务,价值创造"为核心投资理念,业务涵盖并购投资、成长型投资与跨境投资,投资的企业包括国有企业、民营企业和海外公司,已先后在建材、医药、装备制造、消费品、新能源、新材料、商业连锁、文化传媒、金融服务等多个行业进行了投资,打造了多个领先企业。2010 年被投企业资产总额 5 300 亿元,整体销售额 1 220 亿元,利税总额 180 亿元,这些企业为社会提供了超过 160 000 个就业岗位。随着投资业务的推进,弘毅投资将涉足更多的行业。

除为企业注入资金外,为被投企业提供做大做强的增值服务是弘毅投资的核心能力。弘毅投资在本土同类投资公司中率先组建了内部咨询团队——弘毅咨询,为弘毅投资的被投企业提供增值服务,帮助企业实现行业领先地位。弘毅投资将致力于成为一家以人为本,值得信赖和受人尊重的金融服务公司。

(二)管理团队

1. 赵令欢总裁

赵令欢先生 1984 年毕业于南京大学物理系,1987 年赴美留学,先后获美国北伊利诺依州大学电子工程硕士和物理学硕士学位,美国西北大学凯洛格商学院工商管理硕士学位。

赵令欢于 2003 年 1 月加入联想控股并创立弘毅投资。作为公司总裁,赵令欢除参与投资项目之外,主要负责公司整体战略制定、领导班子及团队建设,并对公司进行全面管理。赵令欢同时担任联想控股有限公司副总裁。加入联想控股之前,赵令欢任 eGarden 风险投资公司董事总经理。赵令欢还曾担任美国 Infolio Inc.,Vadem Ltd. 的董事长兼 CEO,U. S. Robotics Inc. 副总裁兼总经理等核心领导职务。赴美留学之前,赵令欢就职于江苏无线电厂,并担任车间主任等职务。赵令欢有多年的中外企业管理和投资运作工作经验,对国内外企业及资本市场有着深刻的理解,在企业并购整合和企业发展战略方面有着丰富的经验和成功的实践。赵令欢为被投企业的 CEO 和高层领导在企业管理、团队建设、战略制定及国际拓展等方面提供了大量有价值的指导和建议。

2. 王立界董事总经理

王立界女士 1992 年毕业于中国人民大学财政金融系,获经济学学士学位。现就读于美国西北大学凯洛格(Kellogg)商学院与香港科技大学(HKUST)联合举办的 MBA 项目。

王立界 2003 年加入弘毅投资,现为弘毅投资董事总经理、执委会成员,主要负责融资、投资人关系以及公司财务、人事、行政、法律等工作的全面管理。在加入弘毅投资之前,王立界曾担任联想集团有限公司与美国 AOL 合资公司联想翱龙有限公司的财务总监。在进入翱龙之前,王女士任联想集团有限公司(HK 0992)财务部副总经理。王立界具有丰富的企业财务管理和行政管理工作经验,并具有丰富的国有企业以及上市公司财务管理和资本运作背景,熟悉中国和香港财务会计准则,对中国大陆的商业环境、财务和行政管理实务及中国企业管理状况有着深入的了解。

3. 王顺龙董事总经理

王顺龙先生 1991 年毕业于清华大学,获得工学博士学位。1991 年赴荷兰王国埃因霍温工业大学机械工程系进行为期三年的访问研究。

王顺龙 2005 年加入弘毅投资,主要负责弘毅投资在医药等领域内的投资业务。在加入弘毅投资之前,王顺龙曾担任上海实业医药科技(集团)有限公司策划管理部主管,负责企业发展战略的研究与策划、对下属企业进行管理,并组织实施包括注资、增股、收购兼并及分拆上市在内的重大资产经营行动。1999 年以前,王顺龙担任上海实业控股有限公司(香港恒生指数成分股,代号 0363)企业管理部高级企业管理经理,负责各业务板块的发展战略分析、各下属企业经营状况监控及分析、新投资项目评审等工作。在加入上海实业以前,王顺龙曾先后在香港航天科技集团有限公司(HK:0031)下属航科技术开发有限公司及香港城市大学材料研究中心工作,在市场、销售和产品研发方面有突出的贡献。王顺龙有着多年的企业管理经验和投资实践,尤其对医药行业有着深入的行业认知,并有较为丰富和成功的行业内投资实践。

4. 邱中伟董事总经理

邱中伟先生 1990 年毕业于西安交通大学,获工程学学位。2003 年获美西北大学凯洛格商学院和香港科技大学 MBA 学位。

邱中伟 2005 年加入弘毅投资,主要负责公司整体投资业务的管理以及在工程机械、消费品、建筑材料等领域的投资业务。加入弘毅投资之前,邱中伟任银泰投资有限公司董事总经理,全面负责公司的直接投资业务。邱中伟带领团队开展了在中国商业零售领域内的兼并收购,并成功重组银泰下属的商业零售业务,使之发展成为中国最大的民营零售集团之一。加入银泰投资之前,邱中伟任银泰控股有限公司(SH 600683)董事长、总裁,组织完成了这一国有上市公司的收购、改制和重组,并成功实施了公司的地产和零售业务在浙江的大规模扩张。加入银泰控股之前,邱中伟一直在中国华能集团公司工作,负责项目计划、发展、国际合作和投资者关系等工作,在能源项目建设、国企重组、海外上市、房地产开发等方面积累了大量的行业运作经验。邱中伟有着多年的企业管理和投资运作经验,尤其在能源、房地产、商业零售等行业内进行了长期的管理运作和投资实践,对于国有企业改制和重组经验丰富。

5.邓喜红董事总经理

邓喜红女士 1988 年毕业于清华大学计算机系,获硕士学位。1988 年赴美留学,获纽约州立大学石溪分校计算机硕士学位。

邓喜红 2004 年加入弘毅,主要负责弘毅的消费品、金融等领域的投资业务以及投资后管理工作。加入弘毅投资之前,邓喜红任 J.P. 摩根大通银行总部副总裁,并曾供职于花旗银行北美投资银行。邓喜红有着长达十二年在华尔街、香港、中国大陆的投资银行经验,从事的业务涵盖金融市场的主要领域,如投资银行、企业资本市场、风险基金、私募基金、私人银行、股票衍生工具交易与营销以及债券研究等金融市场的主要领域。此外,邓喜红还拥有丰富的创业经验。邓喜红与他人共同创建了数家美国私营企业并担任董事会董事。她积极帮助这些公司融资、制定企业战略及财务规划,进行战略收购和准备企业的首次公开上市。在成功帮助中国公司进行海外资金募集和合资兼并的过程中与中国的公司和政府建立了深厚的关系。邓喜红还曾担任数家跨国公司的战略顾问及财务顾问。

6.罗鸿董事总经理

罗鸿先生 1997 年毕业于清华大学,并先后获得清华大学电机系工程学士和经济管理学院技术经济硕士学位。2002 年赴美留学,获哈佛大学商学院 MBA 学位。

罗鸿 2004 年加入弘毅投资,主要负责公司在媒体、消费品等领域的投资业务。加入弘毅投资之前,罗鸿曾创建并领导联想集团有限公司(HK 0992)策略投资部,负责联想在 IT 产业内开展的兼并收购、合资参股及非核心业务的分拆事宜。1998—2000 年罗鸿任联想集团业务发展部副总经理,协助集团总裁室负责新业务拓展和投资业务的管理及实施工作。之前,罗鸿曾担任联想电脑公司家用电脑产品经理等职。罗鸿有着近 10 年的投资运作、产品开发及企业管理的工作经验,对于中国企业的资本运作和管理有着深刻了解。

7.郭文董事总经理

郭文先生 1991 年毕业于北京科技大学金属系。2003 年加入弘毅投资,主要负责弘毅投资在建筑材料、消费品、媒体等领域的投资业务。加入弘毅投资之前,郭文担任香港优能数码科技控股集团公司(HK 8116)副总裁,负责企业的对外投资及收购、兼并业务。2002 年之前,郭文任美国东方生物工程公司(NAS-DAQ:AOB)助理总裁,负责该公司在美国的上市与境内外的并购业务。在此之前,郭文曾任职于海南金创投资公司、北大青鸟集团公司证券、金融、投资部门。郭文有多年的金融、证券、投资工作经验,对于国内外企业的投资模式和投资运作有着深刻的了解,在国内外企业并购和金融证券投资方面有着丰富和成功的实践。

二、事件回顾

弘毅投资一期基金成立后,曾邀请麦肯锡做咨询帮助筛选具有前景的行业。麦肯锡协助弘毅投资从 99 个行业中筛选出适合投资的 10 个重点行业,包括建材、机械和医药等。弘毅投资一期基金投资了 3 个项目,包括中银集团的不良资产项目、江苏玻璃集团和德农种业。

但真正让弘毅投资一举成名的莫过于重组江苏玻璃集团(重组后改名为"中国玻璃")。借助于收购、重组、上市,大概通过一年的重组改造,中国玻璃最终于 2005 年中期以"红筹"方式在香港主板上市。凭借"中国玻璃"一役,奠定了弘毅投资在国内并购市场领先的"江湖地位"。

2004 年 9 月,弘毅投资完成第二期基金的募集,总共募集到 8 700 万美元,实际投资 1.28 亿美元。在这轮投资名单中,出现了高盛、新鸿基、淡马锡等国际机构的身影。并在短短的一年多时间内,借助于本土化优势,迅速联姻国内的行业龙头企业。

2005 年 6 月,弘毅投资二期基金正式投资中国整体厨房及整体家居领域的领先企业科宝博洛尼。而在同月,弘毅投资二期基金正式投资中国最大的汽车发动机气门生产厂家——济南汽车配件厂。2005 年 9 月,弘毅投资于中国领先的医药生产和销售企业——先声药业,该企业于 2007 年 4 月在纽约交易所上市。

2006 年 6 月,弘毅投资二期基金正式投资中国太阳能电池行业的领先企业——林洋新能源,该企业于 2006 年 12 月 21 日在纳斯达克成功上市,短短 6 个月价值增加 4～5 倍。此外,弘毅投资二期基金在 2006 年 6 月投资中联重科,首次尝试参与国内龙头上市公司的投资。在尝到国内资本市场的甜头之后,弘毅投资于 2006 年 12 月再次参与国内上市公司中国玻纤控股子公司,也是中国最大的玻璃纤维制造企业——巨石集团的定向增发。

2006 年 11 月,弘毅投资完成了第三期基金募集,共拿到 5.8 亿美元。包括二期全部国际投资人在内,共集结了分布在全球的 17 个著名投资人。至 2006 年末,弘毅投资管理的资金超过 55 亿元人民币,被投资企业资产超过 143 亿元人民币。

　　2008 年 6 月,弘毅投资第四期美元基金募集完成,立即签订协议将同中联重科、曼达林基金、高盛共同出资 2.71 亿欧元收购欧洲第三大混凝土机械设备制造商 CIFA 公司。

　　在短短几年的时间内,弘毅投资完成四轮募资,一年一个台阶,从一个国内投资市场的"无名小卒"一跃成为"资本大鳄"。

三、财务数据

　　根据 2009 年 10 月清科数据库(www. zero2ipodb. cn)资料,弘毅投资管理基金及其投资组合和投资中国企业的情况见表 16-1、表 16-2、图 16-1~16-6。

表 16-1　弘毅投资管理基金及其投资组合

序号	基金名称	募集时间	募集规模	已投资企业
1	Hony Fund Ⅰ	2003 年 12 月	3 800 万美元	中国银行、中国玻璃、德农种业
2	Hony Fund Ⅱ	2004 年 9 月	8 700 万美元	科宝博洛尼、济南汽车配件、先声药业、林洋新能源、中联重科、巨石集团
3	Hony Fund Ⅲ	2006 年 11 月	5.8 亿美元	巨石集团、石家庄制药、神州数码、龙浩、中彩股份、联诚金属、康臣药业、中国重金属、联想移动、华海医信、重庆商社新世纪百货
4	Hony RMB Ⅰ	2008 年 6 月	50 亿元人民币	江苏新华书店
5	Hony Capital 2008	2008 年 6 月	13.98 亿美元	

表 16-2　弘毅投资投资的中国企业各行业案例数年份分布

	2004	2005	2006	2007	2008	2009	2010	合计
广义 IT	0	0	0	0	1	1	0	2
生技/健康	0	0	1	0	1	2	0	4
清洁技术	0	0	0	1	1	0	0	2
服务业	1	0	0	0	0	2	1	4
传统行业	0	2	2	3	1	3	0	11

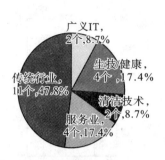

图 16-1　弘毅投资投资的
中国企业案例数量行业分布

图 16-2　弘毅投资投资的中国
企业案例金额行业分布

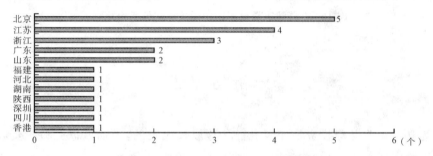

图 16-3　弘毅投资投资的中国企业案例数量地区分布

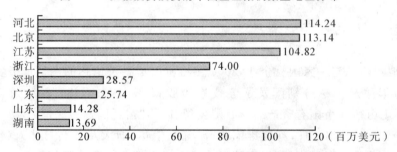

图 16-4　弘毅投资投资的中国企业投资金额地区分布

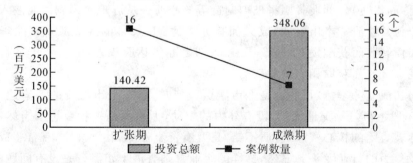

图 16-5　弘毅投资投资的中国企业投资阶段统计

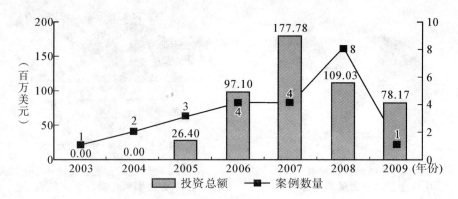

图 16-6　弘毅投资投资的中国企业投资年份统计

分析与评述

为具体说明弘毅投资是如何进行私募股权投资的,下面就以弘毅投资收购中国玻璃一案加以分析。

一、缘起

苏玻集团原是一家国有企业,2000 年将所欠华融及信达的两笔债务实施债转股,向华融及信达分别配发了苏玻集团股权 33.13% 及 3.52%,余下股权 63.35% 仍由宿迁市国有资产经营有限公司(简称"宿迁国资")保留。

2001 年 12 月 23 日,苏玻集团联合华融、信达、浙大及 7 名自然人(包括周诚、李平等苏玻集团管理层)以发起形式注册成立江苏苏华达新材料股份有限公司(简称苏华达)。苏玻集团将玻璃制造等核心业务从苏玻集团剥离而注入苏华达以作为其注册资本出资额,成为拥有苏华达 51.12% 的控股股东。除华融和信达因债转股而获配发 37.96% 及 4.04% 之苏华达股权外,浙大及 7 名自然人则以现金入股而获取相应的股权。

当初成立苏华达,目的也是上市融资。但是,意在上市融资的苏华达,很快发现 A 股上市之路遥遥无期,没有外力的推动,上市只是一种梦想。当然,苏华达是苏玻集团的核心资产,潜质不错,只要有资金保障,壮大规模,有希望成为内地有竞争力的行业龙头。显然,这样的企业拿到香港上市融资是没有问题的。

当年还有这么个插曲:根据国企改制政策,债转股企业必须主辅业分离,通过审计、评估甩掉历史包袱。但如果这样操作,按照资产和债权结构,苏玻集团将被华融、信达控股。公司管理层不愿看到这个结果。为使苏玻集团拥有控股地位,它们分步实行债转股,将两家资产管理公司的债权一分为二,一部分投入到苏玻集团,一部分投入到苏华达。一次债转股分两部分进行的巧妙操作,不仅使当地政府依旧保持对企业的控股地位,同时也让管理层获得梦寐以求的股权,这也为今后进行引进外资以及国内外上市操作争取到主动权。也正是这样的股权结构设置,为多年后弘毅投资收购提供了先决条件。

2003年4月,江苏省举办国企产权转让推介会,苏玻集团国有股权挂牌交易。不久,苏玻集团董事长、总经理周诚接到了江苏省原经贸委官员的电话:"联想来人了,对苏玻有兴趣。"周诚驱车赶赴南京,接回一个叫徐敏生的人,徐时任联想控股投资事业部(弘毅投资前身)投资经理。

据说,在当时弘毅投资掌门人赵令欢对苏玻集团并没太大兴趣,而徐敏生却热情百倍。2003年8月,徐敏生带领的4人小组进驻苏玻集团。当面目清晰的苏玻集团架构呈现在赵令欢面前时,赵令欢立即对苏玻集团旗下的江苏苏华达新材料股份有限公司产生了浓厚兴趣。而且,苏玻集团、苏华达作为债转股企业,它们的第二、三大股东均是华融、信达两家资产管理公司。两家资产管理公司"只回收资产,不进行实业投资"的天性使赵令欢意识到好运来了。

二、借道

苏华达的控股股东是苏玻集团,苏玻集团的控股股东是宿迁国资。如何获得苏华达呢,弘毅投资决定先"娶"宿迁国资。

之所以选择并购宿迁国资,而非苏玻集团,是因为按照苏玻集团与华融、信达债转股期间达成的协议,宿迁国资出售苏华达与苏玻集团股权时,华融、信达有否决权。为了避免与华融、信达的谈判以及增加收购的成本,弘毅投资决定借道宿迁国资,以达到控股苏华达的目的,其立意可谓深远。

但是,宿迁国资除了控股苏华达外,还控股另外两家国资企业。2003年10月,为了便于引进外部资金,宿迁国资剥离了非苏玻集团的资产,使宿迁国资成为一家纯粹针对苏玻集团的控股公司。

2003年12月31日,注册于英属维尔京群岛的Easylead Management Limited(简称EML)和注册于中国香港的南明有限公司(简称南明)与宿迁市人民政府订立一份协议,宿迁市政府以650万元人民币的价格,将宿迁国资60%、40%的股权分别委托给南明和EML。EML和南明均是联想属下弘毅投资的企业。根据协议条款,委托协议自2003年12月31日起生效,直至宿迁市人民政府将宿迁国资的全部股权转让给予 EML 及南明为止。转让价格根据资产评估的报告所厘定的价格,最终价格为 650 万元。

这是一个比较划算的交易,宿迁国资为什么愿意达成这个交易呢?原来,在国有企业并购中,收购价格不是最重要的,只要不低于净资产即可,关键是在收购中如何有效解决国有企业"人"的问题。巧妙地利用国企改制的政策,借用员工身份置换国企历史遗留问题,能够大大降低国有企业的收购成本。对于熟悉国企弊端和漏洞的联想来说,对国企改制的政策再清晰不过了。结果,区区 650 万元人民币的代价便全资控股了宿迁国资,并且间接控制了苏玻集团和苏华达。

通过此次股权委托协议,EML 及南明分别有权行使宿迁国资全部股权。宿迁国资为苏玻集团的控股股东,因此亦为苏华达及华兴的控股股东。完成该项买卖的全部所需程序后,宿迁国资的股权于 2003 年 12 月 13 日分别正式转让于 EML 和南明。在委托股份转让以后,宿迁国资转制为一家外商独资企业,并易名为宿迁苏玻发展有限公司。

三、与时间赛跑

2003 年年底,国资监管风声紧,国务院国资委推出的《企业国有产权转让管理暂行办法》(以下简称《办法》),已发放各地方国资委,于 2004 年 2 月 1 日起执行,规定国资交易必须进入产权转让中心。

为了与时间赛跑,2003 年 12 月 31 日,赵令欢和宿迁市市长张新实正式签署宿迁国资的托管协议。正好赶在《办法》正式执行前两个月。另一个说法是,该协议签订日期是 2004 年 1 月 20 日,农历除夕。这个时间恰在政策出台前 10 天,更见争分夺秒之意。

上述买卖顺利闯关,宿迁市外经贸委功不可没:中国玻璃招股说明书显示,2003 年 12 月 31 日,宿迁市外经贸委就批准了该委托协议的条款,这给弘毅投资成功收购宿迁国资提供了巨大保证。按照另一个说法,收购协议签订日期是 2004 年 1 月 20 日,农历除夕,如果此言不虚,那么也就是说,在赵令欢和张新实签订协议之前,宿迁市外经贸委已经批准了协议条款,这显然是说不通的。而招股说明书之所以将签订协议的日期说成 2003 年 12 月 31 日,无非是想逃避眼看就要出台的政策的限制。现在看,无论是 2003 年 12 月 31 日,还是 2004 年 1 月 20 日,已无实质区别,法律上,2004 年 2 月 1 日才实施的国资新政没有追溯力,江苏省政府也在 10 个月后发出批文证书,批准当时宿迁国资的股权转让。这样,宿迁国资就彻底地变为外商独资企业。

这意味着,对于此后宿迁国资下属实体公司的一系列收购动作,就变成一家外商独资企业的重组行为,将避开国资监管视线。

之所以和时间赛跑,除了上述《办法》的制约原因,还有 2005 年 1 月 24 日国家外汇管理局发布《关于完善外资并购外汇管理有关问题的通知》(11 号文)。

这两份文件都触及海内企业海外上市的主通道——红筹上市模式。据了解,11 号文为堵住内资外逃,再以假外资身份收购境内公司控股权,规定境内居民直接、间接设立或控制境外企业,以后要进行审批(原来是登记制),而且境内居民出让境内资产和股权以换取境外公司股权及其他财产的权利,应取得外汇管理部门的核准。

11 号文其实打破了红筹上市的流行做法,过去一直在走的上市暗道将戛然关闭,必须转而寻找新路,更加耗时费力。因此,收购的步伐必须要快,在政策闸门关闭前,弘毅投资终于胜利闯过了终点,完成一系列收购。中国玻璃 2005 年 6 月 23 日在香港主板上市,使其成为 2005 年完成香港上市的仅有的两家红筹之一,让投资界艳羡得耳热心跳。

从 2003 年中期开始尽职调查,到年底签订宿迁国资股权托管协议,叩开中国玻璃大门,前后仅半年时间。这场闪电般急促的收购背后,是收购者曲径通幽,抢在政策障碍到来前,逼退其他强势股东,扫清绊脚石的智慧展现。

四、重组

EML 和南明托管宿迁国资 100%权益后,便是拿到了当地政府的尚方宝剑,即后续收购的主动权。按照托管协议的约定:EML 和南明可以名正言顺地对宿迁国资和苏玻集团展开一系列重组操作。

2004 年 8 月 20 日,苏玻集团、苏华达及华兴订立一份股权收购协议。根据协议,苏华达以人民币 4 980 万元的代价收购苏玻集团所持华兴的 20%权益。该项整合于 2004 年 12 月完成。至此,华兴成为苏华达百分之百控股的公司。

宿迁国资分别与华融、信达于 2004 年 10 月 26 日和 2004 年 12 月 10 日签订股权转让协议。根据协议宿迁国资分别收购华融持有苏玻集团的 33.13%权益及信达持有苏玻集团的 3.52%权益,总代价为人民币 2 600 万元。几乎同时,宿迁国资亦分别于 2004 年 10 月 26 日、12 月 10 日以及 10 月 27 日与华融、信达及浙大订立三份独立协议,分别收购华融、信达及浙大在苏华达的 37.96%、4.04%及 2%权益,总代价为人民币 6 212.3 万元。

至此,弘毅投资通过重组,逐步将其他股东清理出局,从宿迁国资到苏玻集团,再到苏华达、华兴的资产已经全部处于弘毅投资掌握之中。因为宿迁国资、苏玻集团实际上并无业务,加上苏华达 2004 年 8 月已经收购华兴另 20%股权,因此,苏玻系统的所有核心资产都已经集结于苏华达一身。

2004 年 12 月 14 日,宿迁国资(转制为外商独资企业后改名为宿迁苏玻发展有限公司)与 7 名自然人签署协议,将 7 名自然人在苏华达的 4.88%权益与宿迁国资在苏玻集团的 8%权益置换。至此,苏华达只剩下宿迁国资和苏玻集团两个股东控制所有股权。

五、上市

弘毅投资对苏玻集团所做的一切,不过是为海外重组及上市做充分地准备。在完成国内的股权整合后,弘毅投资便开始了针对苏玻集团的海外重组。

2004 年 9 月 8 日,堡成公司(Success Castle)于英属维尔京群岛注册成立,属于民间控股公司。First Fortune 于 2004 年 10 月 11 日获配一股面值 1 美元的股份。

2004 年 12 月 15 日,堡成股本中每股面值 1 美元的股份拆分为每股面值 1 美分的股份。堡成按面值分别向 First Fortune、Swift Glory 及 Ample Best 配发及发行 8 241 股、1 171 股及 488 股每股面值 1 美分的股份。配发及发行股份后,堡成当时分别由 First Fortune、Swift Glory 及 Ample Best 拥有 83.41%、11.71%及 4.88%。

2004 年 12 月 17 日,堡成分别与宿迁国资及苏玻集团各自订立协议,分别以人民币 6 284.5 万元及人民币 6 572.5 万元收购宿迁国资及苏玻集团所持苏华达的 48.88%及 51.12%权益。据此,堡成因此拥有苏华达全部股权。

2005 年 2 月 28 日,堡成向周诚、蔡苓及陈爽收购华达(香港)全部已发行股本,总代价为港币 8 万元。

2004 年 10 月 27 日,在百慕大注册成立未来香港上市主体中国玻璃,为 First Fortune 的全资附属公司。2005 年 5 月 22 日,中国玻璃收购了 First Fortune、Swift Glory 及 Ample Best 各自在堡成的权益,First Fortune、Swift Glory 及 Ample Best 分别置换为中国玻璃的 83.41%、11.71%及 4.88%。重组完成后,中国玻璃拥有堡成全部已发行股本的权益,亦透过堡成拥有苏华达全部股权。

在一切收购完成仅 1 个月后的 2005 年 6 月 23 日,中国玻璃登陆香港主板市场上市,配售发行 9 000 万股,配售价 2.18 港元,融资近两亿港元。动作神速得令人吃惊。

实际上,中国玻璃的海外重组是在和时间赛跑,因为 11 号文打破了红筹上市的流行做法,弘毅投资在政策闸门关闭前终于胜利闯过了终点,完成一系列收购,并最终在香港成功上市。

六、退出

弘毅投资既然是以收购基金模式运作,最终要完成一个资本运作的闭环,投入的资金回归现金。在中国玻璃上市前,弘毅投资已经为资本退出设计好通道,未来的接盘者就是英国皮尔金顿(Pilkington)。皮尔金顿是全球最大的平板玻璃和安全玻璃企业之一,是浮法玻璃技术发明者。此前曾参股耀华玻璃,但未能全部实现其既定战略目标。

为了能够在退出的时候卖个好价钱,并购国内的同行将是最快的方式,于是弘毅投资协助中国玻璃将规模做大,快速并购了国内几家企业,使得中国玻璃短期内长"胖"了不少。

2005年2月,皮尔金顿全球高级副总裁杰瑞在北京和赵令欢见面,并有了合作意向。2005年6月3日,股权买卖协议签订。皮尔金顿1 000万美元购入中国玻璃9.9%股份。

在中国玻璃的招股说明书上明确画出弘毅投资退出的路径和步骤:根据2005年6月3日的收购协议,中国玻璃的第一大股东First Fortune同意向企业投资者(皮尔金顿)授出首项收购权,自上市日起满6个月后至一年内,后者可收购前者的股份,使持股量增加到29.9%。同时,皮尔金顿的第二项权利是:自2011年7月1日起6个月内,可收购First Fortune持有的中国玻璃所有股权。

也就是说,6年后,赵令欢挟外资可能和中国玻璃撇清关系。2007年4月13日,皮尔金顿行使收购权,向First Fortune收购8 456万股股份,而皮尔金顿在中国玻璃的股份增至29.9%,而First Fortune的持股比例则由56.02%降至34.99%。

此次First Fortune的售股行为,证实弘毅投资已经开始套现退出。"先收购,再重组,后上市,胜利退出",在中国玻璃一役中,弘毅投资演绎得相当成功,让初出茅庐的弘毅投资几乎一举成名。

思考与讨论

中国玻璃是弘毅投资的经典成功案例,整个投资脉络是:弘毅先掏650万元收购宿迁国资——从而控制了该公司旗下所有国有资产——然后将这些国有资产卖给弘毅海外公司——再将这些国有资产在香港上市——该上市公司继续收购其他国企将蛋糕做大——6年内弘毅套现退出。

弘毅投资之所以能取得如此成绩,与联想这个招牌不无关系。有并购领域的资深人士曾指出,并购基金玩的不是钱,是资源,要使并购企业增值,需要那些"白头发"CEO的产业智慧,这是并购基金成功的关键。

作为联想系的子公司,拥有柳传志的行业智慧及头顶联想的品牌光环,使得弘毅投资在中国并购项目中的优势不言而喻。赵也坦言:"因为联想是国内自己成长起来的一个十分有信誉、有经验的大公司,大家容易看到联想的成功,知道也许在我们帮助下它们也可以像联想一样成功,所以联想作为我们的母公司,的确对我们的业务开展特别是做国内的项目比如国企改制的一些工作有着很大的帮助。"

但是也不可否认,除了其母公司品牌的影响力之外,弘毅投资对于中国国情的了解及本土化的策略没有几人能比。赵令欢说:"我过去有大部分时间在管理公司,所以我跟现在的企业家去接触,容易找到共同语言,彼此容易达成比较好的理解和共识。"

先声药业在纽约交易所上市,林洋新能源在纳斯达克上市,中国玻璃在中国香港主板上市,表面上看来,弘毅投资在中国香港、纳斯达克、纽约各地上市似乎畅通无阻,针对红筹公司上市的严格限制好像也丝毫不能影响其运作步伐。但是,仔细分析可以发现,弘毅投资从招募有限合伙人、挑选企业到上市运作等环节,都是环环相扣的接力棒比赛,自然比一个人跑全程要省力、快速。

弘毅投资通过整合投资链资源,实现整个产业链的互动,使得整个投资过程畅通无阻。海外投资人将资金交给高盛管理——高盛又投资于弘毅投资——弘毅投资进行项目投资——项目增值服务——高盛参与海外上市的承销——海外上市——项目退出——现金归还投资人。在这个资金循环过程中,利益促使大家拼命跑接力。例如,弘毅投资的项目海外上市,就离不开国际著名投行高盛的帮助,中国玻璃香港主板上市,林洋新能源纳斯达克上市和先声药业纽约上市,高盛都是主承销商。

"事实证明我们对当时机会的判断还是很准确的,现在国企改制是一个很系统的机会,而由于我们专注于这个领域,经过四年的打造,我们的品牌和团队日益成熟。"赵令欢说。正是由于弘毅投资良好的业绩,在它募集第二期、第三期基金时受到了很多大牌国际投资机构的青睐。在弘毅投资二期基金招募的投资人名单里,有高盛、新鸿基、淡马锡三家国际机构。三期基金中,则共有包括二期三大机构在内的全球17家大型金融机构。

此外,弘毅投资在具体的投资操作中,在吸纳国外操作手法的基础上,进行了本土化创新。比如说弘毅投资放弃了PE行业的关键游戏规则——"魔鬼协议"(对赌协议)。并且在协助项目公司的海外重组过程中,如果项目公司需要,将直接派人参与项目公司的管理。

所谓"对赌协议"，就是"估值调整协议"，在西方资本市场，估值调整几乎是每一宗投资必不可少的技术环节。因为投资双方对企业未来的盈利前景均不可能做100%正确的判断，因此，投资方往往倾向于在未来根据实际情况对投资条件加以调整。签订对赌协议是投资者锁定风险的自我保护约定。在当年蒙牛、太子奶和永乐电器引入PE时，都签订了相当严厉的对赌协议：公司未来某期限内必须达到一定增长目标，否则投资方要对被投企业管理层进行制裁。

谈到弘毅投资在并购时放弃对赌协议时，赵令欢说："通常在国内我不大喜欢用所谓的对赌协议，对赌协议有时会掩盖一个真相，就是不做认真的尽职调查，因为依赖于这个协议，这实际上是自己骗自己的一个做法。我们做投资一定要有一个事先判断数据，尽量在投资前规划好，大家在信任的基础之上去应变，这是一个比较好的做事方式。当下并购市场竞争激烈，大家都在运用这个工具，这是一种比较浮躁的表现。作为弘毅投资来说，我们以中国本土为唯一市场，另外，我们有明显的本土背景，团队都是从中国的各种运作岗位上汇聚而来的，所以我们更加了解国情和企业，就没有必要使用这个工具。"

阅读文献

[1]曹和平、平新乔、巴曙松编.中国私募股权市场发展报告(2010).北京:社会科学文献出版社,2010.

[2]潘启龙.私募股权投资实务与案例(第2版).北京:经济科学出版社,2011.

[3]刘泓毅、于杰.赵令欢领舞弘毅投资.投资与合作,2007(7).

[4]赵燕凌.弘毅投资神速制造港股公司——中国玻璃贱卖国资.证券市场周刊,2005-10-09.

[5]石育斌.中国私募股权融资与创业板上市实务操作指南.北京:法律出版社,2010.

第四篇

财务控制与
业绩评价

案例十七

浙江传化股份有限公司
全面预算管理案例研究

§摘　要§

　　全面预算管理是用预算对企业各个部门和全部资源进行规划和控制的一个管理系统,是对业务流、资金流、信息流和人力资源流的整合。传化股份以"三张网"为依托、以财务管理制度为保证、以绩效考核为手段的全面预算管理体系,促进了公司管理水平和营运效益的快速提升,是民营企业推进全面预算管理的典范。本案例重点介绍了传化股份全面预算管理体系的基本框架。

§关键词§

　　全面预算管理;传化股份

案例资料

一、传化股份基本情况

　　就整个中国来说,传化并不是一个具相当知名度的公司。但在私营企业密集度很高的浙江省,无论从知名度还是业界威信,传化都处在第一方阵。

　　传化集团创建于 1986 年,主要业务领域覆盖化工、物流、农业和投资。在这些需要不断转型升级、创新发展的产业领域,传化均在进行前瞻性的实践并长期坚持。在化工领域,通过产业链的整合与延伸,致力于成为具有全球影响力的专用化学品系统集成供应商,主要品类的市场占有率位居行业首位;在物流领域,传化开创的"公路港物流"模式成为中国物流行业最具价值的创新;在农业领域,传化通过缔造产学研结合的生物技术创新平台,成功地帮助农民化解经营风险和市场风险,带动了区域种植业结构的调整。

2008年,传化集团实现工业和服务业总收入141.6亿元,利润22.28亿元,上缴税收10.22亿元。在2009中国企业500强中,传化集团位列第379位。

浙江传化股份有限公司(以下简称传化股份)是一家从事有机硅及有机氟精细化学品(不含危险品)、表面活性剂、纺织印染助剂、油剂及原辅材料的生产、加工、销售等业务的精细化工行业公司,是传化集团旗下的两家上市公司之一,系经中国证券监督管理委员会证监发行字[2004]76号文核准,于2004年6月15日通过深圳证券交易所和上海证券交易所的交易系统向二级市场投资者定价配售发行人民币普通股(A股)股票2 000万股,每股面值1元,每股发行价格9.91元,并于2004年6月29日在深圳证券交易所中小企业板块挂牌上市,证券交易代码为002010。经中国证券监督管理委员会于2010年5月24日以证监许可[2010]672号文核准,公司于2010年6月非公开发行人民币普通股(A股)股票4 119万股,每股面值1元。非公开发行后公司注册资本24 399万元,股份总数24 399万股。

传化股份是传化集团五大事业平台的重要组成部分,年销售额超20亿元,是国内应用领域最广、系列最全、规模最大、实力最强的专用化学品生产商。其中,纺织化学品产销量世界第二、亚洲第一,DTY油剂产销量全球第一,活性染料产销量全国前三。下属3家企业被评为国家高新技术企业,市场和生产区域覆盖中国华东、华北、华南、东北等地区,同时在西亚及东南亚等地区建有生产装置并拥有健全的海外市场网络。

(一)主要股东和实际控制人

截至2010年12月31日,公司股份总额为24 399万股,其中无限售条件的流通股150 226 547股,占61.57%;有限售条件的流通股为93 763 453股,占38.43%。有限售条件股份一是2010年公司非公开发行新股4 119万股(2011年7月6日解禁);二是在2008年收购大股东资产中,传化集团追加业绩承诺而锁定的1 500万股;三是董事长徐冠巨和董事徐观宝分别持有的23 836 921股和13 736 532股。公司主要股东的持股情况见表17-1。

表 17-1　传化股份主要股东持股情况表①

名次	股东名称	持有数量（股）	持有比例（%）
1	传化集团有限公司	53 330 062	21.86%
2	徐冠巨	31 782 563	13.03%
3	徐观宝	18 315 377	7.51%
4	池万申	9 200 000	3.77%
5	常州投资集团有限公司	5 000 000	2.05%
6	深圳市科铭实业有限公司	5 000 000	2.05%

公司控股股东为传化集团有限公司，实际控制人为徐传化、徐冠巨、徐观宝父子三人。徐氏父子直接持有公司 20.54% 的股份，通过传化集团有限公司间接持有公司 21.86% 的股份，合并持有公司 42.40% 的股份。公司股权结构如图 17-1 所示②：

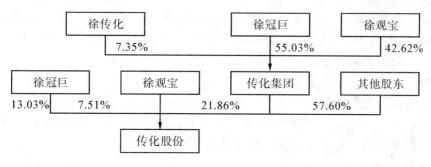

图 17-1　传化股份股权结构图

（二）企业文化理念

1. 企业价值观

社会责任感：实现企业的自我生存和发展是企业最基本的社会责任，是企业社会责任的本质体现，也是企业履行其他社会责任的基础。传化强调个人和企业都要有远大的奋斗目标；强调个人目标与企业发展目标相一致，企业目标与社会发展目标相一致："环保是我们最大的责任，平安是我们最大的心愿，发展是我

①　浙江传化股份有限公司. 浙江传化股份有限公司 2010 年度报告. 深圳证券交易所（www. szse. cn）.

②　浙江传化股份有限公司. 浙江传化股份有限公司 2010 年度报告. 深圳证券交易所（www. szse. cn）.

们最大的目标。"

做有社会责任的企业:以诚挚的意愿对顾客和股东负责,让顾客和股东放心;以尊重和包容的心态对员工负责,让员工安心;以庄严的承诺对国家与社会负责,推动和谐发展;传化成员公司及部门对企业的整体发展负责,使企业健康长寿;传化各级主管对自己的部属负责,当好教练。

做有社会责任的传化人:对自己负责,追求自我完善,成为不断进取的人;对家庭负责,爱护家人,让家庭美满幸福;对同事负责,以真诚的态度,与同事保持亲善关系;对企业负责,保持旺盛的工作热情,把最佳的工作结果交付给企业。

2.企业使命

传化股份以创造生机勃勃的、可持续发展的企业,促进社会发展为企业使命。公司本着诚信、务实、创新、发展的信念和开拓进取,永不满足的精神,立足于有发展潜力的精细化工产业领域,通过输送资本、管理和人才,培育具有强大竞争实力的常青企业,为客户提供优质可靠的产品和服务。同时,积极推动产业的技术进步和区域经济的全面发展。传化秉承利他与利己兼顾、道义与利益平衡的精神,努力成为优秀企业公民,以优秀的企业文化促进社会的和谐发展,推动整个社会文明的进步。

3.经营理念

传化股份的经营理念是一个中心,两个基本点。以市场为中心是传化股份经营的最基本原则,每一位传化人的每一项工作都是在为市场创造和服务,传化凭借符合市场特点和快速响应市场需要的组织和能力,致力于成为行业的先行者和推动者。

两个基本点是质量最高点和成本最低点。公司强调以"质"取胜、以"质"取信,尽一切方法交付优质的产品或服务,让顾客、供应商以及其他合作伙伴百分百放心;同时,传化凭借卓越品质致力于丰富和改善人类生活的质量。成本是贯穿于企业经营活动价值链上所有环节的系统成本,树立起大成本概念,树立起全局观念,科学管理,注重细节,系统改进。

(三)主要财务指标

传化股份主要财务指标及行业平均数据和上市以来股利分配情况,见表17-2 和表17-3。

表 17-2　传化股份主要财务指标与行业平均值数据表①

项　目	2010 年		2009 年		2008 年		2007 年	
	公司	行业	公司	行业	公司	行业	公司	行业
毛利率(%)	21.31	18.34	24.84	18.4	17.79	18.8	22.77	21.04
流动比率	3.5	2.89	1.88	1.62	1.74	1.46	2.08	1.32
速动比率	2.67	2.41	1.41	1.26	1.37	1.08	1.76	0.95
权益乘数	1.29	−2 143.86	1.6	2.08	1.67	2.24	1.52	1.57
资产收益率(%)	7.41	5.63	10.37	3.27	6.45	−0.78	9.1	5.41
净资产收益率(%)	10.88	−11.33	20.25	18.69	13.12	4.65	14.4	12.28
应收账款周转率(次)	9.23	83.24	7.88	52.09	11.47	485.71	12.4	545.41
存货周转率(次)	6.05	6.92	6.81	6.23	11.4	7.1	9.18	6.68
总资产周转率(次)	1.39	0.85	1.48	0.81	1.81	0.92	1.41	0.87

表 17-3　　传化股份上市以来股利分配数据表②

项目	2010 年	2009 年	2008 年	2007 年	2006 年	2005 年	2004 年
现金股利(元/股)	0.05	0.1	0.05	—	0.05	0.1	0.3
转送股(股/股)	1(转)			0.3(转)	0.3(送)	0.45(送)	0.5(转)
每股收益(元/股)	0.64	0.69	0.37	0.53	0.68	0.61	0.66

二、传化股份的全面预算管理

(一)传化股份实施预算管理的历程

　　1994 年以前,传化主要完成了日用化工和精细化工两大产业的培育,公司实行纯家族化管理,采购、生产、销售基本上集徐家及其亲戚朋友于一身,财务更不例外,基本上没有从外面聘请专业管理人员。由于那时企业规模较小、产业单一、所处经济环境不错,经营风险较小,这种高度集权管理模式一定程度上提高了企业管理效率,加速了企业的原始积累。因此这一阶段主要实施的是创始人

---

　　① 资料来源:金融界:http://stock.jrj.com.cn/share,002010.shtml.

　　② 资料来源:新浪网:http://money.finance.sina.com.cn/corp/go.php/vISSUE_ShareBonus/stockid/002010.phtml.

的经验管理。

1995年，集团公司正式成立，日用化工和精细化工攀升发展，公司逐步打破家族式用人体制，尤其是在财务系统率先实现了用人社会化，逐步形成了一支经验丰富、有一定理论水平、吸收新事物能力强、素质较高的财会队伍。这一阶段尚属民营企业财务管理摸索阶段，预算管理和控制方面侧重以节流为目标，主要是学邯钢的倒逼成本法和镇海炼化的模拟市场利润法进行目标成本管理，以降低成本。

2001年以后，公司进入二次创业期，大力推进企业资本社会化，走开放与合作的道路，向其他产业发展。公司对原有的两大产业进行了改造、重组和拓展，并进入高科技农业和物流两个新兴产业，企业规模迅速扩大，法人治理结构初步形成。在预算管理方面实施开源和节流并重、加强成本费用的过程控制、保障实现利润和现金流量目标的模式，更加符合民营企业的特点。

（二）传化股份全面预算管理的基本框架

1.预算管理的基本内容

传化股份的预算管理模式为：以销售收入为起点，以控制成本费用为手段，以实现利润和经营性现金净流量为目标。

预算管理的内容包括投资预算（资本投资、技改投资）、经营预算和现金预算。其中，投资预算根据公司中长期战略发展规划确定的投资项目，结合预算年度生产所需来编制（资本投资预算含资本规模、投资期限、进度安排、付款计划和预计项目的投入产出效益等要素）。经营预算包括销售预算、生产预算、物资采购预算、人工费用预算、期间费用预算和利润预算等。现金预算是根据资本预算和经营预算，测算资金的流动和变化，对资金的不足与多余制订筹措和运用方案。

2.预算管理工作的组织体系

（1）三个管理层面。传化股份通过三个层面对预算工作进行管理。一是设置预算管理委员会，领导整个公司的预算管理工作，审批预算目标的设定、预算管理相关制度和考核办法；二是设立预算工作小组，由财务部牵头，各子公司财务部和办公室负责人参加，负责预算管理制度和预算考核办法的制订，预算执行监督、分析、协调等工作；三是各预算单位的负责人或预算专员，负责日常预算的编制工作。

（2）与绩效管理融为一体。预算管理作为企业目标管理的重要形式，成为传化股份绩效管理的一个重要组成部分，从董事局主席到普通员工的目标任务及绩效评价，均纳入管理范围。

（3）在沟通中确定预算目标。在落实预算基数时，各预算单位与公司管理层反复沟通。一般来说,公司管理层对下面情况的了解不如各预算单位清楚,下面有可能少反映有利于其目标完成的信息,多强调困难,以降低目标基数,获得超额奖励。传化股份的处理方法是首先由管理层根据上年度经营的实际业绩,结合本年市场分析情况,选择历史最好业绩、同行先进指标作参考,再根据企业的总体要求确定一定比率的增减,制订目标基数的底限和上限。各子公司根据自身预测,也提出一个目标基数。然后,两者通过充分沟通,进行必要的"讨价还价"确定目标基数。在目标设定时,既要保证指标的先进性,又要考虑指标的合理性和可操作性,确保目标对企业经营班子和全体员工起到激励作用,并实施年度综合考核评价。

3.预算考核和目标绩效评价的结合

传化股份将预算考核和目标绩效评价结合进行,各职能部门经理、各子公司办公室主任及工会代表组成绩效评价工作小组,实施评价工作。对全公司的绩效评价由总裁牵头;对各职能部门、子公司的评价由公司执行副总裁牵头,分管副总裁执行评价。为避免企业短期行为的产生,公司总体目标按盈利能力、营运能力、偿债能力、发展能力四个方面设定财务指标(包括绝对指标和相对指标)和阶段性管理目标。其中:财务预算指标占总评价分的76%,阶段性管理目标占总评价分的24%。财务指标中又根据不同单位的特点确定相应的评价权重。成立绩效评价领导小组,以年初确定的预算目标和管理目标为依据,在董事长的领导下对本年度公司、各职能部门及各子公司的绩效评价结果进行最后审定。

4.信息反馈与绩效考核体系

会计信息系统是企业预算控制的基础,它的好坏直接影响企业控制的效率和效果。传化股份自主开发和软件引进相结合,构筑起了管理型会计信息系统,数据高度共享。从原材料入库到应付账款,从产品的出入库到销售、应收账款、应交税金等环节都能及时跟踪,随时掌握企业运营及资金的变动情况,为财务管理行使各项职能提供了强有力的信息保证,真正实现了预算的过程控制。

传化股份还在每月中旬召开各预算执行单位,特别是各子公司预算执行情况分析的专题会议,剖析预算偏差原因,找出改进措施,并将预算执行情况、偏差原因分析与纠正的措施向管委会汇报。

在绩效考核方面,公司总体绩效评价结果与公司领导及各职能部门管理人员的绩效奖金挂钩;各职能部门的绩效评价结果与该部门人员的绩效奖金挂钩。其中,公司管理层领导与公司绩效100%挂钩,子公司总经理的挂钩比例为公司绩效的5%~20%、本单位绩效的80%~95%,公司部门经理的挂钩比例为公司绩效的30%~40%、本部门绩效的60%~70%,其他管理人员的挂钩比例为公司绩效10%、本部门绩效20%、个人绩效70%。

　　各子公司的绩效评价结果与子公司员工绩效奖金(各公司基数)挂钩。各子公司的绩效评价分为两部分,非财务指标评价占 24%,财务指标评价占 76%。非财务指标评价包括阶段性工作成果、技术开发与管理创新、组织建设、管理平台建设、人力资源、公共关系、政策信息收集、招商进程、产品质量管理、企业形象等。财务指标评价主要是对预算指标完成情况的评价。财务指标分一级指标与二级指标,一级指标主要是营业收入总额、利润、经营性现金净流量等重要指标;二级指标在一级指标的基础上从获利、资产营运、偿债、发展等四个方面设定 4~10 个辅助指标,主要包括应收账款回笼率、成本费用利润率、存货周转率、出口创汇等。每一指标根据重要性设定不同的权重,根据权重和指标完成程度评价得分。

　　年初预算时,公司依据年度总体目标及与上年工作实绩对比确定各预算执行单位的工资总额。工资总额的 70% 与预算目标的完成情况挂钩,30% 与非预算目标挂钩。

　　计算公式:

$$工资总额 = 年工资核定总额 \times (1-年终提留比率) \times 与预算目标挂钩的比率 \times 预算目标完成率 + 年工资核定总额 \times (1-年终提留比率) \times 与非预算目标挂钩的比率 \times 非预算目标完成率$$

　　如某预算执行单位年度预算目标为收入 1 000 万元,利润 100 万元,经营性现金净流量 100 万元。完成以上目标,予以工资总额 150 万元,工资总额的 80% 平时发放,20% 作为年终提留在年末全面绩效评价后发放。该责任中心某月份完成收入 100 万元,利润 10 万元,经营性现金净流量 10 万元。则评价经营目标完成为年度的 10%。当月该责任中心预算绩效工资额为 150 万元 $\times$ (1-20%) $\times$ 70% $\times$ 10% = 8.4 万元。

　　各子公司根据考核后的工资总额,再根据对责任内的部门或人员考核评价,分配绩效工资,各子公司内人员的挂钩比例由各子公司自定。

　　5.年度预算时间安排

　　10 月下旬:预算工作领导小组组织召开预算工作会议,根据股份公司管理层提出的下年度工作纲要、经营目标,下达预算工作任务、落实预算工作要求,明确预算编制的时间安排、估编标准、预算的项目和口径。

　　11 月上旬:子公司根据公司工作纲要和市场调查分析,编制销售预算、生产预算与投资预算。

　　11 月中旬:根据销售预算和生产预算编制材料采购预算、材料消耗库存预算、人工预算、产品成本预算;各部门根据本部门年度工作计划,编制部门费用预算。汇总编制资金预算。

　　11月下旬:根据各子公司预算草案,进行预算初步汇总并与股份公司的总体目标比较,找出差异。预算工作小组召开首次协调会议,通报预算初步结果及与目标差距,首先在各子公司内协调平衡,制订预算调整方案。

　　12月上旬:各子公司将预算调整后,公司再次汇总,与总体目标比较。经过预算工作小组内部统一后报公司管理层审议。

　　12月中旬:公司管理层召开专题预算会议,审议预算,解决预算与目标不符合点,通过分析讨论,作出预算再次修正总体目标决策。

　　12月下旬:编制正式年度预算,经公司董事会审核后批准。

　　经批准后的预算必须在1月上旬下发至各预算单位,预算评价考核办法在1月底前完成。

　　(三)控股子公司的预算管理体系

　　作为独立核算、自负盈亏的法人子公司,不仅要考虑销售增长、市场拓展和市场占有率的提高,同时还要考虑成本、费用的挖潜,产品质量和服务水平的提高,提升企业的综合竞争力和客户的满意度,促进企业综合效益和实力的提升。为此,传化股份要求各子公司全面实行预算管理,不仅要将公司下达的各项指标按照"纵向列底,横向列边"的分解原则,分解到各部室、车间班组,更重要的是要调动全体员工的积极性,确保公司目标的实现。以全面分解、分块考核为基本模式,分别将营销系统作为利润中心、生技系统作为成本中心、各部室作为费用中心进行考核,围绕各项考核指标,采取月度、季度、年度考核相结合的预算管理体系。

　　1.营销系统——利润中心

　　营销系统实行目标利润预算管理,要求达到三个目的:(1)激励各营销部超额完成销售计划;(2)促进各营销部对产品销售结构的调整,扩大附加值高的产品销售量,控制附加值低的产品销售量;(3)让各营销部经理自己算好账,为企业的效益理财。公司不限制其各项费用的支出,该花的钱要花,但花1元钱的费用必须要有1元以上的效益。

　　2.生技系统——成本中心

　　生技系统实行成本总额控制,按配方成本对各车间进行投入产出比考核,提高生产过程中的投入产出比,旨在达到以下目的:(1)供应部必须消化市场冲击所产生的产品降价对公司效益的影响;(2)生产部必须严格按工艺、配方等标准生产,杜绝浪费和产品报废;(3)调动技术部门降低成本的积极性,通过技改,或开发高附加值的新产品来提高投入产出比;(4)必须保证产品质量,各种配料既不能多投,也不能因控制成本而少投;(5)激励车间通过利废、用旧来降低产品成本。

3.行政部(室)——费用中心

除营销部门外,各部室的所有可控费用实行年度预算总额控制,累计使用,月度考核。要求达到两个目的:(1)鼓励各部门积极开展工作;(2)尽量控制费用支出,本着节约的原则,合理安排工作。

4.现金流量预算

根据公司下达的经营活动现金净流量指标,各子公司以量入为出为原则,编制现金流量预算,旨在达到以下目的:(1)严格控制应收款增长,确保应收货款及时回笼;(2)合理调整采购付款计划,在提高资金使用效率的同时,考虑采购价格和公司的信誉度;(3)确保合理库存,既满足生产、营销的需要,又不积压资金,加速资金周转。

(四)控股子公司预算指标的分解

1.设定收入和利润目标

根据公司下达的一级指标,先由经营班子结合企业发展预测、市场情况在公司设定销售收入、利润指标的基础上,确定一定的增加量,作为设定目标,写入年度工作方案。

2.分解收入指标

根据设定目标,由营销系统负责将设定销售收入指标分解到各营销部,确定各营销部的年度销售总额,再由各营销部经理负责将部门计划按产品、按业务员分解到底。

3.测试和分解成本与费用

根据设定的利润指标,先由财务部对各项成本、费用进行测试,明确能达到设定利润指标的各项成本费用的总额;对于主营业务成本指标,与上一年同期水平对比,确定生技系统年度主营业务成本率(生产成本率)降低的目标,再由生技系统将要降低的成本额度分解到技术部、各车间;对于各项费用,由财务部分类确定部门可控费用总额及项目名称,在各部室上报预算的基础上进行平衡、压缩,经总经理审批后分解到各部门执行。

4.现金流量指标的分解

收入线主要是在已确定的销售预算、成本预算的基础上,由公司确定营销部门的收款,由营销副总负责分解到各营销部,营销部经理再负责分解到各业务员,确定各业务员的资金回收率指标;支出线主要是对供应付款实行弹性指标总额控制,与年度主营业务挂钩,总额不超过收入的60%。

(五)预算的日常控制与考核

1.利润中心(营销系统)

营销系统的控制与考核分两级进行,一是公司对营销部门目标利润的控制与考核,二是营销部门对业务员销售计划、货款回笼、产品结构调整与新产品推进等指标按照销售政策进行月度业务费结算考核,月度、季度小段任务考核,以及年度完成任务奖、资金回收率完成奖等全方位、多角度的考核。这里主要介绍公司对营销部目标利润的预算管理。

(1)构成营销部目标利润的因素:实际销售收入超计划所得的10%作为收入;回收可用包装物按规定价格计算收入;按产品基准价计算的收入换算为目标价收入的90%作为成本;没有完成销售收入计划的10%作为支出;所有相关的费用,包括产品运费、业务销售奖金、坏账损失、四项费用(差旅费、邮电费、办公费、交际费)、办事处费用等,以及超过年初应收账款部分的10%作为支出。

(2)目标利润的设定:年初设定各营销部目标利润为零(即收入与支出平衡),超出按其利润的10%作为营销部年终绩效奖金追加;亏损作为年终绩效奖金扣减,月底作为部门奖金考核扣分因素予以重点考虑。

(3)结算用的目标价格:结算的基准价若因市场客观原因变动,需要调整的,经财务部会同相关部门详细调查后,提出修改意见。

(4)日常管理:年初先由财务部根据历史数据和产品价格的趋势,制订"产品目标价",并根据各个产品毛利率的高低和公司战略发展拟力推的新产品等因素,制订"公司产品基准价"。基准价低于目标价,低得越多,表明该产品公司获利越高或市场越需要;基准价与目标价接近,表明是公司不支持但也不限制的产品,一般属毛利低、没有市场前景。

每月月末,由财务部收集数据,分别确定各营销部的三个销售收入,即实际销售收入、目标价格销售收入、基准价销售收入,确定公司基准价收入推算的目标价收入的系数,并计算出各营销部计入支出的成本,具体公式为:

营销部门成本支出=本部门基准价收入×调整系数×90%

$$调整系数 = \frac{\sum 部门目标价销售收入}{\sum 部门基准价销售收入}$$

财务部每月核算各营销部的利润,并通过公司内部网发送给各营销部总经理。

2.成本中心(生技系统)

先由财务部剔除非正常因素核算确定上一年度的产值成本率,根据公司设定的利润测算的主营成本,确定年度生技系统产值成本率降低目标和成本降低总额,并写入公司年度工作方案。

由生技部门、财务部根据研发立项计划共同确定年度技术部门技改成本降

低额度和新产品成本率降低额度,作为技术部的年度考核目标,其中:

$$技改成本降低额度＝(新产品预计毛利率－公司上一年度平均毛利率－年度生技系统成本率降低目标)×新产品预计销售额$$

扣除技术部门的成本降低目标后,作为生产部门的降低成本目标,由生产部再进行分解,到各车间。对各个车间按既定成本降低目标、定额成本,核算出各个车间的投入产出率,对各个车间实行投入产出比率考核。

对生技系统的核算:原料、产品均采用一年一度确定的内部结算价,产品结算价、原料结算价分别以上年度最后一月的销售平均价、采购平均价确定。

供应部的目标是通过各种途径采购价廉、质量有保证的原料,但必须确保抵消市场上产品降价带来的效益损失,即降低采购成本,消除产品降价对利润的影响。采用月度核算、月度公布、季度考核,若不能完成按不能抵消部分的 10％扣除部门奖金。

3. 费用中心(行政部室)

行政部室实施的是费用定额预算管理。针对各行政部室费用的特点,重点考核可控费用实际发生额与预算的差额,由财务部每年制定行政部室费用预算表格,并附各部门上一年度实际发生额。各部室填报年度费用预算表,由财务部汇总平衡,在不超出公司年度总预算费用的前提下,对各部门的预算与工作计划进行详细的对照,并在沟通的基础上,对各部门费用结算进行核定,报经总经理审批后实施。

费用定额预算实行月度考核、累计使用,节约不奖,超预算扣奖金 10％。财务部每月核算后将预算结果通知各部门,由人力资源部按考核规定在月度部门奖金中予以扣减。

分析与评述

作为一家民营企业,传化股份充分利用其管理层次少、信息流程短、信息反应快和反馈效率高的优势,及时、准确地获取信息并加以充分合理利用。特别是近年来,投入了大量人力和财力构筑财务信息网络和信息技术平台,实施以"三张网"(MIS 系统、OA 办公自动化系统和 Internet)为依托,以财务管理制度为保证、以绩效考核为手段的全面预算管理体系,公司管理水平和营运效益都得到更大的提升。

传化股份实施全面预算管理的成功经验表明:

一、全面预算管理忌照搬照抄

企业实施任何管理方法,都必须结合实际,不同情况区别对待,才能取得实效。不结合企业的特点,不顾实施该项管理方法的出发点,结果肯定只是流于形式。推行全面预算管理自然也不例外。创立全面预算管理体系,如果能够顺应自身的特色,就会事半功倍。传化股份作为一家优秀的民营企业,更有其管理上的特色。营销系统目标利润管理制度,正是传化股份在公司现有考核体系的基础上,为刺激销售计划的完成,并针对公司产品品种多、毛利率高低层次不同的特点而制定的。所以这个管理体系的运行结果取得了理想的效益。

二、全面预算管理忌重"节流"轻"开源"

全面预算管理不仅仅是为了节流,同时必须加强对"开源"的导向力度。节流是必要的,是企业促进效益提高的重要途径。但是过分强调内部的节流,不注意对开源的导向,会走入"成本的误区",况且节流是有极限的。而开源——增加销售收入、提升市场占有率等,不但会带来更多的收入,同时也会降低单位成本,实际上也是在"节流"。

三、全面预算管理忌忽视信息反馈

如果缺乏高效敏捷的信息反馈系统,预算管理将处于"预算不算"的状态,表现为信息滞后、执行者在执行预算过程中处于被动地位、可控性差、考核难以奏效。而且由于对各子公司预算缺乏约束力,员工执行预算的自觉性差,预算数据的可信度也不高。

四、全面预算管理忌预算目标的分解一统到底

预算目标的分解必须统筹安排、层层落实,不能一统到底。公司管理层应负责将目标下达至子公司一级,对子公司整体进行考核评价,子公司的目标分解和责任考评则由责任中心自主进行。分级管理有助于各子公司根据自身特点采取不同的激励措施,发挥其主动性与创造性。

思考与讨论

　　全面预算管理是企业管理中为数不多的、能把关键的管理问题和管理工具融合于一个体系之中的管理控制方法之一,已成为大型工商企业的标准作业程序,在企业中可以发挥多方面的作用。例如,它是公司治理的重要手段,通过制度约束来规范企业和员工的行为,形成公司治理所必需的监督机制;它是公司战略的具体化和常态化表述,构成战略保障的重要路径;它是内部资源整合的重要平台,促使有效资源的最优化利用;它是强化内控的重要工具,也是企业内控的重要基础;它是绩效考核的标杆,是绩效管理的重要组成部分;它还是集团运行的纽带,是整合集团公司的有效手段。因此有些企业人士认为预算工作只是一个劳心费力的数字游戏,这种观点显然是不正确的。但在实务中,企业管理层对实施全面预算管理的目的和侧重点不完全相同,而且在现实管理环境下预算管理的目的有些容易实现、有些可能难以实现,这都需要细心体会。

　　此外,实务中对实施全面预算管理也有许多困惑。例如,市场变化太快,那么是否"人算不如天算,不如不算"? 有些企业预算编制的流程是单纯的自上而下,那么预算是否只是体现投资者和经营层的想法? 有些企业在预算管理中言必称"削减开支",那么预算管理的焦点是否就是"费用控制"? 有的企业年初抢指标、年末抢花钱,预算不但发挥不了控制作用,相反成为诱导费用扩张的因素,那么是否能说"预算管理管得不好不如不管"? 古话说"他山之石可以攻玉",但为什么在一些企业外来经验水土不服,并没起到理想效果? 这些问题未必都有现成的结论。为使全面预算管理更有成效,还是一句老话,需要因时制宜、因地制宜。

阅读文献

　　[1]史习民.全面预算管理.上海:立信会计出版社,2007.

　　[2]潘飞等.管理会计应用与发展的典型案例研究.北京:中国财政经济出版社,2002.

　　[3]潘爱香、高晨.全面预算管理.杭州:浙江人民出版社,2001.

　　[4]王斌、胡波.企业集团资本预算管理.北京:中国财政经济出版社,2002.

　　[5]沈建康,郭军,傅卓伟.全面预算管理:企业发展的开始.财务与会计,2009(11).

　　[6]王莉莉.传化集团:精耕细作遍地花开.中国对外贸易,2009(5).

案例十八

杭州钢铁股份有限公司
成本控制案例研究

摘 要

　　成本上升已经成为制约钢铁行业健康发展的主要因素,严峻的现实迫切要求钢铁企业牢固树立成本控制意识,并建立切实可行的成本控制体系,将成本控制落到实处。杭钢股份在节能挖潜、降低成本之路上探索出有自身特色的一套成本控制管理体系。

关键词

　　成本;控制;钢铁企业

案例资料

一、公司情况

　　杭州钢铁股份有限公司(以下简称杭钢股份)成立于1998年2月26日,是经浙江省人民政府浙政发〔1997〕164号文批准,由杭州钢铁集团公司作为独家发起人,以其所属的焦化厂、炼铁厂、转炉炼钢厂、电炉炼钢厂、中型轧钢厂、热轧带钢厂、无缝钢管厂、热轧薄板厂等八个生产厂和杭州钢铁集团公司部分管理部门等经营性资产投入,采用募集方式设立的股份有限公司。公司成立时注册资本40 000万元,目前公司总股本为83 893.875万股,其中杭州钢铁集团公司持有 54 589.275 万股,占总股本的 65.07%。公司拥有杭州钢铁厂小型轧钢股份有限公司、浙江杭钢动力有限公司、浙江杭钢高速线材有限公司、浙江新世纪金属材料现货市场开发有限公司、浙江兰贝斯信息技术有限公司等 5 家控股子公司。1998 年 3 月 11 日,公司股票在上海证券交易所挂牌上市,股票代码"600126",股票简称"杭钢股份",并于 2004 年列入上证红利指数。

公司是浙江省唯一的大型钢铁联合企业。公司现有炼焦、炼铁、炼钢、轧钢等主生产线 16 条,主要设备 700 多台套,技术水平达到 20 世纪 90 年代国际先进水平。截至 2010 年底,杭钢股份有限公司拥有总资产 89.36 亿元,净资产 35.12 亿元,员工 5 870 人;已具备 400 万吨钢的年生产能力;2010 年共生产铁 267.57 万吨、钢 349.42 万吨、钢材 259.88 万吨。杭钢股份于 1997 年通过了 ISO9002 质量体系认证,2003 年通过了 ISO14001 环境管理体系认证,2009 年通过了 ISO9001 标准的 2008 版的转版。产品广泛应用于机械加工、汽车和摩托车配件、标准件制造、日用五金、工程机械等行业。杭钢股份"古剑"牌钢材产品畅销国内外,享有良好信誉。

二、事件回顾

钢铁产业是我国经济发展的支柱产业,国家一直将其放在极其重要的战略位置。从资源占有情况看,我国虽属资源丰富的国家,但由于人口基数大,45 种主要矿产资源人均占有量不到世界平均水平的一半。铁矿产资源储量只有世界人均水平的 1/6,资源供需矛盾非常突出。按照国民经济发展规划,到 2020 年我国经济将在 2000 年的基础上再翻两番,预测 2009—2020 年,我国铁矿石累计需求超过 150 亿吨,对外依存度在 40% 左右。[①] 从资源消耗情况看,我国钢铁工业一直是高能耗、高损耗产业。从资源利用效率看,我国钢铁企业多项技术经济指标落后于国外平均水平。随着我国钢铁生产过程中资源有限性与其耗费之间的矛盾日益尖锐,成本控制的重要性日益增强。严峻的现实迫切要求钢铁企业牢固树立成本控制意识。因此,能否建立完善的成本控制体系,有效地开展成本控制,对我国钢铁产业的发展具有重要的战略意义。

按照中国钢铁工业协会的统计,2010 年,我国各行业平均利润率为 6%,而钢铁行业才 3.5%,是所有行业最低的。在 2008 年,中国钢铁行业的销售利润率为 4%,在 2009 年下降到 2.9%,2010 年全行业全年的利润只有 879 亿元,平均销售利润率为 2.91%。

---

① 见中国矿产资源网:http://www.chinamr.net/news/10-03-09/2009031010142026454.html

　　钢铁行业生产持续增长,盈利状况却长期处于微利,其主要原因是连续多年的钢铁产品成本大幅上升,而原材料、燃料成本增加是直接动因。同时,人工费用、财务费用等也在增加,成本上升已经成为制约钢铁行业健康发展的主要因素。铁矿石是钢铁产品的主要原料,我国铁矿石主要依赖进口,钢铁产品成本对铁矿石价格的敏感度较强。近几年铁矿石价格上涨给钢铁企业成本降低带来较大压力。[①] 改变现有工业布局、通过企业并购重组实现规模效益等无疑是降低钢铁企业产品成本的有效途径,但实施难度较大。相比较之下,改进企业现有成本管理水平更具有现实意义。

　　目前,日本、韩国、美国等国家不但钢铁制造技术水平处于世界领先,而且在成本管理方面也有自己的成功之处。例如,日本新日铁公司较早采用了适合于钢铁企业生产的计算机信息系统,从而有利于提高效率、缩短交货期和降低生产成本。韩国浦项钢铁公司采用扁平化管理模式,建立了先进的信息管理系统,使得浦项产品成本低、生产效率高。美钢联钢铁公司主要针对原料、能源消耗、劳动生产率等经济技术指标实施重点控制,对制造费用实行预算管理。美国内陆钢铁公司建立标准成本制度来实施成本控制。

　　在我国,宝钢成本管理模式的核心是实施标准成本管理;邯钢是模拟市场核算、确定目标成本、实行成本否决制,建立起一套比较完整的目标成本责任网络体系;武钢采用"实际成本核算、目标成本控制、附加成本运作、责任成本管理"的质量效益型成本管理模式。此外,我国其他大型钢铁企业如鞍钢、首钢、包钢等目前的成本管理模式在沿用传统模式及学习邯钢经验的基础上进行了一定的改革,并各有特色。

三、财务数据

　　根据表18-1,杭钢与其他三家同行先进企业相比,净资产收益率(营业利润)在 2009 年排第 4,2010 年排在第 3;资产收益率在 2009 年与 2010 年均排第 3。总体来看,杭钢盈利能力并不差,成本控制与先进企业差距不大,尤其销售费用控制效果明显。

---

　　① 据工信部发布的数据显示,2010 年我国共进口铁矿砂 6.2 亿吨,同比下降 1.4%,进口平均价格为 128 美元/吨,上涨 60.6%;铁矿砂进口价格的大涨更是让我国钢铁业多支出的成本高达 300 亿美元。铁矿砂进口价格大涨给钢铁业带来了沉重的压力。

表 18-1 相关钢铁上市公司财务数据比较表①

股票代码	年度	净资产收益率（营业利润）	资产收益率	营业成本/营业收入	销售费用/营业收入	管理费用/营业收入
宝钢股份	2009	0.0716	0.0289	0.90444033	0.009821518	0.030918129
杭钢股份	2009	0.0548	0.0175	0.95552774	0.000609573	0.023424044
沙钢股份	2009	0.4634	−0.1928	1.210098984	0.080470073	2.210892347
首钢股份	2009	0.0569	0.0204	0.959837106	0.007177703	0.014103773
宝钢股份	2010	0.1496	0.0618	0.878486066	0.008816727	0.02620568
杭钢股份	2010	0.1263	0.0415	0.945049295	0.000456012	0.021299971
沙钢股份	2010	0.2213	0.058	0.886591458	0.010647515	0.013845159
首钢股份	2010	0.0366	0.0194	0.966470807	0.013672256	0.011374307

注：在"2010 中国企业 500 强"排名中，宝钢排在第 23 位，沙钢排在第 40 位，首钢排在第 46 位，杭钢排在第 139 位。其中入围的钢铁企业中，宝钢排在第 1 位，沙钢排在第 3 位，首钢排在 16 位，杭钢排在第 63 位。

表 18-2 杭钢股份主要财务数据表②

年份	营业成本利润率	营业成本/营业收入	销售费用/营业收入	管理费用/营业收入
2006	0.031507	0.935173	0.00188	0.021089
2007	0.036595	0.935875	0.000753	0.015478
2008	0.002012	0.961337	0.000655	0.021871
2009	0.01357	0.955528	0.00061	0.023424
2010	0.026137	0.945049	0.000456	0.0213

从表 18-2 可以看出，虽然营业成本利润率在 2008 年有较大幅度的下滑，但在 2009、2010 两年则有了快速上升，这在矿价同比快速上涨的情况下，对于一个主要依靠进口及外购矿的公司来说，实属不易。这主要得益于公司在保证营业成本比重不增反有所下降的同时，销售费用比重也有较大幅度的下降。公司管理比较到位，期间费用明显低于钢铁行业平均水平，2008 年存货损失在上市钢企中几乎最少，反映公司对市场风险的把握能力。

---

① 数据来源：CCER 数据库。
② 杭州钢铁股份有限公司.杭州钢铁股份有限公司 2006—2010 年年度报告.上海证券交易所（www.sse.com.cn）

分析与评述

作为钢铁制造企业,公司生产经营工作主要围绕研究开发、产品采购与销售、产品生产、环保节能等环节展开。基于钢铁企业的特点,其成本控制内容重点包括:采购阶段的成本控制、生产阶段的成本控制、销售阶段的成本控制、环保节能的成本控制。

一、杭钢股份成本管理现状

(一)经济环境的变化带来的挑战

长期以来,钢铁业已经形成了比较传统与成熟的考核管理模式,即二级生产单位以成本控制为中心,集团公司以利润为目标。在这种管理模式下,二级单位注重的是产量、主要经济技术指标及财务成本指标的完成,生产单位的产能发挥对成本指标的完成起着举足轻重的作用。这种考核方式在市场运行较稳定时,对公司的发展发挥了重要作用。但在目前经济发展日趋复杂的情况下,传统成本管理模式则面临新的挑战。

产品竞争的直接体现是价格竞争,衡量的是企业的成本运营能力。没有成本优势就不可能有市场优势,也就谈不上产品的附加值优势。杭钢股份面临的形势,除了行业普遍的成本压力外,既没有资源优势,又没有规模优势,加上地处发达地区的中心城市,人力、资源、交通等各种成本压力更加突出。此外,杭钢股份也越来越感觉到传统的考核模式与公司的发展存在着许多不适应的地方。根据动态考核的要求,公司虽然及时调整了一些考核办法,但还是没有从根本上解决与市场形势之间的脱节问题。

面临复杂的经济环境,迫使公司强化以低成本运营体系建设为手段,不断提升成本比较优势。

(二)针对市场变化,着重内部挖潜

改革开放以来,杭钢坚持走内涵挖潜的发展道路,钢铁产量增长了十余倍,能耗、人均劳效和优特钢比例等主要指标步入国内同类型钢铁企业前列。在2010年全国钢铁业产销两旺的背景下,资源、电力供应、铁路运输持续紧张,价格居高不下。杭钢股份抓住影响经济效益的主要指标和关键环节,以降低物料消耗和可控费用为重点,推动对标挖潜和成本管理工作的深入开展。在不依靠低成本原材料和大型装备的条件下,2010年吨钢净利润达到105元,效益显著。

①对标挖潜:2010年初,公司全面、深入分析公司与行业先进企业的差距,结合内部的实际情况和工作重点,确定了学先进工作的着眼点和降本增效的重点工序、环节,相应制订了具体的工作内容和工作计划。着力建立完善低成本运行体系,着力做好采购成本、工序成本和各类费用控制,全年共降低成本费用1.3亿元。②重点盈利产品扩量,产品结构优化:公司全年共开发新产品60个,新产品产量56万吨。但由于研发费用同比增加172%,使管理费用略有上升。

(三)适应新形势,改革考核办法

针对原成本考核办法体系的不足,集团公司2010年就明确提出2011年要在炼铁厂率先试行内部模拟法人机制考核办法,与市场接轨,把市场机制引入公司内部管理,促进炼铁工序更好地贴近市场,建立快速反应的市场机制。2011年初,集团公司出台了炼铁厂模拟法人考核实施办法,标志着钢铁业在经济责任制考核方面跨出了新路子。内部模拟法人机制,就是赋予二级单位对各种资源的调配与选择有充分的行使权利,对内享有独立的法人资格。各二级单位及工序之间的关系是市场关系,依照市场运行法则进行相互之间的"产品买卖",以二级单位及重点工序利润确保集团公司的目标利润。

(四)加强技术投入与科技创新

杭钢公司是20世纪50年代创建的国有老企业。相当长一段时间内,杭钢生产设备较为陈旧,工艺技术较为落后,产品档次低,质量也不够稳定;同时,产品专业化生产程度较低,生产管理和工序执行能力较差,以至于生产成本偏高;此外,还存在重引进、轻开发的现象,更为严重的是科研开发力量不足。为了改变这种局面,杭钢公司于20世纪90年代中期,提出了"以环保为主线,用高新技术和先进适用技术改造传统产业"的技改方针,走上了以技术进步促技术改造、以技术改造促技术进步之路。"十五"期间,杭钢公司累计投入技改资金47亿元,重点强化技术的引进、消化和再创新。

公司积极借助高端智力资源展开高端产品研发。集团公司博士后科研工作站于2006年5月份批准成立,是与浙江大学进行企校合作开展博士后科研项目的机构。经过几年的准备,目前已开始正式运转。

二、采购阶段成本控制

统计资料显示,制造企业中物料成本一般占企业总销售额的50%以上。对一个利润率为10%的制造企业来说,节约2%的采购成本与增加10%的销售额对企业的利润增加产生的影响是相等的,而且,采购成本占企业总成本的比重越大,这种利润的杠杆效应越明显。钢铁企业的采购成本一般占其总成本的70%

以上,因此,对钢铁企业采购成本控制更为重要。

杭钢股份在采购环节所采取的成本控制措施有:

(一)持续推进低成本运行体系建设

物资采购部门瞄准"保、活、深、严、实"五字做文章,全力控制采购成本,持续提升物资性价比,确保物资供应稳定有序。①保证管理水平。建立预警机制,做好物资疏运平衡工作,统筹抓好保供工作和市场机会成本。定期做好物资盘点,确保库存数据准确。树立场地配置经营理念,保证各阶段生产用料的需求。②灵活应对市场变化。结合市场变化和内部需求,实施灵活的采购策略和定价机制,最大限度地服务生产。坚持合理库存策略,实施"比价择优"采购。③深化资源配置。加强资源调研,着重深化资源布局工作,增强采购计划的预见性与协调性。④严把质量关。坚持按质量指标要求做好供方管理工作,按物资特性调整供方准入条件,做到优胜劣汰,严格保证供料服务质量。⑤工作落到实处。牢固树立以成本为中心的采购理念,以降低生产成本为最终目标,充分调动各方面积极性,做到全流程、全方位将成本工作落到实处。

(二)把握节奏做好原料采购加减法

公司结合市场实际和用料需求动态,按各类物资的特点,实施灵活的采购策略,推行量价评价办法,千方百计寻求降低成本的途径。针对进口铁矿季度定价模式,公司调整进口铁矿现货贸易的采购策略,发挥物资采购集中平台,加强与相关单位的沟通协调,加大市场信息收集分析。依据配矿小组对铁矿性价比的测评,全面落实公司"够用"为原则的指导方针,积极抓好港口现货铁矿采购。通过"先借后还"的办法,实施"休克法"采购策略,充分运用现有合作关系,既规避了价格采购高点,又衔接了长协合同量平衡。

(三)点面结合控成本

通过剖析存在的薄弱环节和问题,供应分公司组织开展以控制成本(费用)、稳定质量、确保供应为重点的一体两翼项目,并从三个方面提出工作改进措施:一是切实抓好采购成本和费用控制。坚持以降本增效为中心,坚持"一把手"负责制,坚持以变应变适应市场,全面落实采购成本和费用控制工作。二是努力提高物资保供能力。积极适应生产节奏变化,保持稳定有序的物资供应。三是统筹兼顾,积极稳定实物质量。以加强"质保书"管理为抓手,全面落实物资采购标准,努力保持实物质量的稳定。

三、生产阶段成本控制

生产环节作为传统价值链最重要环节,毫无疑问仍是成本控制的重点。在生产阶段,杭钢股份除了追求一流产品,亦注重一流的管理,在引进先进生产设备的同时,全面引进先进的管理手段和管理标准。

(一)树标杆,认真落实目标成本管理

为推进学先进工作的深入开展,公司多部门、多单位联合调研,探讨、交流各单位生产经营中需重点控制的环节和手段,落实以变应变、动态管理的具体措施。针对铁水成本在同行业排名靠后的实际情况,公司在创新管理思路、模式调整上积极探索新路子,通过考察学习新兴铸管,决定在 2011 年试行模拟法人管理,实现炼铁厂在成本控制上的主导作用。为促进产品效益最大化,优化品种结构,公司发挥考核的导向作用,制订实施电炉钢主要盈利品种联挂考核办法、转炉钢新产品扩量激励考核办法,提升管理绩效;深化完善转炉工序加工成本、电炉模拟市场利润联挂考核办法,强化预算指标与相关单位、部门处级领导班子收入的挂钩,形成了目标统一体。

(二)优化管理,降本增效

管理的规范化、标准化、制度化、程序化是降低成本、提高效率的必由之路。杭钢股份下属各单位根据各自的特点,在公司总体要求的前提下,在优化管理上下工夫,探索出各自有特色的管理模式,取得显著效果。转炉厂积极倡导"挖潜没有终点、潜力就是效益"的降成本思路,以行业先进指标为标杆,查找存在的不足和薄弱环节,认真学习和借鉴先进管理经验,研究落实降本增效具体对策和措施,不断完善管理制度,大力创新管理方式。中轧厂以建立低成本运行体系为目标,克服生产任务不饱和,型材量增加,生产计划多变,品种、规格更换频繁等生产组织困难,按照市场倒逼工作机制的要求,进一步推进工序成本精细化管理,大力开展降本增效工作。电炉公司面对钢材市场需求的变化,从降低钢铁料消耗上、生产用料结构上、合理用电用氧、费用控制、设备管控等方面多管齐下,苦练内功不松懈,做好对标挖潜学先进工作。热带厂在注重新产品开发的同时结合"降本增效、以质拓市"的经营理念,以追求生产成本最低化为目标,着力在节能降耗、费用控制、工艺改进等三大方面加以突破。焦化厂通过加大责任成本考核和加强过程控制管理,重点控制设备维修、劳务、机物料消耗等方面的费用。

四、销售阶段成本控制

作为区域供应商的龙头,公司更强调维护市场秩序的责任,而不是单纯出于降低成本考虑,这也是建立紧密依存关系的基础。公司从"诚信、双赢"的企业道德观出发,提出并倡导"和谐、理性、共赢"的市场理念,努力将"和谐、理性、共赢"

的大营销理念融入钢厂之间、流通企业之间的协调沟通中,降低了钢厂之间价格恶性竞争的可能,钢厂与流通商间从"博弈"转向"共生共荣"。公司着眼于长期的依存关系建设,为了重点用户的整体需求和重要经销商经营品种的结构需求,即使某类产品由于市场因素暂时处于亏损状态,也保持供应,从而培育了客户对杭钢产品的忠诚度。

公司在营销上围绕产品效益,动态推进比价生产。根据产品市场价格、原料价格变动情况,动态做好轧钢线分品种、规格以及新产品和重点盈利产品的成本、盈亏测算工作,密切保持联系,针对受国家节能降耗、停产限电、高铁施工停电等因素造成的生产组织极不平衡的困难,积极实施以变应变、比价生产的生产组织模式,努力优化电炉钢和各轧线产品的产销结构,深化研产销一体化运作,促进公司产品效益的最大化。2010年公司优特钢比例达到86%。

为推进管理升级,加强仓库实物管理,多部门携手对公司 ERP 系统销售模块进行了优化,并于2011年4月正式投入使用,并已进入稳定运行阶段。

五、环保节能的成本控制

深化节能环保不仅仅是钢铁企业挖潜降成本的需要,更是钢铁企业履行社会责任,再塑绿色制造社会形象的现实需要和必然选择。建设资源节约型企业也是企业自身提升竞争力的必需。近年来,杭钢股份环保压力日渐增大,减排指标近乎苛刻,环保检查力度空前加强。压力面前,杭钢股份重点抓住三点:①抓住节能技改,坚决对高耗能设备进行改造,把耗能指标降下来;②抓住管理节能,在精细化管理上做文章,做到精细控制、精耕细作;③抓住循环利用这个突破口,利用好各种资源能源,创造性地开展工作,使其利用方式更加合理,利用效能更加高效。

(一)管理层积极推动

"十一五"以来,集团公司认真贯彻国务院、省委省政府有关节能减排工作会议和文件精神,落实各项节能减排工作部署。集团公司总经理分别与各二级主要耗能单位负责人签订了"十一五"节能降耗目标责任书;集团公司主要领导和分管领导每年多次主持召开节能减排专题会议,检查节能减排目标完成情况和工作进度,协调解决节能减排工作中遇到的各种困难,持续推动节能减排工作向更高目标迈进。

2010年年初,杭钢股份与基层重点耗能单位签订了节能目标责任书,建立健全节能目标责任评价、考核和奖惩制度。各重点耗能单位制定了节能工作管理办法,将节能目标分解到科室、车间、班组和具体耗能部门。

（二）技术攻关

多年来，集团公司不断推进清洁生产和循环利用，全力打造环境友好型的绿色钢铁企业，投入了大量的技改资金对污染源进行了治理和改造，建成了大中型废气治理设施几十余台（套），使杭钢的废气排放指标一直优于国家排放标准。

（三）重点突出，措施得力

为实现控电目标，公司通过加强组织领导，建立监管平台；完善考核制度，确保目标完成；宣传节电常识，营造节电氛围；动员群众力量，争当节电卫士等手段，严格控制用电总量，确保各项指标如期完成。为全面落实节能减排工作，电炉公司在限电生产的条件下动足脑筋，积极探索出多产钢又节电的双赢生产模式，吨钢电耗下降幅度显著。

炼铁工序的能耗占公司总能耗的比重较大，该工序的能耗水平直接决定吨钢能耗水平，也直接关系到企业的经济效益。公司深入开展节能降耗工作，走出了一条降耗增效的新路子。（1）保持炉况长期稳定顺行，是高炉降低消耗的前提。（2）对能源计量进行量化跟踪和量化考核，发现生产工艺中的缺陷、技术潜力和管理漏洞，及时加以改进提高。（3）不断提高能源计量器具的数字化、自动化、智能化水平，提高能源计量器具的准确性；不断增加能源计量器具的多样性，为各种场所提供适用的计量器具。（4）在节能降耗管理上落实责任，建立健全节能降耗工作责任制，构建更为完善的制度体系和指标体系。（5）有效运用新工艺、新技术，既是优化能量系统运行的重要因素，也进一步推动了节能降耗。

思考与讨论

一、杭钢股份成本控制的主要特色

杭钢股份成本管理博采众长，没有拘泥于某一种模式，而是在公司总目标基础上，根据各属厂自身特点，发挥各自的主观能动性，利用标杆管理、目标成本控制、责任成本控制等比较成熟的成本控制经验，全员参与，认真落实，追求实效，取得较好的成本控制效果。

（一）管理方式的学习与革新

现代钢铁制造业竞争主要围绕质量、品种、成本、交货期展开，而现场是孕育企业竞争优势的最主要发生地，现场管理水平的高低直接决定了企业的竞争能力强弱。现场管理分两大部分：一类是物的管理，另一类是人员管理。杭钢股份在物的管理方面不仅力求科学与定量化,在人员管理方面同样追求准确与精确,基于事先规定考核指标,重视对每一个员工的定量考核,考核结果公开并与经济效益挂钩。

（二）后发优势与模仿创新

杭钢股份相对于宝钢、鞍钢等大型国企而言,属于后发企业。杭钢股份为了追赶国内外先进企业,在 20 世纪 90 年代开始,导入先进企业先进技术和先进企业采取同样高度的经营方式,即高起点经营是杭钢股份高速成长的主要原因之一。努力向同行业先进企业学习先进的成本控制经验,结合自己的实际情况,消化吸收。以目标责任制为主导,但不拘泥于某一种成本控制模式,机制灵活,力求实效。

（三）坚强的执行力

建设管理效益型企业,必须增强管理执行能力。对于一个企业而言,战略目标固然重要,但各个层次的执行力也非常关键。在这点上杭钢股份做得非常突出。

杭钢除了有一个坚强有力的领导班子之外,还有一支能坚决贯彻落实企业战略意图的中层管理者队伍。长期以来,公司坚持对管理者进行业绩考核和民主评议,坚持对管理者作风建设讲评制度,及时指出管理者身上存在的突出问题和不足,同时严肃抓好督促整改工作,使管理者队伍始终保持积极向上的精神状态。广大员工自觉把思想和行动统一到实现集团公司的发展战略上来,通过深入开展"双增双节"、"TQC 小组活动"、"学先进、降成本"、"总结推广先进操作法"和"创建学习型班组,争做知识型员工"等活动,博采众长,自我超越,为公司成本控制提供了有力的组织保障。

二、杭钢股份成本控制的主要问题

尽管杭钢股份在成本控制方面取得了不错的成绩,但仍存在许多不足。

（一）物流成本控制

杭钢股份物流成本控制方面的问题:(1)物流成本核算不完善。该公司虽然构建了物流成本核算模型,但该模型只能核算各项物流功能成本中的经济成本部分,未包含机会成本、风险成本、时间成本等成本要素,也不能核算物流流程成本和供应链物流成本,使物流成本信息对物流管理的支撑作用大为降低。(2)基于物流流程的成本控制工作尚待加强。受传统部门分割思想的影响,该公司物流成本控制的主要着力点还是功能成本控制,较少从流程成本总额的角度对物流流程进行优化,从而影响了企业物流成本控制的整体效果。(3)供应链成本控制的基础薄弱,工作力度尚需加大。由于起步阶段在物流选址方面缺乏战略考虑,该公司在武汉和襄樊两地设厂,且其大部分供应商距其总装线较远,增加了供应链的运输成本和库存成本;对上下游企业的物流协调不到位,未能建立起与供应商、分销商分享物流改革成果的分配机制,影响了供应链成员参与物流合作的积极性;销售物流中运输车的回程空载率仍然较高,未能建立起与其他汽车厂商分享物流资源的横向合作机制,这些都降低了供应链物流成本控制的效果。

(二)成本信息化管理滞后

公司自2000年开始推进信息化建设工作,起步较早,但和信息化建设预期效果看,仍有不少差距。和企业自身发展要求,和先进企业相比,信息化工作仍处于起步阶段,比较滞后。杭钢股份一些应用模块还不能有效运行,存在"信息孤岛"的现象;各子公司都有自己的信息管理平台,比较分散。各自为政是制约企业信息化效能发挥的一个"瓶颈",导致信息资源的浪费。杭钢股份具备生产热轧圆钢、热轧带钢、热轧盘条、热轧型钢、热轧带肋钢筋等5大系列、2 000多个品种规格的产品。由于钢铁产品品种多、生产过程复杂,传统成本计算难以及时提供相关成本决策支持信息,这就给成本及时决策和分析带来很多困难。

(三)成本控制绩效考核评价体系不够完善

主要体现在:(1)现有的成本考核指标实际上是产量和主要单耗之间的关系,各生产单位只要完成产量计划和主要消耗指标,内部成本计划指标一般就能完成,但是公司的利润指标却不尽如人意,外部市场的风险主要还是由集团公司来承担。(2)公司现有的经济责任制核算方式,以二级单位的制造成本(个别单位模拟利润指标)为主,以产品售价和主要经济指标为核算基础,对二级单位工序成本能否最低和利润能否最大化的掌控比较薄弱。(3)考核指标体系复杂,造成专业指标与整体效益之间的矛盾。企业的中心工作是提高效益,考核激励工作始终应围绕这一中心来开展。但由于钢铁联合企业生产工艺流程长,单位之间及上下工序管理关系纵横交错,长期的核算模式及考核上的思维定式,致使考核激励着力点分散,难以形成合力。指标的多样化,要求的多样性,致使专业指标之间有一定重复,增加了生产单位的工作难度,一定程度上也束缚了二级单位工作的"自由度"。

钢铁企业是高污染行业,目前,杭钢股份还没有将环境成本列入成本核算体系,不利于反映环境治理和保护的成本。这也是钢铁行业普遍存在的问题。

二、几点建议

(一)改进物流成本控制的思路

首先,要建立完善的物流管理系统。要对原材料的采购环节进行严格控制,在供应商的选用上不能只强调原料的价格,更应考虑原料的质量和供应商的信誉;要建立完善的原材料采购计划,运用电子商务平台,及时了解采购信息,改进采购模式,避免资金沉淀、原料储备不合理状况;要保持生产流程顺畅,减少各环节停工待料发生的几率;完善运输管理体系,避免车辆空载运输和重复搬运带来的成本费用。

其次,充分发挥信息化在成本核算和管理中的作用。ERP 信息管理技术具有先进数据集成功能,能够实现标准成本和实际成本有机结合,达到信息流、资源流、物流三流的有机统一,为成本分析、核算、控制提供详细的数据支撑。企业可以借助 ERP 系统平台的支持,通过实时的库存信息反馈,及时安排货物的采购和交货,以信息流指挥驱动物流,切实有效地提高物流流转效率。借助信息技术,可以减少成本管理人员的日常成本核算工作,将更多的精力投入到管理活动中。

最后,树立战略成本管理观念。钢铁企业要想在竞争中取胜,发挥企业的竞争优势,就必须加强企业管理,树立正确的战略成本管理观念,结合钢铁企业的实际情况建立完善的成本管理体系。不能单纯地停留在成本的节约和产品生产过程的控制与管理上,应该接受新的成本管理模式,将成本管理与企业的战略发展关系联系起来,为企业建立长期的竞争优势。企业还应提高财务人员的成本管理意识,并使其参与到企业的成本管理中,应用专业为企业提供战略管理需要的成本信息。

(二)成本控制的重点仍是产品成本

从杭钢股份近五年的营业成本占营业收入的比重来看,都在 93% 以上,毫无疑问成本控制的重点还是营业成本。作为钢铁行业,生产成本构成中,比例最大的是原材料,一般占产品成本的 70%～80%;人工费用所占比例最小,仅占 2%～5%;制造费用则居中。因此要坚定不移地从采购、生产、库存等主要生产环节着手重点控制成本。

杭钢股份每期末各生产厂的成本数据以报表的形式上报股份公司财务处,再由财务处对各分厂的成本数据进行审核、分析并考核各分厂的成本控制情况。整个流程基本上通过基于传统成本核算方法的财务软件完成。这种成本管理流程导致无法保证成本核算数据的明细度、及时性与准确性,制造费用和部分基本生产费用的分摊不能反映成本发生的实际情况,在制造费用比例日益增大的环境下尤显落后。因此,为了有效解决杭钢股份成本管理面临的现实问题,可采用先进的作业成本管理(ABC)方法来设计和开发适用于杭钢股份的作业成本管理模型。

(三)提高信息化管理水平

杭钢股份迄今还缺乏面向过程集成、资源优化的企业成本管理体系,还未形成非常有效的生产、物供、成本等的协同管理。因此,必须借助于现代信息技术以及产销一体化系统实现成本管理工作的过程协同,保证企业成本作业与生产流程同步,改变目前企业成本业务条块分割、精细化多元化成本管理有待深入的现状。

管理信息化不仅仅是一个信息技术的问题,许多管理信息化项目的失败也不是信息技术本身的原因,而是忽略了管理信息化的前提和基础,那就是管理变革和流程创新。同其他企业一样,杭钢股份在管理信息化建设中,技术已不成为信息化建设中的关键因素。其中的关键主要体现在以下几个方面:

1.对客户需求的快速应变。当今市场竞争是以快速反应和个性化服务为主的客户导向时代,谁赢得了客户谁就赢得了市场系统的设计。如果想实现对客户的快速反应,就必须进行流程的变化和创新。这自然离不开信息技术的支持,因为没有信息技术的支持,这个流程也是没法实现的。

2.供产销能力的平衡。由于在系统整合前,局部的信息化形成信息孤岛,销售机构与生产厂不能信息交互,导致生产与市场需求的脱节。生产作业因无系统测量的计划和能力,只能由经验数据提供相关排产计划,使得供应部门为最大限度满足生产需要而大量采购原材料,从而使企业面临的经营风险加大。信息系统的支撑与先进管理思想的引入,将企业各部门形成了一个快速响应客户需求的链条,并成为企业生存与发展的关键业务流程,会大大提升供、产、销业务的决策水平。

3.财务业务一体化管理。负责物料管理的是物流部门,负责账务管理的是财务部门。企业需求的是,在业务发生时,物料的变动与资金的变动信息能实时反映在企业的财务账上,这在没有信息系统支持的情况下是难以达到的。各部门间皆相互独立,信息口径不统一,会给一体化管理造成障碍。这一需求仍然需要业务流程的整合和重新设计。

钢铁企业信息化建设是一项系统工程,它既是一个技术开发项目,又是一个管理型项目。杭钢应从实际出发,为实现公司战略目标,以需求为导向,以原有的业务流程设计和数字化管理为基础,以信息资源的开发应用为核心,以企业资源计划(ERP)和生产执行系统(MES)为建设重点,全方位推进公司供应、生产、经营和管理的信息化,促进信息技术与企业管理的整合,全面提升公司的核心竞争力和可持续发展能力。

先进的信息平台也为实施先进的成本核算方法(如作业成本法等)和将环境成本纳入成本核算体系创造了有利的条件。

(四)探索模拟法人管理机制,增强风险管理意识

一切以效益为中心,推行模拟法人管理机制及考核办法,建立以效益为中心

的成本核算体系是杭钢股份当下经济责任制考核工作面临的首要变革点,如何探索和完善这条新的成本控制之路,也是今后相当长一段时间的重要工作,也为公司成本控制提供了一个崭新的、持久的学习和实践平台。要真正实现模拟法人机制及考核办法的内涵,对财务核算有着比较高的要求,财务部门要担负着繁重而复杂的任务。钢铁企业是一个联合企业,它需要各工序、各环节有明确的职责,必须建立起产供销运等单位清晰的责权利关系。增强部门的服务意识和服务水平,能够对市场的波动做出快速联动的反应,规避市场风险,正确把握好每一次市场机遇,这又是企业深化管理升级工作的一个重要课题。

(五)要优化企业产业价值链

传统的成本管理大多着眼于企业生产后的制造成本控制,忽视了产品研发等阶段的成本及各阶段成本内在联系。随着生产方式及技术的发展变化,这种成本管理模式已不能适应企业的发展需要。价值链分析的核心是优化作业链,尽可能消除不增加价值的作业,提高可增加价值作业的运作效率,减少资源的占用和消耗,增强企业的竞争力。企业应该站在战略的高度,学习国内外的先进成本控制理念和技术,这样才能在国内外竞争中取得持续发展的优势。对杭钢股份来说,企业依然缺少高附加值拳头产品,且产品同质化严重,因此必须走创新之路。创新是企业发展的不竭动力,包括机制、产品、技术、营销、质量等诸多方面的创新。成本产生于产品生产全过程中,对钢铁产品来说,包括采购、存储、冶炼、轧制、销售等各个环节,并在人流、物流、信息流、资金流中伴随着新价值的创造和各种资源的消耗。因此,在价值链中蕴含着更多的成本控制机会,通过对钢铁企业的价值链进行分析,可以有效地实现成本控制。首钢总公司自 2009 年起,建立和实施了目标成本倒推机制。该方法充分发挥了首钢的低成本战略优势,增强了首钢产品的市场竞争力,提升了首钢的管理水平,进而最大限度地提高了首钢的整体经济效益。杭钢股份可以借鉴首钢公司的经验教训,结合自己管理机制灵活的特点以及一些成熟的管理方法,进一步优化自己的产业价值链。

近几年,铁矿石价格高企,加上钢铁产品供需矛盾突出,成本压力非常大。这就需要像杭钢股份这样的钢铁企业要不断地吸取和创新先进的管理理念和方法,提高成本管理水平。通过标杆管理和学先进活动,扬长避短,努力降低各环节的成本。在日常管理中,要加强现代管理知识的培训和应用,树立全面成本管理思想,提高成本管理意识;要充分发挥信息化建设在企业生产经营中的重要作用,推进精益化、标准化管理;建立有效的成本管理激励机制,努力提高各级管理人员的成本管理素质,促进企业的成本控制水平上一个新的台阶,使企业在激烈的市场竞争中立于不败之地。

阅读文献

[1]贾春环.《财富》500 强中的钢铁企业对比分析.冶金管理,2011(7).

[2]张振新.首钢目标成本倒推机制应用研究.北京市经济管理干部学院学报,2011(3).

[3]刘晓冰等.东北特殊钢集团作业成本管理案例研究.管理案例研究与评论,2010(12).

[4]张浩.钢铁制造业集成成本管理方法及应用研究.大连理工大学博士论文,2007.

[5]杜勇等.企业成本管理方法研究综述.商业研究,2007(2).

[6]刘威,王冠,柴大佑等.钢铁企业生产过程动态成本控制模式研究.控制工程,2004(1).

隆泰科技集团有限公司
财务控制案例研究

案例十九

摘　要

　　内部控制是企业风险控制的制度保证。企业的内部控制系统一旦失效,就会导致企业生产经营中出现各种问题。本案例通过对隆泰集团内部控制系统的分析,深刻剖析了其投资失控、预算管理效率低下、对外担保过度、汇率风险监控失误、负债规模过大、资金与资产配置不当、成本费用失控、对子公司监控不严等问题,以及由此采用的相应改进措施,并在此基础上对该案例进行了理论上的分析、提炼和总结。虽然,该案例中的企业只是一个失败者,但是其教训及采用的各种应对之策,对于其他企业仍然具有一定的借鉴意义。

关键词

　　隆泰集团;内部控制;案例分析

案例资料

一、公司情况

　　隆泰科技集团①有限公司成立于 1993 年 6 月 18 日,注册资本 2.8 亿元。公

———————————

①　本案例公司名称为虚构。如有雷同,纯属巧合。

司主要生产双向拉伸聚丙烯薄膜(BOPP)、聚酯薄膜(BOPET)、多层共挤流延薄膜(CPP)三大系列高分子软塑料新型材料。至2007年6月末,公司经10多年的发展,总资产已经由当初的6亿元增加到近50亿元,员工达到4 500人,拥有5家控股子公司。2006年各个子公司的营业收入如表19-1所示。

表 19-1 隆泰系的子公司 2006 年营业收入表

单位:元;币种:人民币

地　区	营业收入	营业收入比上年增减(%)
隆泰亚美公司	1 250 399.93	-29
隆泰天元公司	3 808 986.94	-18
隆泰蒙新公司	4 619 734.65	-38
隆泰江景公司	1 544 652.71	22
隆泰康桥公司	1 663 789.52	36

2003年以来,由于国内软塑包装材料行业发展过快,使得市场呈现供过于求的状况。而国际原油价格的持续飞涨也使原材料价格大幅度上升,产品获利空间逐渐变小。与此同时,在前期发展过程中,由于管理粗放,公司投资过大,发展过快,内部管理和控制工作跟不上发展需要,致使公司经营过程中出现了诸多意想不到的困难和问题。

二、事件回顾

(一)投资失控,过度扩张

2002年,隆泰集团迎来了软塑包装行业发展的黄金时期,加之增发股本的成功,使得资本比较充裕。新投资的5条生产线均创造了较好的效益。由于行业的前景看好,吸引了大量的资本涌入,加之国家将该行业的审批权限下放到地方,进入门槛降低,短短的一两年时间,国内的产能增长了1倍多,市场呈现供大于求的现象。2004年,随着国际原油价格的上涨,生产软塑包装材料的主要原材料聚丙烯、聚酯切片价格也随之上涨,产品的获利能力大幅下降,获利空间受到压缩。

在此不利的行业形势下,隆泰集团未能够科学地对投资项目进行合理论证,盲目投资兴建年产6万吨的BOPP生产线、年产6万吨的BOPET生产线及CPP生产线。资金使用效率降低,同时为公司埋下了财务风险的隐患。

(二)预算管理不完善,缺乏可持续发展的计划安排

尽管隆泰集团在预算中明确规定了各子公司应实现的目标利润及上缴集团

的款项,但是编制的预算往往不能得到严格执行,签订的经营责任书不能起到较好的约束和激励作用。实际执行中,超预算的现象比较严重,降低了经营的效率和预算执行的严肃性。同时各子公司为了完成各自经营期的考核指标,忽视公司的长期利益及发展,对新品研发缺乏热情。在中低端产品充斥市场的时候,没有形成核心的竞争力。此外,为了迅速占领产品市场,对客户放宽了信用期限,使得应收账款急剧增加。从 2000—2007 年的应收款项变化来看,公司仅在 2001 年应收款项资产余额下降了 9.94%,其他年度都保持了一定幅度的上涨,特别是 2002、2004 和 2006 三个年度的应收款项资产上涨幅度均在 50% 以上。从公司 2007 年年报中可以看出,公司应收款项中的应收账款、其他应收款两项余额就高达 12 亿多元,占公司总资产 20 亿元的 50% 以上,坏账损失高达 1.5 亿多元。大量应收款项占用了公司巨额资金,资金费用急剧上升。

（三）未建立负债结构与资产结构的对应关系和补偿机制

资产结构与负债结构的对应关系,就是流动资产对应短期借款,长期资产对应长期借款。隆泰集团未建立负债结构与资产结构的对应关系,短贷长投的情况比较严重,贷款中绝大部分是短期贷款,但是使用中却把较多的资金用在长期项目上,导致资金无法及时回收。截至 2007 年 6 月 30 日,隆泰集团短期贷款金额为 24.45 亿元,而长期贷款金额只有 2.09 亿元。长短期贷款比例失衡。此外,隆泰集团在一个长期项目的现金流不能满足其还款进度时,缺少系统内的补偿机制来加以协调,由此也积聚了财务风险。

（四）对外担保不慎造成大量逾期担保

隆泰集团在经营管理中,缺乏对担保业务的风险控制制度,是否对外担保基本上取决于被担保单位和隆泰集团的业务密切程度以及个人之间的关系。由此导致了隆泰集团对外担保失控,不仅存在大量的体系内担保,而且还存在较大的对外担保。2007 年上半年,对内、对外担保余额共计 15.03 亿元,占净资产的比例达 82.18%,其中直接或间接为资产负债率超过 70% 的被担保对象提供担保的金额为 6.75 亿元,存在较大的担保风险。

（五）在财务控制上缺乏必要的预警和监督系统

隆泰集团在财务控制上缺少必要的风险预警机制。当企业的资本利润率高于同期银行贷款利率时,适度负债可以获得超额收益;否则,将使企业背负沉重的负债负担;资金流动性及资产负债水平是反映企业短期偿债能力和长期偿债能力的晴雨表,也是企业进行资金风险预警和监控的重要观察指标。隆泰集团对此没有建立起必要的风险预警和监控机制。公司没有对资金风险设定预警的红线,在净资产收益率明显低于同期银行贷款利率、流动比率低于 1、资产负债率超过 65% 的情况下,仍然未能采取必要的风险防范措施。2005 年,软塑包装行业景气度下降，产品获利水平大幅降低，隆泰集团已经投产的项目远远达不到原来的预期报酬率和现金流水平，为公司的未来发展埋下了祸根。

（六）集团内部及大股东相互占用款项比较严重

大股东占款问题，不仅在上市公司中存在，在非上市公司中同样存在。这主要取决于公司的股权结构及经营管理的规范性。而隆泰集团即是如此。据有关资料显示，截至 2007 年年底，公司控股股东及关联方占用隆泰集团的资金余额为 12 835.40 万元，其中非经营性占用为 6 298.96 万元，经营性占用为 6 536.04 万元。与此同时，隆泰集团也占用着控股子公司隆泰天元的 7 536.21 万元的资金。

隆泰集团之所以在经营中出现大股东巨额占款以及其本身又占用子公司的款项，主要原因在于公司治理结构存在问题，同时公司与大股东之间、与子公司之间没有建立起资金风险隔离墙。从治理结构上看，2007 年年底，隆泰集团的第一大股东基甸科技集团持有隆泰集团 47.97％的股权，其他股权散落在小股东手中。虽然理论上存在着其他小股东联手控制公司的可能，但是实际上这种联手控制公司的可能性是很小的。而这种情况同样存在于隆泰的子公司当中。从财务监控机制上看，无论是隆泰集团还是其子公司都没有制定分散财务风险、规避相互占用资金的管理制度。

（七）成本费用控制不力

对于所处行业进入门槛不高、市场竞争激烈的隆泰集团来说，市场开拓与成本控制是企业提高竞争力、保持可持续发展的关键。然而，公司的主营业务成本率（主营业务成本/主营业务收入）由 1999 年的 62.16％上升到 2007 年的 85.92％；主营业务费用率（三项费用/主营业务收入）由 1999 年的 3.13％上升到 2007 年的 47.33％，成本费用一直保持上升趋势。对比分析发现，公司在 2000—2004 年的主营业务收入始终保持良好的增长趋势，特别是 2001 和 2004 年的主营业务收入增长率在 45％以上，其他年度主营业务收入增长率也在 20％以上，但是，由于主营业务成本增长率大于主营业务收入增长率的增长幅度，所以公司的主营业务利润率由 1999 年的 27.84％下降到 2007 年的 −6.06％，销售净利润率由 1999 年的 22.52％下降到 2007 年的 −2.11％。显然，这种成本费用增长速度大于收入增长速度的粗放型增长方式是不可能持续下去的。

（八）外汇风险控制不当

隆泰集团是外向型企业，其产品 95％出口到日本、欧洲等国家和地区，收支多以美元计价，因此，公司面临巨大的外汇风险。而自 20 世纪 90 年代以来，亚洲金融危机、美国次贷危机、日元和美元贬值、人民币大幅升值等都对公司的成本和经营业绩产生了实质性的影响。具体表现为主营业务收入的下降和汇兑损失的增加。

从 2001—2007 年公司的汇兑损益来看,只有 2001 年和 2003 年的汇兑损益为净收益,其他几个年份的汇兑损益均为净损失,最高时达到 2007 年的 1 831 855.33 元。究其原因有二:其一,人民币升值的影响;其二,公司外汇风险控制不当。自 2005 年 7 月人民币汇率制度改革以来,人民币与美元的汇率已由原来的 8.11 下降到 2007 年年底的 7.69。这对于外向型的、出口主要以美元计价的隆泰集团公司来说,无疑会对其汇兑损益产生负面影响。但是,如果公司能够及时调整市场结构、信用政策、外币政策,正确选择合理的计价币种,及时结汇售汇,或许汇兑净损失会大大减少。

(九)负债规模与结构控制不当

根据财务管理理论,当公司的资产负债率较高时,公司的破产成本将大于负债经营所带来的抵税效应,随着破产成本加大,公司价值将逐渐降低。从历年的资产负债率来看,隆泰集团的负债规模节节攀升,特别是在经营面临困难、资金周转不畅的条件下,公司 2007 年的资产负债率达到了 85.85%。尽管公司经营的项目属于国家产业政策鼓励的行业,享有一定的税收优惠政策,但负债利息的抵税效应并不明显,负债规模扩张的累积效应使公司背负了沉重的财务负担。

此外,在负债结构上,公司主要以流动负债为主,银行短期借款占整个银行借款的 87.93%。到 2007 年底,公司到期的银行借款全部逾期,未能归还的逾期银行借款本金及利息为 130 330.25 万元,其中已经被债权银行起诉的逾期借款及利息为 69 207.16 万元;公司对外担保为 25 911.58 万元,其中涉及诉讼已判决的担保金额达到 18 911.58 万元。而长期负债的比重极小。这种短债长用的激进型的负债结构在公司经营红火、现金流转顺畅的情况下不会表现出太大的财务风险,但是,一旦公司经营和资金链出现问题,则极易陷入严重的财务危机。

(十)对子公司管理失控

隆泰集团对于各个子公司没有建立起相应的财务控制制度。子公司在经营中出现亏损后,集团公司也未能采取诸如剥离出售等有效的措施加以及时止损。日常经营中,各子公司不受控制地采购超过他们实际需要的原料和零备件,每个子公司经理都想多占用集团公司的资金。同时,集团公司和子公司之间的财务信息系统漏洞百出,集团公司无法及时掌握各个子公司的资金和经营状况,也无法对子公司的财务工作进行指导和加强控制。这是导致集团公司经营混乱和衰退的重要原因。

三、控制措施

在隆泰集团陷入财务困境后,公司积极争取当地政府给予支持,同时采取如下措施,加强集团的财务控制,改善经营管理。

(一)建立银企战略合作关系

经过协商,隆泰集团和债权银行建立起战略合作关系。从银行和企业两个方面改善隆泰集团的资金状况。银行方面维持两个不变,即维持 2006 年 8 月 31 日贷款余额与原担保条件不变,一律展期一年,并不作逾期处理,不加罚息;下浮贷款利率,即在 2007 年 4 月 1 日至 2008 年 3 月 31 日期间,对展期贷款在基准利率的基础上下浮 10%。通过对长期资产现金回收期的测算,将与长期资产相对应的短期借款转为 5 年期的长期借款,解决短借长用的问题,降低短期偿债的风险。将银行借款与公司资产相对应,解除长期困扰公司的担保问题,消除互保风险。以资产抵押的方式对借款提供保证,切断公司在原互保情况下形成的担保链,以降低公司的或有风险。

(二)梳理产业链,重组资产结构

重新梳理产业链,将与主要经营业务相关的资产加以清理和有效利用,将与经营无关的资产加以处置,剩余资金用于偿还部分债务和补充流动资金。隆泰集团陷入财务困境的原因之一是其所在的产业已经严重过剩,行业利润率大幅下降。在前期调研的基础上,公司调整产业结构,将原来二期工程和三期工程扩大的产能全部予以清理和出售,退出了 BOPP、BOPET 和 CPP 的生产,转而涉足食用菌、果蔬饮料、旅游、房地产等产业。这些产业的未来发展前景还是比较乐观的,多属于国家产业政策鼓励的行业。同时公司进一步引进战略投资者,减少涉足新兴行业给公司造成的资金压力。

(三)尽快清欠应收款项,加速体外资金回笼

隆泰集团的应收款资产可以划分为两大类:一类是控股股东及其下属公司通过关联交易所占用的资金;另一类是客户拖欠的货款。这些应收款项严重影响了公司正常的生产经营和资金的周转循环。经过研究,公司对于第一类应收款,通过引进战略投资者注入资金,改善治理结构,加强集团内部的资金清欠和资产变现等解决;对于第二类应收款,公司通过催收、法律诉讼、资产兑换、商业银行的保理业务等方式积极清收,提高资金的周转循环能力。

(四)理清财务关系,健全财务控制制度

从根本上讲,隆泰集团公司经营中出现的所有问题都根源于制度的缺少和不完善。而财务失控和经营中出现的问题只是问题的表象。为此,隆泰集团建

立和完善了一系列财务控制制度,包括会计核算制度、内部信息传递报告制度、投资决策制度、融资管理制度、资金管理制度、财务政策调控制度、利润分配制度等。

在预算管理制度方面,公司完善了全面预算管理制度体系,按照资金流动路径和环节建立覆盖资金流动全领域的预算控制制度,将原来没有纳入到预算的事项全部纳入到预算控制的范围。同时,严格预算制度的执行和考核,对于预算的修改制定了严格的控制程序,规定了修改预算的申请程序、批准程序和方式,对于修改预算的条件和市场环境变化的幅度等做出了明确规定。对于超越预算的事项,无论是预算没有列明的事项,还是金额超过原定预算的事项,都提出了严格的控制要求。将预算执行结果和部门、个人的业绩与奖惩直接挂钩,强化预算执行的刚性和激励效果。

推行先进的零基点预算法,把预算编制过程中各种潜在的和延续下来的不合理因素降低到最低程度。按照这种方法,公司以既无成本亦无收益的零点作为起始,然后根据公司各部门的职能范围,将该部门的业务开展程度划分为若干层次。以最必不可少的业务量及因此所需的费用作为第一增量。接着按照业务轻重缓急程度,依次列出第二、第三增量,在此基础上,逐级上报,最后编制出整个公司的财务预算。

(五)加强对子公司的控制

为了加强对子公司的控制,增强集团内部的凝聚力和对资源的统筹使用效率,隆泰集团创新财务管理模式,在集团统一领导下,实行分层分权决策管理制度。主要内容是:(1)集团总部制定一个内部控制的总体框架,各子公司再制定符合自己实际情况的内控制度子系统。在控制系统中,明确集团公司和子公司的投资、融资、担保等各自的权限范围。以净资产的20%为界限,凡是低于此限度的投资、融资和对外担保,一律由子公司自己决策,超过此限度必须报经集团公司进行审批。任何子公司在未获得集团总部授权或批准的情况下,不得进行对外投资、融资担保、资产与债务重组及限额以上的资产处置等。(2)疏通集团公司和子公司之间的信息通道,提高信息的传递速度和准确性。总公司和子公司都引入电脑财会信息管理系统,实行联网操作,以便迅速将各子公司的财务信息传递到集团总部,同时集团总部也可以迅速地把审批意见反馈到各个子公司。(3)实行严格的现金管理制度。隆泰集团给各子公司都分配一定的现金额度,并要求各子公司每天上午9:30将其全天现金需要量上报,以便严格控制当天的现金流量。集团公司按照现金需要量对各子公司进行拨款。各个子公司必须在当天的18:00向集团公司上报现金结余数量,以便于统筹使用和相互调剂,减少现金的闲置数量,提高资金使用效率。(4)制定全面系统的比率考核指标,作为评价各子公司财务状况和经营业绩的标准。这些比率考核指标包括变现能力比率、债务与产权比率、资源运用效率比率、流动资金周转率、财务收益率、资本利润率等。每年年终,根据各子公司的指标完成情况给予不同的奖励或惩罚。(5)集团公司定期召开会议,审核各子公司提供的财务资料,包括一份与预算值对比之后盈利或亏损状况的报告,以及原材料采购、间接费用、销售额、直接劳动力成本、毛利润等有关情况和资金平衡表以及对未来 3 个月的财务情况预测及主要财务比率的计算值。

(六)加强对担保风险的控制

严格控制与关联方发生大量的互保关系,避免形成一损俱损的担保链。如果一定要提供担保,也应对被担保方有充分的了解分析。一旦与被担保企业签订担保合同就应加强对被担保企业的监督与管理。比如,要求被担保方提供每月财务报表或有关资金使用情况的书面资料,通过对被担保企业财务报表资料的分析,随时掌握其经营动态,发现问题及时采取措施,以减少担保风险。同时,集团公司规定,对于以下类型的项目或者企业禁止为其提供担保:(1)投资项目不符合国家产业发展政策的项目;(2)已经进入重组和整顿阶段的企业;(3)财务状况恶化,资产负债率超过 85% 的企业;(4)连续两年亏损的企业;(5)管理比较混乱的企业;(6)正在处于法律诉讼而未判决的企业;(7)过去因担保发生过经济纠纷的企业;(8)业务上和本企业没有关联性的企业;(9)对外担保金额超过本企业净资产的 40% 的项目。

四、控制效果

隆泰集团通过采用上述控制措施之后,经营管理和财务状况迅速好转,很快扭转了公司销售业务下降、亏损持续增加的局面。到 2008 年年底,整个集团中,除隆泰蒙新子公司继续存在亏损外,其他子公司和集团公司的合并报表整体上销售收入大幅提升,并实现盈利 5 623.52 万元,从此步入到一条稳健发展的轨道。之前集团公司和子公司管理中存在的各种财务失控和管理上的弊端大大缓解或得到有效控制。

分析与评述

本例隆泰集团公司发展中出现的上述问题具有一定的普遍性。在企业发展过程中,由单一企业主体而向集团化发展是一条必然的发展路径。而在实现集团化发展的过程中,很多公司特别是集团化企业在组建初期由于缺乏管理和控制经验,经常会出现类似或者相同的问题。这些问题对财务管理工作具有警示作用,其采取的控制措施亦有借鉴意义,可以作为其他企业的攻玉之石。

在本案例中,隆泰集团在解决资金困境、财务管理失控的措施上具有鲜明的特色和借鉴意义。

第一,内外相互结合。企业财务失控,资金链周转陷入困境,通常都是内外部各种因素综合影响的结果。因为,财务和资金是企业经营管理的核心,各种宏观经济政策和微观管理制度的影响结果最终都会通过财务方面表现出来。比如,税收政策的改变、货币政策的调整等都直接影响到财务结果。因此,企业一旦遇到财务困境时,应该从宏观和微观、内部与外部两个方面着手来寻求解决之道,而不能仅仅局限于企业内部。这方面,隆泰集团的做法具有借鉴意义。他们在企业负债率高居不下、财务风险剧增的情况下,不仅从内部管理上严控子公司的对外担保、加强预算管理和及时清欠外部的欠款,加速资金回笼,而且和银行积极协商进行战略合作,改善企业外部的融资环境,从而为获得有利的外部资金市场提供了条件。

第二,业务重组与财务改进相互结合。在企业管理中,业务管理和财务是相互联系的两条战线。业务发展好坏、产业配置效率,既受制于财务提供的资金支持,又影响到财务的运行效果。从根本上讲,如果没有好的产业基础,企业的资金运转最终会失去赖以依存的主体而逐渐衰竭。正因如此,墙内问题墙外解。资金问题要从业务领域寻找原因和解决办法。在该案例中,隆泰集团的资金困境固然和其预算管理不严、对子公司监管失控、应收账款占用资金过大等财务措施有关,但是更重要的原因还是其所在行业产能过剩、利润率降低,以及新产业布局上不合理,投资效率低下。正是这些因素销蚀了企业的存量资金,加剧了资金的紧张和负债率的上升。所以,在设计解决资金困境的政策和措施时,隆泰集团并没有仅限于财务领域,而是将业务重整和财务改进结合起来,从业务上破解资金问题,及时调整产业结构,将原来二期工程和三期工程扩大的产能全部予以清理和出售,退出了 BOPP、BOPET 和 CPP 的生产,转而涉足食用菌、果蔬饮料、旅游、房地产等产业,从而为增加资金流入量,缓解资金紧张提供了良好的产业基础。

隆泰集团出现的财务问题,按照经济性质,可以归纳为两种类型:其一是集团公司本身财务管理和控制上所发生的问题;其二是在对子公司控制上所发生的问题。前者由于属于同一财务主体内部的事项,解决起来相对比较容易;后者则由于涉及集团公司和子公司两个独立的财务主体,一些解决措施在设计和执行时需要考虑到子公司中的少数股东利益,因此解决起来要相对地复杂一些。

在上述隆泰集团所出现的 10 种财务失控现象中,投资失控、预算管理不完善、负债结构与资产结构的对应关系错位、对外担保过大、财务控制上缺乏必要的预警和监督系统、成本费用控制不力、外汇风险控制不当、负债规模与结构控制不当等,都是由于集团财务管理出现失误所引起的,表明公司对财务管理理论的把握和理解不准确,违背了财务管理的一些规律;同时也缺乏实践经验,以至于应该建立的财务控制制度没有建立起来,或者没有得到有效执行。比如,负债结构和资产结构的对应关系错位、负债规模和结构控制不当,就明显地违反了资金来源和资产占用在时间和空间上保持对应和均衡的基本要求。按照理论上的要求,一年周转期的资产就应该用一年期的银行借款来解决。这样可以保证在银行借款到期时正好有资金来还款。尽管在管理实践中,企业并非一定要完全百分之百地按照这种对应关系进行资金调配和管理,并且出现了激进型资金配置政策、保守型资金配置政策以及中庸型资金配置政策,但是无论采用哪种资金配置政策,它们都是以资金安全为前提的。换而言之,当企业将某种短期资金用于长期项目时,一定要用其他渠道的资金来回补这种因资金不能及时回收所留下的资金空挡,以便保持企业具有支付能力,不至于发生支付危机。而隆泰集团在资金管理中显然没有做到这一点,以致聚集了大量的财务风险。

同时,管理经验缺乏也是隆泰集团出现上述财务困境的原因之一。比如,对于担保问题,应该说在现实中任何一个企业都很难完全避免向外提供担保。当然,企业有时也会要求其他企业向自己提供担保,这是相互的。但是,如何控制和规避由于担保所带来的潜在风险,却有着一定的经验和规律可循。因为担保风险不像银行借款那样是显性的负债,在企业资产负债表中和其他的相关财务指标中能够及时地反映。它是隐性的,或有性质的,具有欺骗性,企业容易忽视或者存在着侥幸心理。因此,一旦担保风险爆发,往往具有突然性和连锁性的特征,会对企业造成很大的冲击。正因如此,不少企业都对担保业务设定了较为严格的条件,同时规定了预警界限。比如,有些企业规定,对外担保金额累计超过净资产的 50% 时就禁止再对外提供担保。这实际上就等于为担保业务设定了一条红线。而反观隆泰集团,不仅没有对集团公司的对外担保设定明显的条件,而且对于子公司对外提供担保也没有相应的控制制度,以至于担保上严重失控。

思考与讨论

隆泰集团财务问题中出现的集团内部及大股东相互占用款项比较严重、对子公司失控,涉及集团公司和子公司两个财务主体。要解决这些问题,需要从两

个方面着手:

首先,理顺集团公司和子公司之间的财务关系。集团公司只是子公司的一个大股东,其与子公司的财务关系只是投资与被投资者的关系。集团公司可以按照《公司法》的精神,通过公司治理机制行使自己的权利、参与利润分成等,但不能直接干预子公司的财权和经营权。同时,作为子公司来讲,自己只是集团公司的诸多投资对象之一,应该保持自己独立的生产经营管理权,自负盈亏,不能事事都依靠集团公司,更不能无偿地占用集团公司的资金资源。在理顺上述财务关系后,隆泰集团公司应理顺与控股子公司之间的财务关系,合理划分责、权、利边界。

其次,对子公司进行必要的控制。在对子公司如何管理上,历来有两种主张:一种认为应该严管。在这种思想下,通常采用集权型的控制体制,即把子公司的投资权、融资权、人事权和分配权等全部或者大部分收归为集团公司。子公司只是一个单纯的生产厂或者是一个执行单位。而另一种观点则认为应该放权,即让子公司自行发展,多放权、少干预。应该说,这两种都是极端的做法。这些极端做法尽管在某些特殊情况下可以适用,但是对于大多数的集团公司和子公司来讲,却未必适宜。而比较可行的做法应该是适度控制。在管理实践中,这种适度控制的难度在于集团公司和子公司之间的合理分权。一方面,集团公司不能对子公司控制太严,窒息其发展活力;另一方面,又要进行必要的控制,体现投资者的意愿和利益,保证整个集团的利益最大化。本案例中隆泰集团所采用的措施是具有参考意义的。比如,在投资、融资、担保等财权上,集团公司和子公司以净资产的 20% 为界限进行相对合理的权力分割。低于此界限的事项归属于子公司决策;超过该界限的则由集团公司决策。这样就比较好地体现了抓大放小的控制理念,做到了集团公司和子公司的兼顾。

阅读文献

[1]闫培金,王成.企业财务内控精要.北京:中国经济出版社,2001.

[2][美]克雷沙·帕利普等著,李延珏译.经营透视——企业分析与评价.大连:东北财经大学出版社,1998.

[3]袁琳等.结算中心案例研究.北京:经济科学出版社,2004.

[4]美国管理行政学院著,莫正林译.成本控制最佳实务(上、下).北京:经济科学出版社,2006.

案例二十　青岛啤酒股份有限公司平衡计分卡案例研究

摘　要

　　青岛啤酒引入平衡计分卡作为公司战略整合的主要管理工具,通过平衡计分卡,有效分解执行公司的战略,并通过平衡计分卡对部门和员工进行绩效考核,成功地提升了企业业绩。

关键词

　　平衡计分卡;战略;绩效;青岛啤酒

案例资料

一、公司情况

　　青岛啤酒股份有限公司(以下简称"青岛啤酒")的前身是 1903 年 8 月由德国商人和英国商人合资在青岛创建的日耳曼啤酒公司青岛股份公司,它是中国历史悠久的啤酒制造厂商,2008 年北京奥运会官方赞助商,目前品牌价值426.18亿元,居中国啤酒行业首位,跻身世界品牌 500 强。

　　1993 年 7 月 15 日,青岛啤酒股票(0168)在香港交易所上市,是中国内地第一家在海外上市的企业。同年 8 月 27 日,青岛啤酒(600600)在上海证券交易所上市,成为中国首家在两地同时上市的公司。

上世纪 90 年代后期,青岛啤酒运用兼并重组、破产收购、合资建厂等多种资本运作方式,在中国 19 个省、市、自治区拥有 50 多家啤酒生产基地,基本完成了全国性的战略布局。

青岛啤酒 2010 年累计完成啤酒销量 635 万千升,同比增长 7.4%,实现主营业务收入人民币 196.1 亿元,同比增长 10.4%;实现净利润人民币 15.2 亿元,同比增长 21.6%。继续保持利润增长大于销售收入增长,销售收入增长大于销量增长的良好发展态势。

青岛啤酒远销美国、日本、德国、法国、英国、意大利、加拿大、巴西、墨西哥等世界 70 多个国家和地区。全球啤酒行业权威报告 Barth Report 依据产量排名,青岛啤酒为世界第六大啤酒厂商。

青岛啤酒几乎囊括了 1949 年新中国成立以来所举办的啤酒质量评比的所有金奖,并在世界各地举办的国际评比大赛中多次荣获金奖。1906 年,建厂仅三年的青岛啤酒在慕尼黑啤酒博览会上荣获金奖;20 世纪 80 年代三次在美国国际啤酒大赛上荣登榜首;1991 年、1993 年、1997 年分别在比利时、新加坡和西班牙国际评比中荣获金奖;2006 年,青岛啤酒荣登《福布斯》"2006 年全球信誉企业 200 强",位列 68 位;2007 年荣获亚洲品牌盛典年度大奖;在 2005 年(首届)和 2008 年(第二届)连续两届入选英国《金融时报》发布的"中国十大世界级品牌"。其中 2008 年在单项排名中,青岛啤酒还囊括了品牌价值、优质品牌、产品与服务、品牌价值海外榜四项榜单之冠;2009 年,青岛啤酒荣获上海证券交易所"公司治理专项奖——2009 年度董事会奖"、"世界品牌 500 强"等诸多荣誉,并第七次获得"中国最受尊敬企业"殊荣;2010 年,青岛啤酒第五次登榜《财富》杂志"最受赞赏的中国公司"。

二、事件回顾

(一)战略整合的背景

啤酒行业是个一开始就比较开放的行业,很少有国家的保护,是开放最早的行业。20 世纪末的中国啤酒行业非常分散,而且企业规模都非常小,大部分企业处于亏损状态,杂牌多、名牌少,行业开始出现两极分化,行业重组步伐加快,外资大规模地进入。青岛啤酒是国内第一批股份制试点企业,1993 年在香港 H 股市场和上海 A 股市场上市,融得了公司的大部分资金。发行股票筹集的资金怎么使用是一个战略性的问题,青岛啤酒为此制定了大品牌战略,主要思想是高起点发展,低成本扩张。

青岛啤酒实施"大品牌"战略,以并购的方式扩张,以资本换规模、换市场、换时间,同时赢得先机。当时公司管理层考虑到中国加入 WTO 以后,整个啤酒市场开放,与进入中国市场的跨国公司相比,无论资本、技术力量、管理水平还是市场网络,青岛啤酒都要大大弱于对手。青岛啤酒这一百年民族品牌能否生存成为摆在管理层面前的一个严峻的现实问题。

管理层进行了深刻的思考,只有品牌的影响力,没有一定的规模难以抵御外资的竞争。在 2000 年上半年,青岛啤酒进入大规模扩张的阶段。在此之前,尽管青岛啤酒出口全球 50 多年、销往 60 多个国家和地区,品牌影响非常大,但其生产规模只有 20 万吨,可谓"帆大船小"。通过并购,青岛啤酒产能不断地增加。到 2002 年,青岛啤酒经过大规模的扩张和兼并,已由原来的青岛区域性公司成为全国性的公司,拥有 50 多家子公司。大规模的并购给青岛啤酒带来一些问题,比如:(1)在生产规模快速扩大时,公司的利润却逐渐下滑了;(2)资产负债率直线上升;(3)公司在扩张过程中所兼并的每一家企业都有自己的品牌,都占有一定的市场份额,过多的品牌品种数带来视觉形象混乱从而导致青岛品牌的辨识度下降;(4)公司的组织管理跨度因并购急剧膨胀,管理有失控的风险。管理层感觉到公司的扩张和公司的管理、资金、业绩都存在很大的矛盾,急需得到解决。于是,从 2002 年开始,公司把工作重心放在扩张后的整合上,整合的重心是由"做大做强"向"做强做大"转变,由外延式扩张到内涵式发展,由生产导向转为市场导向,由经营产品到经营品牌,由规模扩张到运营能力提高,以便为扩张奠定良好的基础。

第一是品牌的整合。在整合之前,公司有 1 000 多个品牌,遍布在全国各地,每个品牌都要投入一定的广告费用,每个品牌都要有维护和运作,这导致资源耗费相当紧张。通过整合,青岛啤酒实现"1+3"品牌战略,"1"指"青岛啤酒"品牌,打造为高档品牌,"3"是三个副品牌,视为中低档品牌。除此之外,其他的品牌全部予以抹杀。通过"1+3"的品牌整合,青岛啤酒有效地获得市场的规模效益。

第二是市场及生产基地的整合,这和品牌整合是相关的。所谓市场基地整合就是把每一个生产工厂的产能和它的基地市场结合起来,把每一个企业的产能充分发挥出来。通过整合,青岛啤酒的资产利用率和产能利用率得到了大大的提高,单厂的平均产量快速上升。

第三是以价值链为核心的组织整合。从建立区域性的事业部制,到成立区域营销公司,到两个中心,再到组织整合的一体化,把全国的 50 多家企业,整合成一个啤酒公司,青岛啤酒的组织整合在不断地创新变革过程中一直没有中断过。公司目前组织整合的目标是打造"结构一体化、资源集约化、分工专业化、执行一致性"的组织体系,这是竞争的需要,也是市场演进、市场成熟的需要。

第四是不断进行文化整合。青岛啤酒的文化口号是"好人做好酒",其根本是诚信和和谐。一百多年来,青岛啤酒的产品质量从来没出现任何问题,这当中"好人做好酒"的文化起到了很大的作用。

(二)利用平衡计分卡执行战略

在整合的过程中,青岛啤酒发现了平衡计分卡这个战略执行最有力的工具,并聘请了博意门公司作为咨询顾问,引入平衡计分卡这个工具作为公司进行整合的主要管理工具,成功地提升了业绩,从扩张的困境中走出来,以"成为拥有全球影响力品牌的国际化大公司"为愿景,不断创新,用其激情"酿造全球消费者喜好的啤酒,为生活创造快乐!"青岛啤酒融入平衡计分卡的战略规划体系如图20-1 所示。

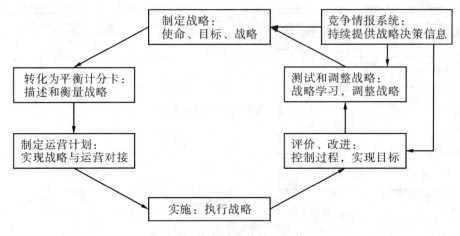

图 20-1　青岛啤酒战略规划体系

公司管理层认识到,没法描述的事情就无法衡量,无法衡量的事情就无法管理,只有能清晰地描述和衡量公司的战略,管理者才能高效地进行战略制定、执行和评价。公司用战略图来描述战略(图 20-2),从四个维度把公司的战略目标清晰地描述出来,并进一步在平衡计分卡中对各项战略要素设立相应的衡量指标(表 20-1),通过跟踪这些指标的完成情况,公司管理层掌握了战略的执行情况,及时地发现需要纠正的问题。

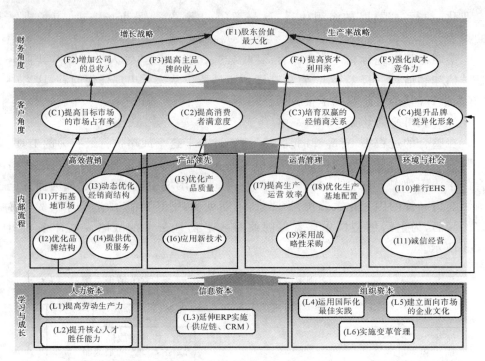

图 20-2　青岛啤酒公司战略图

表 20-1　青岛啤酒平衡计分卡

角度	主题	战略要素	衡量指标	××年目标值	责任人	战略举措
财务角度	财务	(F1)股东价值最大化	净资产收益率			
			利润总额			
		(F2)增加公司的总收入	销售收入			
		(F3)提高主品牌的收入	主品牌销售收入			
		(F4)提高资本利用率	总资产周转率			
		(F5)强化成本竞争力	成本费用利润率			
			净利率			

续表

角度	主题	战略要素	衡量指标	××年目标值	责任人	战略举措
客户角度	客户	(C1)提高目标市场的市场占有率	主品牌的市场占有率			
		(C2)提高消费者满意度	消费者满意度			
		(C3)培育双赢的经销商关系	专营的经销商占总经销商的比例			
		(C4)提升品牌差异化形象	品牌无提示第一提及度			有效实施品牌建设方案
内部流程	高效营销	(I1)开拓基地市场	基地市场数			有效实施开拓基地市场计划
		(I2)动态优化经销商结构	战略性经销商比例			
		(I3)优化品牌结构	前六大品牌占总销量的比例			有效实施品牌建设方案
		(I4)提供优质服务	投诉处结率			
	产品领先	(I5)优化产品质量	青岛啤酒 A＋I 档酒的比例			完善品评管理体系
			啤酒的新鲜度			保证运行的一致性
		(I6)应用新技术	应用新技术降本增效			加强与 AB 的合作
	运营管理	(I7)提高生产运营效率	产能利用率			
			库存周转率			
		(I8)优化生产基地配置	平均单厂产能			实施战略性的技改、扩建
		(I9)采用战略性采购	集中采购量占总采购量比率			完善供应商综合评价管理体系
	环境与社会	(I10)推行 EHS	千升酒综合能耗			
		(I11)诚信经营	审计偏差率			

续表

角度	主题	战略要素	衡量指标	××年目标值	责任人	战略举措
学习与成长	人力资本	(L1)提高劳动生产率	人均利润（利润总额/员工总数）			
		(L2)提升核心人才胜任能力	核心人才胜任率			建立能力发展计划
	信息资本	(L3)延伸 ERP 实施	ERP 实施覆盖率			延伸 ERP 实施（供应链、CRM）
	组织资本	(L4)运用国际化最佳实践				有效实施最佳实践交流项目
		(L5)建立面向市场的企业文化	知识共享数量			建立并实施知识管理系统
		(L6)加强变革管理				实施组织结构整合计划

有了公司平衡计分卡后,通过层层分解,公司战略被分解到各个部门甚至岗位(图 20-3),落实到具体的执行层面。通过有效的分解机制,可以保证战略的纵向一致性和横向的协同。

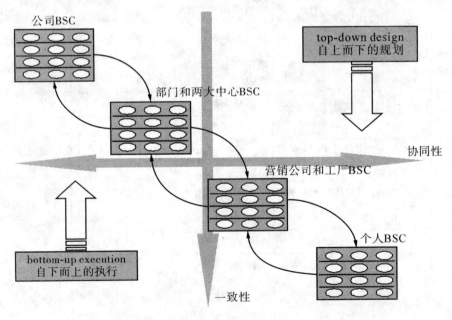

图 20-3 公司战略通过平衡计分卡分解落实示意图

　　表 20-2 是落实到业务部门的平衡计分卡的样本,表 20-3 则是落实到个人的平衡计分卡样本。

表 20-2　青岛啤酒业务部门平衡计分卡

角度	主题	战略要素	衡量指标名称	战略举措
财务	财务	股东价值最大化	应用新技术提高效率	
		技术创造效益	新产品所带来的收入	
		合理控制成本	应用新技术降本增效	
客户	客户	提供一流产品与服务	消费者满意度调查得分	
		负责生产厂达成质量目标	年度主品牌生产计划完成率	
内部流程	质量系统整合	实施酒业品种整合	酒液品种整合计划完成率	
	技术	优化产品质量	年度 A+I 档酒比例	
	科研	开发新产品、新材料和新工艺	研发项目结题率	
		加强基础研究	基础研究项目计划完成率	
	售后服务	强化网络功能	无	
		提供标准化服务	售后服务工作站标准化服务培训率	
学习与成长	人力资本	加强专业人才的培养和储备	核心人才流失率	
	信息资本	建立公司的生产数据系统	无	建立标准化数据采集、分析系统
				开发数据统计、分析模型
	组织资本	运用国际化最佳实践	最佳实践交流项目实施完成率	
		建立面向市场的企业文化	知识共享数量	
		实施变革管理	无	有效实施平衡计分卡

表 20-3 ××年战略投资管理总部员工平衡计分卡

职位名称:高级专员   姓名:×××

战略	权重	衡量指标	×年目标值	行动计划	衡量标准
负责分管区域项目工厂年度固定资产预算审核及汇总	5%	按时完成分管区域投资预算审核	100%	对节能、质量、物流、环保等重点项目可行性及方案现场论证	可行性报告,投资回报率
				对重点项目进行预算审核	预算误差在正负5%以内
负责厦门扩建项目的实施监控	10%	按计划完成董事会决议	100%		
强化投资项目后评估及考核	10%	后评估完成率	100%	对 2008 年技改项目中可量化投资效果的项目进行后评估(分管区域工厂)	后评估报告
设备标准化配置的编写	20%	发酵设备标准化配置编写并发布	100%		
提高分管区域工厂固定资产管理水平	20%	资产处置合格率	100%	严格审查资产处置申请;对处置结果进行监督;固定资产管理审计	审计计划完成率
		职能审计及内控审计	100%	按计划完成分管区域工厂的审核及配合监督整改完成情况	符合相关法规及公司制度与流程
合理控制资本性支出	10%	资本性支出超预算额度	0	参与重大项目方案论证及竞价监督;每季度、每月对投资项目进行回顾;杜绝预算外项目	符合公司相关制度及法规要求
项目管理信息系统维护	15%	系统运行正常	100%	确保系统运转正常;新、扩建项目利用该系统,保证系统使用培训、正确及时上传相关资料	系统运转正常
提高员工素养	3%	5S 清洁日实施次数	1次/周		
知识管理	5%	个人知识管理积分	4 个文档/月		
加强部门绩效管理	2%	参与部门绩效目标月回顾会次数	1次/月		

（三）利用平衡计分卡进行绩效考核

公司管理层知道员工不一定会做公司想让他做的事情,但会做公司要考核的事情。如果战略是一套,考核时又是另一套,战略就很难得到执行。为此,公司实施战略导向的绩效管理机制。公司通过部门平衡计分卡和员工平衡计分卡的反复沟通协调,将公司战略层层分解,转化为可衡量的指标对部门和个人开展绩效考核,如图 20-4 所示。对员工的业绩考核,平衡计分卡占 70％,员工能力素质占 30％,两者综合的结果决定员工最终的奖金。

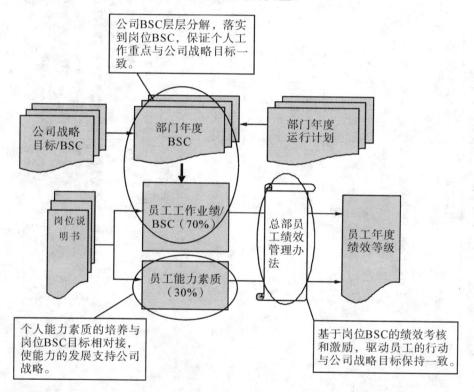

图 20-4　青岛啤酒利用 BSC 进行个人绩效管理示意图

对部门的考核,考核的结果与管理者的年薪挂钩。表 20-4 是青岛啤酒母体工厂绩效考核指标及考核计分方法。表中每项指标的起评分为 100 分,各项指标的得分乘权重即为该项指标的最后得分,所有指标最后得分的汇总数即为工厂的年度绩效成绩,同时作为经营者绩效年薪的核算依据。

表 20-4　母体工厂××年绩效考核指标及考核计分方法

序号	主题	衡量指标	权重	目标值	指标说明/计算公式	考核规定/计分方法	考核主体	BSC角度
1	质量		30%					
1.1		A+I档酒比例	10%	青岛啤酒：啤酒厂：≥92% 二厂：≥92% 四厂：≥92%	公司品评小组评品标准样品，品评出的A+I档酒的次数量与总品评次数的比值。本年目标值＝上年实际值＋(100%－上年实际值)×10%	完成目标的，得满分；未完成目标：得分＝(实际完成值/目标值)×100	技术质量部	内部流程
1.2		包装质量	10%	青岛啤酒：啤酒厂：≥89% 二厂：≥89% 四厂：≥82%	按照公司《包装质量内控标准》查核的得分率。本年目标值＝上年实际值＋(100%－上年实际值)×10%	完成目标的：得满分；未完成目标：得分＝(实际完成值/目标值)×100	技术质量部	内部流程
1.3		市场反馈缺陷率	10%	青岛啤酒：啤酒厂：≤0.054 二厂：≤0.179 四厂：≤0.272	(1)异物酒指未开启的成品酒，其中带有霉菌、玻璃等非酒液本身应有的外来物质。(2)市场反馈异物酒缺陷率＝市场反馈异物酒计量(瓶数)/同期产量(折成500ml瓶数)×50%。(3)本年目标值＝上年实际值×50%(以公司售后服务中心受理的质量投诉为准)	(1)市场反馈值小于等于目标值：得满分；大于目标值每增加目标值的10%扣10分。(2)所有生产单位出现以下情况，本项得分为0：由于产品或服务质量问题被媒体曝光，给公司造成恶劣影响的；涉嫌不正当竞争或恶意藏诈的除外；被省级(含)以上技术监督部门抽查出现不合格项的，涉嫌地方保护的除外。(3)所有生产单位每出现一次扣10分的批量反馈须经公司确认的。	技术质量部	客户角度

续表

序号	主题	衡量指标	权重	目标值	指标说明/计算公式	考核规定/计分方法	考核主体	BSC角度
2	效率						联合办	
2.1		产量	10%	由青岛营销分公司确定	按目标完成率计算得分，即：得分＝实际产量/目标产量＊100，再乘权重就是本项的最后得分。实际产量比目标变化较大的，由青岛营销分公司对产量计划予以说明。		联合办	财务角度
2.2		包装线效率	7%	本年目标： tb1c-1 73.17% tb1c-2 74.16% tb1c-3 86.49% tb1c-6 89.91% tb2c-31 91.18% tb2c-32 94.48% tb2c-33 94.76% tb2c-35 92.48% tb2c-37 93.76% tb4c-1 77.59% tb4c-2 84.45%	产量标准时间（当班的实际生产瓶数/装酒机的额定速度）占包装线运行时间（制度运行时间一可扣除时间）的比例。	每季度打一次分，达到目标的得本项目分数，未完成目标的，按实际效率完成率（实际包装效率/目标包装效率×100）计算得分。实际完成超过92%并完成目标的，在BSC得分基础上加上2分。	联合办	内部流程
2.3		周计划维修率	3%	啤酒厂:≥88% 二厂:≥88% 四厂:≥80%	$\sum$ 周计划维修完成项目的维修工时/ $\sum$ 当周完成总维修项目的维修工时×100%	每月打一次分，完成目标得分，未完成不得分，年度得分为各月算数平均值。	联合办	内部流程

续表

序号	主题	衡量指标	权重	目标值	指标说明/计算公式	考核规定/计分方法	考核主体	BSC角度
3	成本		30%					
3.1		直接成本降低率	10%	由联合办确定	该项指标以本年各品种(类)的产量为权数,以本年预算单位标准直接成本与上年实际单位直接成本对比计算,本年实际单位直接成本见"各品种(类)单位直接成本"	设P为实际降低率,M为年度目标值,S为得分值:若P>0,S=120;P=0,S=110;M≤P<0,S=100;P<M,S=50;P<1.2M,否决本项得分 得分乘以权重为该项最后得分	联合办	财务角度
3.2		间接成本总额	8%	由联合办确定	定义:制造费用+管理费用+营业费用+生产人员薪酬+制造费用中生产人员薪酬-折旧总额-薪酬总额	设P为实际发生额,M为年度目标值,G为同期发生值,S为得分值:P>1.1M,S=0;1.1M>P>G,S=50;P=M,S=100;M>P>G,S=105;P=G,S=110;P<G,S=120。	联合办	财务角度
3.3		资本性支出	5%	95	验收考核得分95,该指标得满分100分;50~95分,每增加一个百分点加10分,最高得120分,50分以下得0分。	95分以上得95分,95分以上实际验收考核发生/95×100;得分×实际验收考核发生/95×100;乘以权重为该项最后得分。	战略发展总部	内部流程
3.4		审计偏差率	4%	[-5%,5%]	(1)偏差率在±5%得100分,在±5%~±12%之间得25分,超出±12%以内适用条款(2)。(2)审计前最后一瓶偏差额在0~30万的得100,30~40万得50万元以内适用50万元以内适用条款(2)。	偏差率在±5%得100分,在±5%~±12%之间得50分,超出±12%的不得分,如果偏差额在0~30万的得100,30~40万得50分,40~50万得25分,超出50万的不得分。	财务总部/营销公司	内部流程
3.5		综合能耗	3%	啤酒厂:91.05 二厂:64.80 四厂:80.30	考核得分=100-(本年实际-本年目标),最高分为120分。		运营管理部/营销公司	内部流程
4	(略)							

分析与评述

一、为什么选择平衡计分卡

青岛啤酒在实施战略整合后,如何充分地调动每个部门和员工的积极性,将转型后的战略落实下去,成为摆在管理层面前的一个值得思考的问题。有很多执行战略的工具可供选择,其中平衡计分卡作为 20 世纪 90 年代兴起的战略管理以及业绩评价工具以其独特的优越性被青岛啤酒管理层所青睐。传统的财务绩效评价只能对过去的业绩进行衡量,不具备前瞻性,不全面。平衡计分卡认识到一个企业需要从客户、供应商、员工、内部流程、技术和革新等方面获得持续发展的动力,提出应从顾客、财务、内部流程、学习与成长四个角度衡量业绩,它改变了只注重财务指标的传统业绩衡量方法。平衡计分卡把企业的战略转化为有形的目标和衡量指标,在业绩衡量指标的设计上体现了财务指标与非财务指标之间的平衡、长期目标与短期目标之间的平衡、外部指标和内部指标之间的平衡,以及结果和过程平衡,能全面、综合地反映企业经营状况,有利于企业战略目标的贯彻实施,有利于企业的长远发展。当然,青岛啤酒能够成功实施平衡计分卡是与其管理层所具备的知识背景分不开的。现任青岛啤酒总裁的孙明波是同济大学管理科学与工程博士,国务院特殊津贴专家,具有丰富的战略管理、生产技术管理经验,他的积极倡导很大程度上促成了平衡计分卡在青岛啤酒的成功实施。孙明波坦言,"2002 年实施战略整合之后就面临很大的困惑","无论是领导层和企业员工都感觉到任务相当重,怎么做?用什么方法把战略转型落实到每一个业务单元?"在执行战略的工具选择上"感觉到平衡计分卡这个方法还是比较切合实际的,简单易操作",于是青岛啤酒聘请了博意门作为咨询顾问,推行平衡计分卡。

通过平衡计分卡的实施,青岛啤酒建立了战略执行体系,各方面达成对战略的共识,把战略和运营有效对接起来。通过公司、工厂的业务单元和职能部门的战略图,把四个维度的战略目标清晰地画了出来,公司上下明确了各自的目标。青岛啤酒还运用平衡计分卡落实了考核,对考核的目标进行量化,同时战略回顾和资源分配也都是按照平衡计分卡进行落实的。

二、实施平衡计分卡的成果与体会

(一)实施平衡计分卡的成果

对于实施平衡计分卡的结果,用总裁孙明波的话来说:第一,推动了思想的转变。BSC 的基本思想已经在青岛啤酒形成,主要包括以客户为导向、无形资产驱动、化战略为行动、基于衡量的管理等,并逐步贯彻到了员工的日常行动中。第二,建立了一套科学的战略管理体系,包括战略沟通机制、责任落实机制、跟踪回顾机制、纠偏机制等。使公司各战略要素形成了 PDCA 的循环①,提高了战略执行的一致性,保证了战略的实现。第三,聚焦了资源。通过明晰公司的战略目标,公司的资源投向更加聚焦,提高了资源的效率。青岛啤酒扩张了以后,大家感到有很多的事情要做,但是要做什么没有一个中心思想和主题,经理人甲想做这件事情,经理人乙想做那件事情,最终发生冲突,资源的利用效率非常的低。我们认为,通过平衡计分卡最大的好处是资源的使用效率得到了大大的提升,不管做的好与坏,起码我们朝一个方向走。第四,提高了组织的协同能力。总部职能部门、营销公司和工厂之间基于共同的公司战略目标而实现了更好的协同。第五,打造了专业化的团队。第六,公司业绩得到大幅提升。

青岛啤酒实施平衡计分卡以来,公司的营业收入稳步增长(图 20-5),近三年的净利润水平更是大幅度提高(图 20-6)。

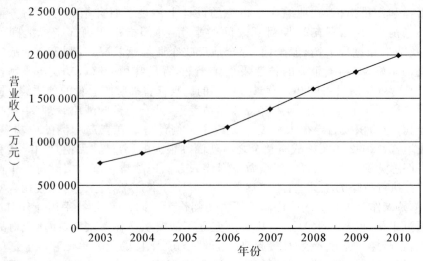

图 20-5　青岛啤酒实施平衡计分卡后营业收入变动趋势图②

---

①　PDCA 是英语单词 Plan(计划)、Do(执行)、Check(检查)和 Action(行动)的第一个字母。

②　根据 CCER 提供的数据绘制。

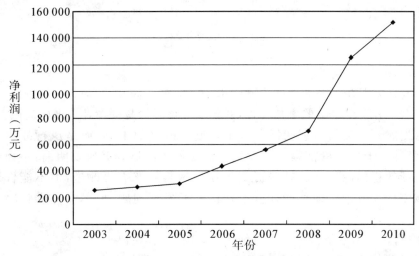

图 20-6 青岛啤酒实施平衡计分卡后各年净利润变动趋势图①

总之,平衡计分卡在青岛啤酒的实施是成功的,它被证明是十分有效的战略执行及业绩评价的工具。

(二)实施平衡计分卡的体会

青岛啤酒在执行平衡计分卡过程中还得到一些体会,这些体会对于准备实施平衡计分卡的企业来说富有参考意义:(1)一把手充分支持非常重要。在董事长和总裁的支持和倡导下,执行为导向的战略管理体系在青岛啤酒才得以有效实施。(2)执行力就是竞争力。平衡计分卡不仅是一种战略实施的工具,更重要的是一种战略管理系统和管理思想。因此,要想成功实施平衡计分卡,必须避免片面重视工具本身完美性的倾向,而应更加重视制度、流程的建立和执行,重视思想上的转变。(3)客户导向。要想在组织中成功推行平衡计分卡,单靠高层的推动、强压是不行的,而必须有客户导向的思想。必须让应用平衡计分卡的部门和单位从中获得好处,必须解决他们的问题,为他们创造价值。(4)系统工程。执行为导向的战略管理体系不是一个孤立的系统,它必须和企业现有的管理系统进行有效整合才能对企业的运营产生积极的影响,进而驱动战略目标的实现。如何让该体系不游离于企业现有管理系统之外是一个很大的挑战。

---

① 根据 CCER 提供的数据绘制。

思考与讨论

平衡计分卡在青岛啤酒的实施带来了其业绩的提升,推动了公司的发展,但正如世上没有十全十美的事物一样,我们也应该看清楚平衡计分卡的局限。

首先需要明确的是平衡计分卡不是制定战略的工具,而是执行战略的工具,平衡计分卡应用的前提是企业已经制定好了战略。其次要明白:平衡计分卡通过绩效指标的衡量能够告诉我们哪里做得不够需要改进,但不能告诉我们应该怎样去改进。即平衡计分卡帮助我们发现问题,但不能提供解决问题的答案。

此外,在利用平衡计分卡进行绩效考核时,还存在以下需要克服的缺陷:(1)实施难度大。平衡计分卡的实施首先要求企业有明确的战略表述,需要管理人员发掘恰当的关键衡量指标,需要全员的理解参与,需要良好的信息沟通。这些要求离不开公司管理人员良好的管理水平和公司员工良好的文化素质。(2)合理的指标体系较难建立。平衡计分卡引入了客户、内部流程、学习与成长这三个方面的非财务指标,这三个方面的非财务指标怎样创立、创立的指标是否合适以及指标的评价标准如何都是较难斟酌的问题。特别是确定的衡量指标是否与战略实现有着必然的联系至少在短期内是缺少数据证明的。(3)指标过多。按卡普兰的解释,平衡计分卡四个方面的指标大约20~25个比较合适,这与传统的集中关注利润或净资产收益率等较少的财务指标相比,数量显得过多,势必容易陷入精力分散、顾此失彼、目标难全的境地。(4)衡量指标计分权重难以合理确定。如果用平衡计分卡衡量绩效的话,需要对众多指标进行权重分配,不同的权重就会有不同的衡量结果,而权重的确定没有统一的、客观的标准,这必然导致绩效评价的结果带有权重主观分配的影响,难以服众。(5)实施成本高。平衡计分卡财务方面的衡量指标数据比较容易得到,不会比传统的绩效评价方法消耗更多的资源。但平衡计分卡其他三方面指标的相关数据需要额外的人力和财力消耗才能搜集得到,利用这些指标进行绩效考核也是一个牵涉面大、颇费精力的繁杂工作。此外,从过往经验来看,一个企业平衡计分卡的开发往往需要一年或更长的时间,在推行平衡计分卡的开始阶段,需要宣传、学习,需要进行指标的调整、规范,这也是颇为耗费资源的工作。

综上所述,平衡计分卡不是万能的,也不是所有的企业都适合推行平衡计分卡的。

阅读文献

［1］孙明波.青岛啤酒利用平衡计分卡的成功经验介绍.百度文库（http://wenku.baidu.com/view/17919275f46527d3240ce07b.html.）

［2］青岛啤酒.以执行为基础的战略管理.百度文库.

（http://wenku.baidu.com/view/e7b76ed326fff705cc170a92.html.）

［3］博意门.青岛啤酒股份有限公司平衡计分卡项目公司层面战略图说明材料.（http://doc.mbalib.com/view/65a456b0b7bc333c32e65eba75c52db8.html）.

［4］王化成、刘俊勇.企业业绩评价模式研究——兼论中国企业业绩评价模式选择.管理世界,2004(4).

［5］刘运国,陈国菲.BSC与EVA相结合的企业绩效评价研究——基于GP企业集团的案例分析.会计研究,2007(9).

［6］刘俊勇、孟焰、卢闯.平衡计分卡的有用性:一项实验研究.会计研究,2011(5).

图书在版编目(CIP)数据

财务管理案例研究/杨忠智、戴娟萍等著. —厦门:厦门大学出版社,2012.3
ISBN 978-7-5615-4200-2

Ⅰ. ①财…　Ⅱ. ①杨…　②戴…　Ⅲ. ①企业管理:财务管理-案例-研究
Ⅳ. ①F275

中国版本图书馆 CIP 数据核字(2012)第 021391 号

厦门大学出版社出版发行

(地址:厦门市软件园二期望海路 39 号　邮编:361008)

http://www.xmupress.com

xmup @ public. xm. fj. cn

厦门集大印刷厂印刷

2012 年 3 月第 1 版　2012 年 3 月第 1 次印刷

开本:720×970　1/16　印张:19.5

字数:358 千字　印数:1~3 000 册

定价:32.00 元

本书如有印装质量问题请直接寄承印厂调换